中公文庫

ある昭和史

自分史の試み

色川大吉

中央公論新社

目次

ある昭和史——自分史の試み

はじめに

私たちはなんのために過ぎ去ったこの半世紀をふりかえろうとしているのだろうか。それは私たちが今まであまりにも忙しすぎて、ほんとうにしみじみと過去をふりかえり、自分の歩んできた道に想いをひそめてみることが少なかったからではないか。私たちは物心ついた時分から、「戦争だ」「非常時だ」「一億火の玉だ」「復興だ」「経済成長だ」「国際化だ」と、いつも、追いつけ追いこせと何かに駆り立てられ、時の流れに遅れまい、落伍するまいとせき立てられる想いで生きてきた。

それはあまりにも激しいこの五十年の歴史の急流のなかで翻弄されてきた一艘の小舟のような存在に等しかったかもしれない。とにかく気がついたときには、わが国は欧米とならぶ「経済大国」となり、「先進国」となり、公害やインフレ、資源問題をはじめ前途におおきな暗雲を望まざるをえない存在となっていた。一九八〇年代を前にして、いったい私たちは終末に近づいているのか、まだ希望が残されているのか。誰も示唆できない未来をまえにして立ちすくんでいる。これからどのように生きてゆけばよいのか。

歴史は病めるおのれを照らしだす鏡のようなものだといわれる。それゆえにこそ未来への可能性を開示してくれる。一九七五年、昭和五十年を迎えたいま、多くの日本国民が〝近い過去〟の歴史に強い関心をよせているのは、懐旧の情ばかりではあるまい。自分を照らしだしてくれる鏡としての歴史への期待感がはたらいているように私には思われる。それほどに今は前途に範例のない、見通しの立たない時代を迎えているのであろう。

私はこの本を庶民生活の変遷から書きおこし、十五年戦争を生きた一庶民＝私の〝個人史〟を足場にして全体の状況を浮び上らせようと試みた。そして、その叙述の欠落を補うために、世代を異にした一地方の常民の足跡を示したり、また別にテーマ別の各論を設定したりした。もちろん同時代の歴史の全体をそのような方法で蔽えるとは私も思っていない。だが、これまでの歴史書のように、その時代の構造さえ描けば科学的であり、客観的になるという方法はとらなかった。歴史の枠組がどんなに明快に描けたとしても、その中に生きた人間の中身がおろそかにされているようでは、専門家のひとりよがりとみなされよう。

私はこの時代の波瀾の歴史を民衆の経験の質感の連鎖として捉えてみたい。そのためには最初から専門家の批評を度外視した奔放な叙述スタイルをとる。たしかに同時代史はあまりにも身近すぎて、歴史として熟れていない。それにもかかわらず、もっとも書かれねばならないものだし、今こそめいめいが〝自分史〟として書かねばならないものだと思う。

庶民生活の五十年

歴史を刻む顔

昭和の初期に生れた世代の人びとは、育ちざかりが戦中戦後のひどい食糧不足、物不足の時代であった。そのためか戦後生れの人びととくらべて、体位がたいそう劣っている。寿命も今のような高水準を期待するわけにはゆかないであろう。

もっとも寿命の点では、今もっとも恵まれた体をもつ戦後生れの人びとも楽観はできない。あらゆる公害や食品の複合汚染の比率の高いかれらには、これから先、なにが起り、何年生きられるか疑問だという専門家もいるからである。

歴史は人間の体や顔に刻まれるものだ。戦前派の体や顔には、おびただしく哀しい歴史が刻まれている。鋭敏な観察者は、ある国民の体位や表情からその国の歴史や文化の多くを読みとるという。たとえば一九三五年（昭和十年）ごろの日本女性の平均身長は、一メートル四八センチしかなかった（平均寿命も一九三五年、男では四十四・八歳しかない）。その貧相な体位で八割の女性が和服を着用していた。洋服は胴長で脚が短い戦前の日本の女の裸身をそのまま表現してしまう。

むかしは〝人生五十年〟、太平洋戦争末期には〝人生二十五年〟と叫ばれ、そして今は〝人生七十年〟。この半世紀のあいだに日本人の身長は十センチ余も伸び、若い人の体は見違えるように立派になった。

敗戦の傷がようやく癒えた一九五〇年（昭和二十五年）ごろまで、大部分の国民は、でんぷんと野菜と、わずかな魚肉しか喰べなかった。スポーツなどというものは在学時代以外ほとんどする機会をもたなかったし、弁当をもたないで学校にくる子供も多かったのである。（スキーやテニスが国民スポーツとなり、学校では給食制がとられるということなど夢想することもできなかった。）

子供のころの栄養の不足（とくに動物性たんぱく質の欠乏）や欠食は、肉体の成長をさまたげる。そしてまた幼児時代から重いものを背負い、床（ゆか）やタタミにすわり、土間やカマドのまえをはいつくばるようにして腰をかがめて暮す生活様式は人間の体軀を奇型にする。今でこそ見かけないが、戦前の村には、どの部落にも一人くらいは九〇度に腰の曲った老婆の姿があったものである。あの悲劇的な日本の老女の顔や姿にこそ、哀しい歴史が刻まれていた。

そういう時代を知っている人は、今ののびのびと育った四肢をもつ戦後生れの若い人びとを見て、そこにおのずと溢れている開放感と自足感を羨ましいと思うであろう。一九五〇年代に生れた日本人は、物ごころのついたそのとき、すでに高度経済成長の時代であり、身のまわりには商品が溢れ、車は走り、テレビは無限にコマーシャルや情報を流しつづけていて、それを享受するのが自然であった。そのためか、かれらには独得な感性があり、閉鎖性の強い戦前世代のそれとの断絶の根をなしている。

一九二〇年代生れの人間には異常と感じられる状況が、かれらには正常であり、戦中派には夢（絵空ごと）ではないかと思われるものが、かれらには生れながらの現実であった。たとえば私たちは少年のころトーキー映画の出現に驚き、青年のころ、はじめてテレビ放送に接して物珍しくてしかたがなかった。一台三十万円もするその黒白の受像機を人垣のうしろから見世物のように眺めるという後進国的な経験をした。

さらに実存的なレベルのことでいえば、私たちがあまりにながい間、燈火管制や空襲下の生活になれてしまったため、終戦後もしばらくは平和が信じられず、明るい夜の街が不安で、落着かなかった。また朝、目覚めたときなど、周囲の人が昨夜のまま何も変ったこともなく、だれも死傷もせずに無事でいられることが不思議でならなかった。そんな異常＝日常感覚がしばらくつづいたのである。

私たちですらそうだったのだから、明治生れの祖父母の世代から見た若者との感覚のズレはなおさらであろう。私はその人びとの昭和五十年にたいする率直な感想をいくつか想い浮べる。

一九〇〇年代の初めに生れ、今、七十歳を越えた人びとにとってみれば、この半世紀とは自分の生涯のすべてであり、波乱にみちた回想の対象でもあろう。回想はしばしば過去を美化しがちであるが、その部分をとり去ったとしても、その人びと、とくに明治生れの庶民の現代観にはある肯定的な共通性があることは認めざるをえない。

「おばあさんは若いころとくらべて今をどう思いますか。」

「今ですか？　わたしらの若い時分には働きずくめで、楽しいことも、旅行へいったこともなし。天国のようですね。今は好きものはなんでも喰べられる。病気をしても心配いらん。タダで診て下さいますがな。こうして座っていてもテレビはある、居ながら旅行にいった気持になれます。戦争もなし、親子裂かれて泣きくらすこともなし、これで年に一度か二度、お寺詣りにでもゆかれたら、もう何もいうことはありません。」

しかし、こういう老人もいる。

「むかしはよかった。今のようなぜいたくはできなくても、つつましい楽しみはいっぱいあった。だいいち人の気持が優しく、うるおいがあり、生活は不便でも万事がのんびりしていた。今のテンポでは、とても年寄には疲れる。殺伐で、騒々しすぎて、気持が離ればなれになってしまって淋しい。」

一九五〇年代生れの若者たちには、こうした言葉さえ不思議であろう。だが、右の述懐は晩年になって暮しのらくになった人びとのものである。若いころさんざん苦労して、晩年にようやく安定を得たという人たちのつつましい声が多い。

しかし、現代社会には陽の当らない人が少なくないのだ。家族と別れて大都会の片隅にひとりぼっちで暮す寝たきり老人、打ち棄てられた過疎の村にジッと晩年を生きる身よりのない老女たち――。次に掲げるひとりの水俣病患者の深夜の幻想には、そうした人間の極限をしめす孤独がにじみでている。

「夜さりになれば、ぽかーっとしてさみしかりよったばい。

みんなベッドに上げてもろうて寝とる。夜中にふとん落としても、病室みんな、手の先のかなわん者ばっかり。自分はおろか、人にもかけてやるこたできん。口のきけん者もおる。落とせば落としたままでしいんとして、ひくひくしながら、目をあけて寝とる。さみしかばい、こげん気持ち。

陸に打ちあげられた魚んごつして、あきらめて、泪ためて、ずらっと寝とるばい。夜中に自分がベッドから落ちても、看護婦さんが疲れてねむっとんなさるときは、そのまんまよ。

晩に、いちばん想うことは、やっぱり海の上のことじゃった。海の上はいちばんよかった。春から夏になれば海の中にもいろいろ花の咲く。うちたちの海はどんなにきれいかりよったな。……海の水も流れよる。ふじ壺じゃの、いそぎんちゃくじゃの、海松じゃの、水のそろそろと流れてゆく先ざきに、いっぱい花をつけてゆれよるるよ。

わけても魚どんがうつくしか。いそぎんちゃくは菊の花の満開のごたる。海松は海の中の崖のとっかかりに、枝ぶりのよかとの段々をつくっとる。

……自分の体に二本の足がちゃんとついて、その二本の足でちゃんと体を支えて踏んばって立って、自分の体に二本の腕のついとって、その自分の腕で櫓（ろ）を漕（こ）いで、あをさをとりに行こうごたるばい。うちや泣こうごたる。もういっぺん――行こうごたる、海に」。（石牟礼道子『苦海浄土――わが水俣病』）

「意識の故郷であれ、実在の故郷であれ、今日この国の棄民政策の刻印をうけて、潜在スクラップ化している部分を持たない都市、農漁村があるであろうか。」そう石牟礼道子はあとがきしている。

ところが、現代の日本青年の眼には、こうした異相をはらんだ同じ時代が、生き甲斐のとぼしい、感動のない、〝シラケ〟たものに映るというのだから、庶民の昭和史といっても、いかに大きな裂け目があるものか。それを思えば、個人の歴史の体験は、まことにささやかな限られたものにすぎない。しかし、どんなに限られたものであっても、そうした追憶や述懐の裏には、人それぞれの抜き差しのならない重い人生があり、真実があり、思索があった。歴史叙述者はそうした民衆の呟きの裏にかくされた重い経験をたぐりよせながら、その中にある本質的なものを選びだし、全体史の流れの中に関連づけ、記述してゆかねばならない。

暗い北向きの土間で

ここに六十年間つづいたある婦人雑誌がある。その目次を年代順に眺めてゆくと、日本人の日常生活がどんなに激しく変ったかがわかる。五十年まえは昭和恐慌のはじまりで、ひどい不景気であった。銀行のとりつけさわぎからはじまり、中小企業の倒産がひろがり、失業者がふえ、アメリカから押し寄せた世界大恐慌の波をかぶって、貿易は半減し、農産物のねだんは暴落し、農村の困窮は見るにしのびない惨状を呈していた。その社会不安の暗いかげはこの種の婦人雑誌にもはっきりと姿をおとしている。

一九二八年(昭和三年)に行われた「御大典」という天皇即位のお祭り騒ぎは、この沈滞した気分をもり立てようという国家意志によるショウでもあった。

一九二九、三〇年(昭和四、五年)ころからは、「どん底の記録」「貧困と売られゆく女」「失業体験記―この窒息から逃れたい」「農民と共に飢ゑむ」「東北の娘地獄」などの記事があいついでいる。

「東京某紙の報ずるところによれば山形県最上(もがみ)郡西小国(おぐに)村では凶作飢饉の犠牲として同村は総人口四、七一四名(女二、三三二名)だが、その内十五、六歳から二十四、五歳までの妙齢の女二百五十名全部が売笑婦として他地方へ売りとばされ〝乙女のゐない村〟を出現してゐるとある。しかし、これは何も西小国村のみに限った訳ではない。秋田県由利郡、玉米、下郷両村ならびに同雄勝郡秋ノ宮村でも〝乙女のゐない村〟を現出してゐる」（熊谷正男「見よ！　惨たり！　東北の娘地獄」『婦人公論』昭和七年一月号）と。

もちろん、右の記事をそのまま信用するわけではない。（昭和六年の別の西小国村娼妓出稼実情調査をみると、出稼ぎ人三九七人中、娼売的な傾向の職業に就いた者一〇九名と報告されている。）しかし、このころキャベツ五〇箇でタバコの敷島一箱、カブ百把でバット一箱しか買えなかったという記事は見過すことができない。婦人雑誌にはふつうマイホーム関係や、愛だの恋だのというゴシップ記事が多いのだが、当時はこのようにはっきりと時代相をもあらわしている。

一九二九年の『婦人公論』誌面には「婦人を台所から解放したい」という目次が目につく。「家庭電化とガス化時代来る」というのである。「ガスは経済で民衆的」ですが、「ガス化？　電化？」どちらがよいかは問題です。「日本における現在電化の進歩は、津々浦々、山峡の部落にまで文化の光を送ろうとしています。その上、日本は世界に羨望されるほど電力の前途に光明を持っています」との解説がある。

しかし、日本の全国津々浦々に電化がおよんでいるというのには誇張がある。農山村にゆけばランプ暮しの家は昭和十年代まで、まだかなり残っていた。いっぽう普及したという電化の内容はどうか。わずかに一〇ワットか二〇ワットの家庭用電灯を使用しているだけであって、今日のような電熱や電動力を使う家庭電化とは質が違う。あのころ都会の下町の家や農家を訪ねたことのある人なら誰でも想いだすことができよう。一軒にたった一つか二つの定額灯といわれる裸電球がわびしく古畳の上に垂れさがっているだけの光景を。

ところが、同じ昭和のはじめには、今の形とほとんど同様の電気掃除機や電気洗濯機、電気自動湯沸器などが立派につくられていて、一部のブルジョアの家庭に備えられていたということは知らぬ人が多い。なぜ、そんな便利なものが普及しなかったのかといえば、人間の労働力の方がはるかに安すぎて（中流以上の家庭では女中を一人か二人傭うのが普通であった）、家事労働を合理化する意欲が高まらなかったからであろう。そのためか電気洗濯機のねだんは最低一七〇円、自動湯沸器や真空掃除機は二、三〇〇円から四、五〇〇円もしていた。とても庶民には手がとどかない高嶺の花であった。当時の大学出のサラリーマンの月給が、七、八〇円という時代の話である。

一九二〇年代、アメリカはすでに高度文明時代――モータリゼーションの時代に入っていた。第一次世界大戦後、これまでにない経済の繁栄をむかえたアメリカは巨大都市に超高層ビルを林立させ、ラジオやレコード、映画、家庭電化、レジャー、マイカーブームと、日本人がそれからようやく四十年後に経験するような大量生産、大量消費の生活様式を確立していた。一九二九年にはアメリカの自動車事故による死者は、すでに年間三万人をこえていたという（星野芳郎『技術革新』）。この独占資本主義の大量生産による厖大な生産過剰が、一九二九年の大恐慌をよび起した。その恐慌の津波が日本のような貧乏国のもっとも貧しい部分を直撃したのだから、歴史は非情であった。当時日本はマイカーどころか、ようやく大衆的な円タク（一円タクシー）を利用できるようになり、都心の道路が舗装されはじめたという時代だったのである。

柳田国男・大藤時彦の『世相史』によると、「米を生産した人々が平素米を僅かしか食べなかったことは明らかである。白米を食べる日は一年に凡そ四、五十日に決まってゐた。ましてや平野を離れた山深い村々では老人や子供或は病人だけが米食をする風はさまで珍しくない。粟や稗や薯を常食としてゐる部落はむしろ普通といってもよい」と。

東北の農民などは軍隊に入ってはじめて米の飯をたべられるようになったと感激している。明治末年に長塚節が茨城県下のある村の貧農の暗澹たる生活を描いた作品『土』の状況は、昭和初年においてもほとんど変ることなくつづいていたのである。

宮沢賢治も「作品第一〇六三番」（『春と修羅』第三集）でうたっている。

これらは素樸なアイヌ風の木柵であります
ええ　家の前の桑の木を　Yの字に仕立てて見たのでありますが
それでも家計は立たなかったのです
四月は　苗代の水が黒くて　くらい空気の小さな渦が　毎日つぶつぶそらから降って
そこを烏が　があがあ啼いて通ったのであります

どういふものでございませうか
斯ういふ角だった石ころだらけの　いっぱいにすぎなやよもぎの生えてしまった畑を
子供を生みながら　また前の子供のぼろ着物を綴り合せながら
また炊爨と村の義理首尾とをしながら　一家のあらゆる不満や慾望を負ひながら
わづかに粗渋な食と年中六時間の睡りをとりながら
これらの黒いかつぎした女の人たちが耕すのであります　この人たちはまた
ちゃうど二円代の肥料のかはりに　あんな笹山を一反歩ほど切りひらくのであります
そしてここでは蕎麦が二斗まいて四斗とれます
この人たちはいったい　牢獄につながれたたくさんの革命家や　不遇に了へた多くの
芸術家
これら近代的な英雄たちに
果して比肩し得ぬものでございませうか（中公文庫版「日本の詩歌」18『宮沢賢治』による）

もちろん、反面、都会の小市民や中流以上の家庭には昭和のはなやかな文化生活のムードが生れていた。都会の陽あたりのよい郊外などに、赤や青瓦の文化住宅が建ちはじめた。二十坪（一坪は三・三㎡）ていどの家で、和室が三つ（八、六、六畳）と、洋間が一つ（八～十畳）、それに台所、浴室付というのが普通である。そこには、これまでのように外の延長のような寒くて暗くて腰の冷える北側の土間にカマドをおいて煮焚きするという仕方から、地面（タタキ）のままの土間をやめ、座敷と同じ面の板の間に流し台やガス器具などをとりつけ、水道や文化鍋を使い、立って家事ができるようにしたという〝生活革命〟がふくまれ

不況下の家族（1932年、提供・朝日新聞社）

ていた。しかし、それは都会でも一部の階層のことであって、大多数の主婦は、井戸水汲みの労力や暗いジメジメした北向きの土間のカマドの前でかがんだり、立ったりする家事労働から逃れられないでいたのである。

満州事変が起された一九三一年（昭和六年）ころの『婦人公論』を見ていると、中産階級の小住宅の設計や新生活への試案などという特集がいくつもあって、十五年戦争前夜の小市民にマイホーム主義への夢をかき立てていたことがわかる。夫婦二人きりの、ダイニング・ルームを南にとった方形の十五坪ほどのスイートホーム。その平面図を見ると、南側にテラス、北側にベッドのある寝室と化粧室というママゴトのような間取りである。建築費は一五〇〇

円也。ただし、水洗トイレ用の浄化槽に三五〇円、ガス湯沸器の三〇〇円は予算に含まれていない。

「貧乏人が皆千円か千五百円程度の家を持つことは社会の理想であります。我々はただ、快適な日常を理想とし、それ以上の豪奢や逸楽を欲するものではありません」（昭和六年一月号）と婦人公論記者はいう。しかし、当時の一〇〇〇円は大金であった。

「それでは安い小住宅を設計してみませう。六畳、三畳に、台所、浴室つきの建坪八坪の家はいかが？　これなら四百八十円です」という。土地さえあればサラリーマンには半年分の給料で建つ。今では月給二〇万円のサラリーマンでも八坪の家を建てるのに、一年半位は飲まず食わずで働かなければならないし、第一、土地が手に入らない。

ついでに「文化住宅」クラスはどのくらいで建ったかと見ると、八畳の洋間の応接室をもつ一八・五坪の家が一六二三円（工事費の内訳と間取りは次ページの図を参照）、二階建延坪二九・五坪の中庭のあるすてきな美邸が三三七〇円（『婦人公論』昭和六年九月号）。収入額とこの建築費との関係を考えると、住宅だけはたしかに戦前の時代の方が楽だったといえるかもしれない。借家や間借りなどは今日よりはるかに自由で安かったからである。

満州事変から日中全面戦争の開始にかけての五、六年ほどのあいだに、日本にも大衆社会到来といってよい都会生活の一面がはなやかに開いた。銀座にはモガ、モボとよばれるニュールックの男女が散策し、夏の須磨、明石の海や湘南海岸には、水着姿の海水浴客が

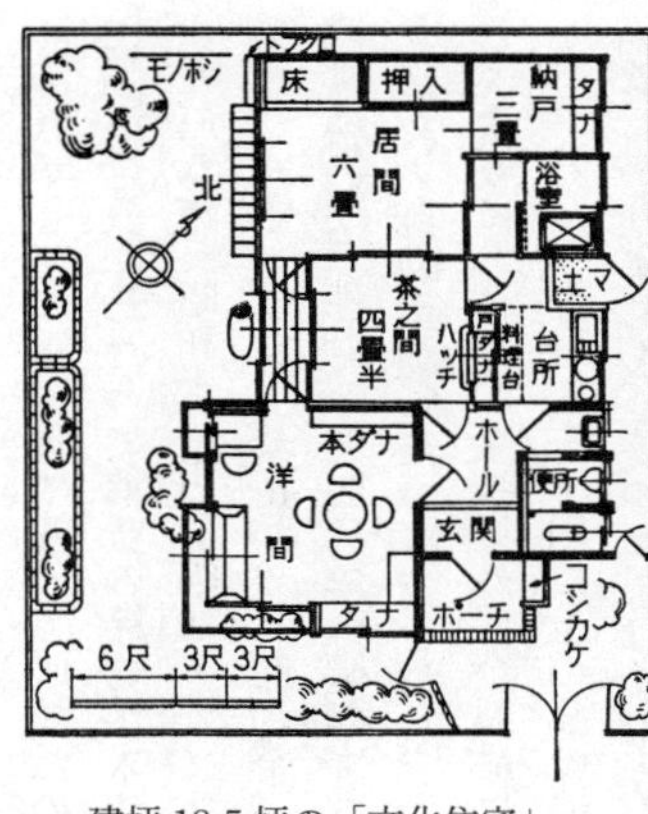

建坪 18.5 坪の「文化住宅」

工費内訳

		屋根葺工事費	一四八円
仮設工事費	一八円	畳および敷物工事費	七四円
基礎工事費	三八円	塗師工事費	二七円
木材工事費	四〇七円	運搬雑費	一八円
建具工事費	一八五円	電気工事費	五〇円
左官工事費	二〇三円	井戸ポンプ給水排水工事費	八〇円
錺金物工事費	五五円	ガス工事費	一五円
大工手間費	二七五円	下水工事費	三〇円

何万人となくくりだした。サラリーマンや学生相手の喫茶店やカフェーもぞくぞくと立ちならび、一九三五年（昭和十年）、東京市内だけでも二万店をかぞえた。大観衆をあつめたプロ野球も西と東に開幕。

ジャズやレヴューは大流行、夜ともなれば妖しげなバーやダンスホールに遊客が絶えることなく酔いどれて踊っていた。こうした大衆消費時代にこたえて、大衆娯楽雑誌や大新聞は発行部数各一〇〇万を超え、ラジオも一九三二年（昭和七年）の一〇〇万台突破から四〇年には五〇〇万台へと急伸した。（一九三〇年、講談社の『キング』ほか九雑誌だけで、毎月の発行部数が二七〇万部を超え、それがほとんど「忠君愛国と義理人情」を鼓吹していたのだから影響は大きかった。）

東京市の人口も一九三〇年の二一〇万人か

らふえつづけ、自由や歓楽や働き口を求めて地方から上京する人たちによって、十年そこそこのあいだに倍増する。こうした現象は、当時の日本経済の二重構造のために地方の町や村には容易に波及しえなかったけれども、マスコミの発達はこの両者の意識の面での深い溝を少しずつ埋めつつあったのである。

「欲しがりません、勝つまでは」

それが急速に軍国調に変っていったのは、二・二六事件や蘆溝橋事件以後であった。国民生活全般にわたって消費の節約が求められ、緊張と耐乏を余儀なくされるようになった。一九三八年（昭和十三年）、綿糸・ガソリン等配給キップ制、三九年、物価等統制令、白米禁止、パーマネント禁止、ガス節約令、そしてさらに米の販売が国家管理に移された（米穀管理規制実施）。一九四〇年（昭和十五年）には、贅沢品禁止令が出され、町に振袖姿やガソリン自動車がしだいに姿を消し、「ぜいたくは敵だ！」という立看板が街頭に立ちならぶようになった。金歯以外の金製品には供出、買上げの処置がとられ、皮製品や婦人用ハンドバッグなども三十円以上の品は売れないようになった。

「欲しがりません、勝つまでは」「生めよ、殖やせよ」などという標語がひろめられた。パーマネントや男の長髪、背広などは排撃され、和服もしだいにモンペ姿に入れかわり、男はカーキー色の国民服にゲートル着用という不粋なスタイルに変った。

もちろん、盛り場での「ジャズで踊ってリキュールでふけて」などという夜の遊びはもってのほかということになり、ダンスホールなども敵性風俗と非難され、ついに壮士の一団が帝国ホテルの舞踏場に乗りこむという一幕さえあった。一九四〇年十月、こうして東京のホールは閉鎖され、ダンサーは失業した。

しかし、ここまで国民に耐乏生活を強いて全力を軍需産業、とりわけ航空機生産に注ぎながらも、当時のアメリカ経済の国民的な裾野の広さや、その自動化された大産業システム、世界一の技術、生産力とくらべれば、その差は数十年かけても追いつけぬほどのへだたりがあった。日本国民が、その目もくらむような落差をありのままに知らされていたら、おそらくあの時点で、米英との全面戦争に突入しようなどという指導者たちの賭けに、黙って蹤いてゆくことはなかったであろう。

太平洋戦争下に入ると、鉄材や石油はおろか食料、衣料までが極端に不足しだした。一九四一年（昭和十六年）、米の配給制、綜合キップ制実施、四二年、味噌・醤油割当配給制、四三年、木炭・薪配給制、金属回収運動強化。この間インフレは昂進し、米価も小売り価格も一九三五年当時の二〜三倍にはね上っていた。衣料は割当ての切符をもっていっても買えなくなったし、飲食店は外食券のない者には米飯を売ることが禁じられた。やがて人びとは一杯の雑炊（ぞうすい）にありつくのに長い行列をつくるようになった。

配給の米や味噌や砂糖だけでは、とうてい家族の健康を維持することはできない。「世論」からは闇行為と叩かれながらも、夫を戦地にとられた妻や子は、リュックを背に仕事のあいまを縫って食糧の買い出しにあるかなければならなかった。その上、一九四四年(昭和十九年)からは本土大空襲がはじまり、内地も戦場となる。くわえてインフレはいっきょに昂進し、闇価格は暴騰した。一九四四年七月には精米一升(一・八リットル)の公定価格が五〇銭であったものが、闇では二〇円、四五年七月には二五円と五〇倍になった。砂糖は公定一斤(六〇〇グラム)六〇銭が、四四年には三四円、四五年七月には一七八円と、なんと二八〇倍にはね上った。塩も六〇倍、食用油も七〇倍、石鹸にいたっては、一個一〇銭だったものが二二円になるなど闇値が公定の二二〇倍にも達したのである。

こうした生活上の極限状態の体験があればこそ、戦中派はインフレにも物不足にも驚かず、生活の変化にたいして強いといわれるが、その強さは異常な苦しみを代償にしたもので決して望ましいことではない。そのことを次の一婦人の底辺からの訴えがもっとも直截に物語ってくれる。

「お願い申します。

昭和十九年六月十日、夫直次郎は教育召集を受け、十八部隊へ入隊した。時に私は三十三歳、十三歳の長女を頭(かしら)に、生後十ヶ月の末娘、男二人女四人の子供があった。水田一つなく、山を買うて、切っては薪を遠く島へ売り、きりかえ畑にして、桑や麦芋煙草などを植えて収入を得ていた。わずかなたくわえもなくマユ代を前借りして、夫の出征費にする事でした。

……煙草の生葉は、大人でも多く持てぬ重い物です。こわがりながら慣れぬ手で牛につけ、こわがる長男に牛を引かせ、七歳の子から上は重労働が始ったのです。遠い坂道を下ろしては持ち、泣きながら引きずって帰る子達、家を出る時泣いていた赤坊、後を追って泣きわめく四つの男の子、なぐって柱にくくり、心を鬼にして、背にくいこむ煙草の重さにたえながら帰って見ると、しめわすれたのか、障子のすき間から縁の下に落ち泣いて居る赤坊、男の子はヒモをちぎって二人共泣いていました。それから二人共柱にくくったり、畑の角にねかしてアリが群れ、クモが巣をはったりしていました。

米は五分づきの配給、明日食べる物を夜、臼でつき、慣れぬ手でワラぞうりを作ったり、ハダシのまま歩いたりでした。芋の植え付けもあるし、幼い子供に鍬を持たせ、子供のみじめさを心でわびながら、生活と闘った。月夜には子供がねてから畑に行き、一時過ぎまでも戦地の夫を月に想い働いた。（中略）

年は暮れる、寒さに向い、いもほり、麦まき、供出の干芋、生きるためなら、苦しき中にもおしまず、干芋を供出した。

近くに飛行場ができ、私達親子十四歳の女の子まで奉仕に取られた。日増しにはげしく、阿久根の空も戦場となったのです。私は子供と防空壕を掘り、日夜壕であかした。

水俣の工場が爆撃され、学校や農家、小舟さえ爆撃した。或る日、二里も先の配給所への帰り、部落が爆撃され、大火となった。無事を祈りながら帰ってみると、子供は壕の中でふるえて泣いていました。終戦を迎えたが、物はなく、夫は不明、重労働に疲れ、長男は肋間神経痛(ロッカンシンケイツウ)を起し、五人もハシカに倒れ、肺炎を起し、皆死ぬのかとさえ心配しました。

二十二年三月十八日、レイテにおいて戦死の公報、子供をツエに、いたむ身体を自分でむちうちながら、元気で帰る日を待った今日、子供は泣き泣き悲しむ、泣けてくるなみだ(ママ)をむねをおさえ、誓ったあの日を思いだし、再び生きる道を選びました。この苦しみを二度とくりかえされないようお願いしたいものです。」(田上ユィノ、阿久根市。『暮しの手帖』96「特集・戦争中の暮しの記録」、一九六八年)

このせっぱつまった文章には、戦争下に頼みの綱の夫を奪われた農村婦人の苛烈な労働ぶりがなまなましく描かれている。国家はこうした惨苦の母子家庭に救いの手を差しのべるどころか、供出、徴用、動員と、いかに冷たく遇したかということも、この訴えはくっきりと浮び上らせている。こうした苦闘を切りぬけてきた庶民にとって、今がどんなに恵まれた時代であるか、改めて思わないではいられないのである。

焼け跡からの三十年

今、国民はインフレや公害の問題で苦しんでいる。しかし、今の日本の子供は飢えを知らない。戦災を知らない。物不足のつらさを知らない。それらのことは遠いベトナム辺のことだと思っている。それなら敗戦の傷はすっかり治ったのかというと、そうではない。今でも国民は住宅問題で悩んでいる。その遠因は戦争にある。戦前はまだ余裕のあった住宅事情が急に悪化したのは太平洋戦争からである。

決戦下、住宅建設はあと回しにされたので、ふつうなら建てられているべき家屋が一〇〇万戸分もくりのべられた。そこへ一九四四年（昭和十九年）一月からの建物疎開命令、強制取壊しが重なり（合計五五万戸が取り壊された）、さらに大空襲によって二二〇万戸以上も焼失したのである。そのため敗戦直後の国民の住宅不足数は、海外からの引揚者用をもふくめて合計四二〇万戸にも達したという。（戦災復興院による調査）

「戦災で失った家二二〇万戸」と記すことにやさしい。しかし、それがどのように失われたかを考えるとき、今なお胸の痛む想いをする人も少なくないであろう。

一九四五年三月十日の東京大空襲は一夜にして東京の半分近くを焼野原にし、十万人近い焼死者を出した。それらの怖しい光景は、体験者による「大空襲の記録」として、東京はもちろん、各地方都市でも最近ぞくぞくと刊行されている。

日本全国の二〇〇余の都市のうち半分が焼きはらわれた。空襲で亡くなった人は二六万余人、負傷した人は四〇万人にのぼった（広島、長崎、沖縄の被害をのぞく）。全焼全壊した家屋は約二二〇万戸、罹災者は一〇〇〇万人に及んだというのである。

そのため、焼け残った家の多くは親類縁者を収容してすしづめ状態になり、食糧難、失業も加わって深刻な社会不安や家庭悲劇が続出した。

最近発見された司法省刑事局の『犯罪統計書』によると、一九四六年（昭和二十一年）は殺人、強盗、窃盗、えい児殺し、自殺などが戦時下四年間の平均の二〜四倍に激増しており、刑法犯罪総件数は一九四五年の七一万件にたいして一三九万件と記録されている。これらの事件のかげに、どれほどの庶民の苦しみがあったかは、その時代を身をもって生きたすべての人びとに思いあたることであろう。

戦後の復興はバラック住宅の建設からはじまった。それは五年間で二七〇万戸に達し、さらに一九五五年（昭和三十年）鳩山内閣が「住宅政策の充実」を公約して、日本住宅公団を設立し、翌年から「団地規模による耐火耐震建築の中層共同住宅」を提供しはじめた。

婦人雑誌もこのころになると華やかさをとりもどし、「団地族」とか「団地マダム」とかいう新語をつくりだして、これが日本人の住宅革命のモデルであるかのように書きたてた。ダイニング・キッチンが流行しはじめたのも、この「団地様式」の影響であろう。当時の六畳、四畳半とダイニング・キッチンという2DK、公団賃貸住宅の平均家賃は五〇〇〇円前後（それが十五年後には2DK、二万五〇〇〇〜三万円）。なにごとも「団地サイズ」の小さなコンクリートの箱にすぎなかったが、家のもてない数百万世帯の人びとからすれば、それでも憧れのモダンライフだったのである。

敗戦後の五年間の国民生活の状態は、作家の野坂昭如から〝焼け跡闇市世代〟の回想記や、また黒沢明の「素晴らしき日曜日」（一九四七年）、「酔いどれ天使」（一九四八年）などの名画になまなましく描かれている。とにかく未曽有の食糧難と失業とインフレで、日本人が恥も外聞もなく、それだけにたくましく極限状況の中を生きた時代だったのである。それに転機をつくったのは、一九五〇年（昭和二十五年）からはじまった朝鮮戦争であった。それは日本の経済復興にとって、まさに「千載一遇の好機」となった。この特需景気によって産業は生気をとりもどし、ふたたび日本の株は浮上しはじめたのである。

それから二つの安保騒動をへて二十年の歳月が経過した。その間に日本国民はこれまで経験したことのないようなはげしい生活革命をやってのけた。昭和初年には一部ブルジョアが享受していたにすぎなかった電化、ガス化のモダンライフは、九割近い国民のものとなった。「貧しい日本人」は「豊かな日本人」にイメージを変えた！

〝世界史の奇蹟〟といわれた超高度経済成長、国民総生産額の驚異的な増加。このわずかのあいだに、〝食うや食わず〟の状態であった日本人の生活水準は、ヨーロッパに追いつき、今では先進国なみの生活様式——大量生産と大量消費、大型レジャーと大量情報を享受する状態になった。もちろんそれらはすべての国民に均霑(きんてん)しているわけではない。一〇〇〇万人からの踏み台にされ、置去りにされたままの人びとが日本国内にいることを無視しているわけではない。その問題は改めて別に章を立てて掘り下げてみたいが、とにかく、全体としての生活革命の進行は認められるのである。

それがどんなに急激なものであったか、テレビと自動車の普及を例にとってみるとよくわかる。わが国で本格的なカラー放送が開始されたのは一九六〇年（昭和三十五年）であった。一九六五年にカラーテレビの年産約一〇万台だったものが、一九七〇年には六四〇万台、わずか五年間で六四倍の急伸。また、同じ期間（一九六六—七〇年）に日本人は乗用車を四・六倍にふやしている。自動車産業のような裾野の広い大産業が、五年間でこれだけ（年産七〇万台から年産三一八万台へ）伸びたというのだから、その国民経済全体への波及効果の大きいことは想像をこえる。

二十年前まではマイカーといえば乳母車と自転車だけしかもたなかった日本人が、いまでは国内で二〇〇〇万台以上の自動車を保有しているのだから、生活の様相が一変してしまったのも当然である。

今では家庭内の生活様式において都市と農村の大きな違いはなくなりつつある。どの地方の農家にいってもカラフルな屋根とサッシの窓が見え、内部も戦前とは見違えるほどに明るくなった。台所にはプロパンガスが普及し、電化され、テレビは茶の間の主座をしめ、衣食住すべてにわたって大企業の商品がふんだんに入りこみ、マイカーが舗装された村道を走っているという光景にぶつかる。柳田国男が生きていたらどういう感想をもらしたであろう。

もちろん、それをもって直ちに農民一般がいま豊かな生活を楽しんでいるとはいえない。また、都会の市民が経済大国を謳歌しているなどというつもりもない。それどころか、どんなにきびしい現実が目の前に迫っているか。今ではほとんどの国民がその不安を肌で感じている。

一九六八年（昭和四十三年）、日本がGNPにおいて西ドイツを追いぬいたと誇っていたとき、国民の福祉度を示す社会保障水準では、一九六三年の西ドイツの三分の一以下という劣悪な状態だった。マイカーとカラーテレビの保有率こそ世界第二位であっても、上下水道、社会福祉施設、公共住宅、都市環境などの生活関連投資は極端に少なく、東京都民の三分の一以上の人がいまだに狭い木賃アパートに住んでいる。その上、満員電車で光化学スモッグに蔽われた都心に一時間以上もかかって通勤するという非文化的状態がつづいているのである。今、私たちが直面している公害、複合汚染、インフレ、交通戦争、住宅難などの問題は、すべてこの二十年間の日本の政治や経済の進め方の過ちから生れていた。

そのことに気がつくのが、あるいは遅すぎたのかもしれない。この十余年の繁栄は〝狂い咲きの花〟のような一場の夢にすぎなかったのかもしれない。

敗戦の年、十五〜二十歳だった人も今では四十五〜五十歳。戦中、戦後の食糧難時代に育ち盛りをすごした短軀(たんく)型の世代だが、この四十〜五十代がいま課長、次長などとよばれて、日本社会の中堅管理職の座を占めている。かれらがここまでくるには涙ぐましい奮闘努力があったであろう。

青少年期に戦時下の苦しい耐乏生活をし、敗戦をむかえ、軍国的な精神主義の価値体系に深い挫折感と不信をいだいたかれらは、「飢え」からの脱出、「物」への渇望に衝き動かされ、一転して経済復興の闘いに生甲斐をもとめていった。企業に入るときはきびしい就職難。入社してからは過当競争の激化、技術革新に遅れをとってはならじという猛勉強、国際化時代へのすばやい対応と、つねに変革の波に追いまくられてきた。

マスコミからは「モーレツ社員」とはやされ、「マイホーム・パパ」とか「マジメ人間」とかと、ひやかされながらも、なりふりかまわず日本株式会社を支えてきたのはこの世代であった。そしてその男たちを、さらに下積みの家庭で支えてきたのが、むかし女子挺身隊、いま教育ママの厖大なエネルギーであった。

「モーレツとマイホームは日本の高度成長を支える働きバチたちの行動哲学だった」とい

われる。そのとおり、かれらはむしろ多忙であることを楽しみ、〝無為の時間〟に罪悪感すらいだき、ひたすら仕事を趣味として、会社のため、事業体のため、家庭のため、子供のため、要するに他人のために働きつづけてきたのである。

GNPを拡大してゆくことこそ家庭を愛し、この国に栄光あらしめ、隣国にも幸福を届け、地上天国をもたらす道だ、と、ひたすら日本株式会社信仰に生きてきたかれらが、公害やインフレ、第三世界やヤング世代からの告発、成長神話の崩壊に直面したときの悲哀を、私は共感しないではいられない。しかも悲願のマイホームづくりは悪性インフレの進行と地価の暴騰によって、いっそう〝山のあなたの空遠く〟遠のいてしまった。それを思えば、かれらは何のために働いてきたのか。

〝誰がために鐘は鳴る！〟

美しい日本の海は死に絶え、企業によって奇形にされた棄民の呪詛を鋭く背中にうけながら、スモッグにおおわれた都会の空をふりあおいで、来しかた行くすえを考える、かれらの無量の吐息がきこえるようである。

だれかが死ぬということは、自分を失うことなのだ。
なぜなら、自分もすべての人たちと結びついているからだ。
それゆえに、ひとを遣って　問わせることはやめよ。

誰がために鐘は鳴るかと。
鐘はおまえのために鳴っているのだ。（ジョン・ダン）

十五年戦争を生きる

わが個人史の試み

人は誰しも歴史をもっている。どんな町の片隅の陋巷に住む「庶民」といわれる者でも、その人なりの歴史をもっている。それはささやかなものであるかもしれない。誰にも顧みられず、ただ時の流れに消え去るものであるかもしれない。しかし、その人なりの歴史、個人史は、当人にとってはかけがえのない〝生きた証し〟であり、無限の想い出を秘めた喜怒哀歓の足跡なのである。――この足跡を軽んずる資格をもつ人間など、誰ひとり存在しない。

この昭和時代のような激動の時代（これは日本歴史上、戦国時代よりも明治維新期よりも、かつてなかったほど激しく全国民をまきこんだ時代である）に生きた日本人であれば、なおさらである。そこでは、ほとんどの人が痛切なドラマを経験したと思う。一生に幾度も全体史とかかわりあうような普遍的なドラマを演じたと思う。私はこうした時代に身を置いた一人として自問する。人間にとって真に歴史をふりかえるとはなにを意味するのか。その人にとってのもっとも劇的だった生を、全体史のなかに自覚することではないのか。そこに自分の存在証明を見出し、自分をそのおおきなものの一要素として認識することではないのか？と。

こう記す私は、その全体史を描くべき職人としての歴史家である。しかし、こと同時代史を対象とするかぎり、一般の人と同じように個人史からはじめることに変りはない。歴史家もまず一人の庶民として、自分の体験にたち帰り、その宿命的に負わされた偏見を修正しつつ、全体性との関連を認識する第一歩からはじめなければならない。

客観的歴史観察と称して、自分を神にもひとしい超越的立場におこうとすることは、また置けると考えるのは幻想である。不遜である。ひとりの人間がどれほどきつい制限のもとでしか生きられなかったか、ひとりの人間の直接体験と世界認識なるものが、どれほど限られ、どれほど偏ったものであるか、同時代のわれわれの眼がどれほど盲いたものであったか、知るべきである。

完成された社会理論を杖にして歩いてきた選ばれた人でさえ、誤らないという保証はなかった。かれらが、この激動の歴史の中でいかに躓いたか、いかに翻弄されたか、思うべきである。人は自分の小さな知見と全体史とのあいだのおおきな齟齬に気づいてはじめて、歴史意識をみずからのものにする。とくに同時代に生きる者は、見る主体も、見られる対象も、つねに動いている以上、認識者としての偏見はまぬがれがたい。それゆえにこそ、たえざる自己点検と修正の努力が不可欠なのであり、全体性恢復への不断の努力が必要なのである。

私が自分をふくめての個人史からこの叙述をはじめようとするのは、まず自己否定の契機をとおして歴史の全体像へと接近したいからである。読者にもたえずそこに個人史を発見し、同様のことをしてほしいと願うからである。

私は一九二五年（大正十四年）に生れた。したがって、私にとってこの半世紀の歴史は私の生きてきた内容のすべてであり、私の体内を吹き抜けた一陣の突風のごときものであった。それはまた、流されつつ流れの中で奮闘したものの自意識からすれば、歴史の観覧車から眺めた〝民族の叙事詩〟以上のものであり、みずからも愛憎渦巻く泥流だったのである。

私が生れたとき、「大日本帝国」はアジア最強の軍事大国であり、その力は〝旭日ニ輝ク〟世界三大強国の一つとうたわれていた。私が小学校に入ったとき、すでに日本軍による満州（中国東北部）の占領は終っており、中学に入ったとき、中国との全面戦争が開始されようとしていた。私の住む関東平野の小さな田舎町の駅頭でも、出征兵士を見送る旗の波と「万歳」が絶えることなく、それは私が同じ駅から旗の波で見送られたときにもつづいていた。

私が宿願の高等学校に入学したその年の十二月八日、わが日本の陸海軍は、アメリカ、イギリスとの大戦争に突入した。私の青春享楽のささやかな夢はもろくも潰え去った。日本は緒戦の大勝利で地表の七分の一をおさめる大帝国に昇りつめたが、その瞬間から、急速に退潮しはじめ、つるべ落しの秋の日のように沈みはじめた。自分の生れ育った祖国を生きるも死ぬもただ一つの運命共同体と信じ、それにすべてを捧げようとしてきた私たち若者の不安と憂愁は深まるばかりであった。私もその一人として、日本の落日の中で自分の精神を形成した。そのため私たち「サンセットの世代」は、いまだに当時の感覚から完全に抜けきれない虚無の部分を残している。

一九四三年（昭和十八年）、東条内閣は緊急措置によって高校（旧制）の年限短縮、文科系学生の徴兵猶予の停止を命令した。私はこの年の秋、大学に進学、「学徒出陣」にぶつかったが、日本をめぐる情勢はますます暗く、独伊軍の敗退、サイパン、硫黄島の玉砕、特攻隊の出撃、本土大空襲、沖縄の悲報とあいつぐ中で、私の身辺にも確実に〝死〟が迫っていた。

一九四五年の夏、暗影におおわれた日本列島に〝特殊爆弾〟の閃光がひらめき、一瞬にして十数万人が屍と化した。その生き地獄と焦土の中で、なお本土決戦を戦おうとしていた日本国民の耳に天皇の声が聞えたのである。

私はそのころ海軍航空隊に在って茫然としていたが、司令たちは占領軍の到着まえに機密書類をことごとく焼却し、進んで武装解除して、ささやかな軍需物資を手みやげに兵士たちを故郷に帰した。私も超満員の無蓋貨車につめられ、いったん東京にもどったが、そこで見たものは一面の焼け野原と焼ビルの廃墟と闇市と、瓦礫のあいだに雑踏する不思議に生気にみちた群衆の姿であった。私はその雑踏する大都会の曠野(あらの)をあてどなくさまよい、無明の青春の日々をすごしたのである。

こうした敗戦までの二十年の歴史は、その時代を生きた国民に共通する多くのものをあたえたであろう。私も自分のあらゆる資料を手がかりに、この戦争時代の忘却の底に眠っていた個人史を掘り起し、主体と状況の内的結節点にメスを入れつつ全体の歴史を観望してみたい。

活動写真館の片隅で

私のふるさとは日本の水郷である。関東平野を流れる日本の有数の大河利根川が霞ガ浦、北浦とつながるところ、江戸時代いらい米、味噌、醬油を積んだ舟が集散する小さな河港町であった。日本全図の測量家として名高い伊能忠敬が住んだ。そのため、私は子供のときから伊能忠敬を目標として育てられた。私たちの産土(うぶすな)の神社の境内には、蝦夷地測量中のかれの大きな銅像が立っていて、よく参拝に行かされた。

私の両親はごくふつうの善良な庶民。父は近くの村の農家の次男で、この町の家つき娘であった私の母のもとに婿入りした。したがって、私は家父長的な権威を知らずに育った。両親とも義務教育しかうけない平均的な日本人であったが、子供の教育には熱心で、ひどい不景気の時代なのに小学二、三年から夜学の塾に子供を通わせた。私など当時一年制だった幼稚園に二年半も行かされたため、一九三二年（昭和七年）四月、小学校に入学したとき、私の最初の幼稚園友達はもう三年生に昇級していた。そのためか、私は学校慣れしていて、喧嘩も強く、終始余裕をもって同クラスの悪童共をリードできた。そのころの生徒は大部分がカスリの着物で、鼻汁をたらすものが多く、それを和服の袖口で拭くためてらてら光っていたのを思いだす。

戦前の地方のこどもたち（1929 年）

一九三二年四月といえば、政党内閣に止めを刺した皇道派の軍人や右翼による五・一五事件の直前であった。それよりも、日本の十五年戦争の起点となった一九三一年九月の満州事変の記憶がないのだから、私たちは歴史の本流から隔絶して水底にいた一微生物というほかあるまい。

ところが、ふしぎなことに昭和七年と八年の記憶はかなり鮮明である。それは活動写真館のおかげだったらしい。

私の田舎町には坂本座と松竹館という二館があって、新派と時代劇の二本立てで興行していた。私の母は新派好きで、祖父が時代劇党（チャンバラ）だったので、私たち兄弟はどちらへもよく連れられていった。館内は二階ともマス式畳敷きで、ざぶとん一枚二銭、それにラムネとおせんにキャラメルがつきものであった。もちろん無声映画だったので、舞台の袖に活動弁士と三味線ひきがおり、「丹下左膳」や「国定忠治」、「月形半平太」や「新納鶴千代（しんのうつるちよ）」などを流れるような名調子で口演していた。

「万延元年三月三日、時ならぬ春の大雪の中を粛々と江戸城さして進む行列は、時の大老井伊直弼、これを討たんとする水戸浪士（ここで三味線が入り、唄が流れる）……乱闘はつづいたが、鶴千代の奮戦むなしく父大老は冷たいむくろと化し去った。裏切り者の汚名をきて、ああ、新納鶴千代どこへゆく。」

「人を斬るのが侍ならば　恋の未練がなぜ切れぬ……昨日勤王　明日は佐幕　その日その日の出来ごころ……泣いて笑って鯉口切れば　江戸の桜田雪が降る」（一九三一年、「侍ニッポン」主題歌、西条八十作詞）

この頽廃的なメロディと徳山璉（たまき）のやけくそなうたいぶりと、若き大河内伝次郎のニヒルな横顔と、それらを思いだすといまでも胸が痛くなる。こうした種類の感動は、私の情念の歴史の中では五、六年後に接した「大菩薩峠」の机竜之助、「荒神山血闘」の吉良の仁吉、「人情紙風船」の失業浪士などへの共感にとつづいていたものである。

それが何を意味するかは、まったくわからなかった。よもやこうした情念が当時、左翼運動に挫折していた都会のインテリ青年たちの間にも受けていたなどとは、中学生になってからでも私には想像することさえできなかった。プロレタリア文化運動が弾圧され（一九三二年、蔵原惟人、千田是也、佐々木孝丸ら一斉逮捕。一九三三年、小林多喜二虐殺。佐野学ら転向声明）、日本の思想界に大量転向の嵐が吹きすさんでいたなどとは田舎町の少年に知るべくもない、いわば無縁の世界のことだったのである。

もともと私たちが住んでいた世界は、かれらとは別次元のものであった。町の映画館にも、ときどき洋画は入ってきたが、キートンやチャップリンなどを別にすれば、まったく人気がなかった。そのチャップリンが来日して、歓迎の群衆で都心が大混雑したというのは、五・一五事件の前夜のことにあたるが、私は長い間そのことすら知らないでいた。それどころか、戦後に、私もその運動に参加した日本の新劇が、当時築地小劇場を拠り所にしてレマルクの反戦劇「西部戦線異状なし」や徳永直の「太陽のない街」などを上演して万の単位の労働者を動員し、国家権力と真向からぶつかっていたということなど、まるで別の惑星のできごとほどにも知らなかったのである。

フランス映画「パリの屋根の下」も、舶来のジャズもシャンソンも、西洋の翻訳文学も、大流行のマルクス主義も、前衛美術も新感覚派の文学も、私たちのような田舎町や蛙の鳴く水田にかこまれた村に住む大衆の子弟にとっては、いちようにバタ臭い、上流人種の都会的な無縁な存在でしかなかったのである。

私は悪童たちと小便臭い活動写真館に通い、どさ回りの芝居を見、ラジオで広沢虎造の「次郎長もの」や玉川勝太郎の「天保水滸伝」の浪曲を聞き、また天中軒雲月の美声に耳を馴らされてきた。私の生地水郷がヤクザのヒーロー平手造酒、笹川の繁蔵、飯岡の助五郎らの出た「天保水滸伝」の舞台であったからなおさらであろう。

忘れもしない夏の夕暮ごろ、活動写真の興奮を再現すべく、悪童ひきつれ利根の河原で、へこ帯にはさんだ竹光（竹の刀）をひきぬき、二隊にわかれて壮烈に斬り結んでいるうち、陽が沈み、捕えた子供を首まで砂に埋めておいたのも忘れて、そのまま帰ってしまい、大さわぎになったこともあった。そんなとき詫びてあるくのは、きまって私の母であった。

お盆のころで、町へ入ると、どの道角にも迎え火が焚かれ、かぐわしい線香の匂いがただよっていた。白がすりの着物にきかえ、赤い帯をしめた少女たちが提灯をさげて、お墓参りに向うのか、はなやいだ空気をひろげていた。悪童たちはこっそりと裏の木戸から入る。そして音を立てぬようにつるべの水を汲み、足を洗い、叱られぬうちに居間にもぐって仏壇に燈明をあげる。

盆と正月、それにお節句どきの花見と観月の宴は、子供たちには一年中でもっとも楽しいハレの日であった。その期間だけは大人たちが盛大な行事に忙しくしているあいだに、私たちは自由にふるまい、旅芸人の興行をひやかしてまわったり、おそなえのごちそうや習俗の匂いをかいであるくことができた。

このころラジオの聴取者は約一〇〇万を超え、それが毎日流行歌を流している。その上にわが家では母がレコードを買い入れ、くりかえし「影を慕いて」などをかけ、古賀メロディに浸りきっていた。私の多湿性精神土壌はこうして形成された。

いっぽう小学三年生ごろから、猿飛佐助や真田十勇士など少年講談「立川文庫」を浴びるほど読み、活劇ごっこやチャンバラ遊びで歴史幻想を育ててきた私たちには、急ごしらえの、おもしろくもない教訓的な軍国物などなかなかなじめないものであった。「爆弾三勇士」の話などその一つであったろう。

話の起りは一九三二年（昭和七年）二月二十二日、上海、廟行鎮（びょうこうちん）の戦いで、敵の鉄条網を突破するのに、三人の日本軍工兵が爆弾を抱いて体当りをし、突撃路を開いて壮烈な戦死を遂げたというものである。

この第一報は二月二十四日の朝刊にのったが、翌日の『大阪朝日新聞』は、「陸軍省では往年の広瀬、橘両中佐の行為にもまさる軍事美談として教科書にその勇士を謳歌し、三勇士の霊を慰めたいと考慮中である」と報じているから、最初から美談に仕立てる方針があったことがわかる。ところが、事実の真相はあいまいで、あの三人の一等兵は上官の指示の過ちによる事故だった。「爆薬の導火線の火縄を一メートルにしておけば、あの鉄条網を爆破して安全に帰ることができたんです。それが誤って五十センチ、即ち半分にしてしまったんです」(田中隆吉、当時上海駐在、陸軍少佐)という説さえある。

それはともかく、この「美談」にジャーナリズムがいっせいに飛びついた。わずか三日後には四社競っての映画化が決定、一週間たつと歌舞伎座で上演。新聞社は慰問の募金を開始、全国に三勇士の歌を募集したところ二〇万篇をこす応募があり、その当選歌が与謝野鉄幹の作詩であったというから驚く。この三人の英雄は二階級特進、金鵄勲章、町村葬となり、一〇〇本以上の映画にとられ、銅像や碑が立ち、ついに教科書にも登場した。

ところがこうした大人たちの興奮にたいして、私たち少年の反応はむしろ冷淡であった。爆弾三勇士の話は要するに説教臭くて面白くなかった。「のらくろ一等兵」や「冒険ダン吉」の漫画のように面白くなく、猿飛佐助や楠公父子ほどに華麗でもなく、鞍馬天狗や丹下左膳ほどの夢も活劇もなかったのである。校長先生が涙にむせび、教壇から手をふって叫んでも、それはおかしな大人たちのひとりよがりのように感じられた。私たちの間には爆弾三勇士の五月人形を自慢したり、三勇士ごっこをする子供はあまり見あたらなかった。

国際連盟脱退の訓示

一九三三年(昭和八年)は私にとって政治意識の開眼の年であった。この年、日本とドイツが第二次世界大戦へのスタート台に立った年でもあった。アメリカをはじめとする世界的な不況がまだつづいており、日本でも例外でなかった。とくに東北地方の打ちつづく凶作が農業恐慌に拍車をかけ、多くの貧農家族が飢え、おびただしい数の女子が売られていた。私のクラスにも弁当をもたない生徒や芸者屋に売られてきた子がいた。満州事変いらい、「日本の生命線満蒙を守れ！」「満州開拓に雄飛しよう」というスローガンはこうした貧にあえぐ国民をとらえていた。一九三二年、全国で弁当をもたない欠食児童は二十万人をこえるといわれていたのである。

それは四月一日だったか、二日だったかはおぼえていない。とにかく始業式の朝礼のときで、春とはいえ、まだ寒い校庭においてであった。校長はその日にかぎってひどく興奮しており、壇上から全校生徒にむかって長い訓示をした。冷たい利根の川風が吹き荒れていたと思う。私はそのときはじめて日本が国際連盟から脱退したと聞かされた。校長はそれを泣かんばかりに、死の宣告のような調子で言った。

「日本はいまや完全に世界の孤児（みなしご）になったのです。世界中をあい手にして戦う覚悟をもたなければならないことになったのです。皆さんはよほどの覚悟をして勉強しなければ、一人で百人もの敵をあい手にして勝つことはできない。」

私はこのときに校長から受けた背筋がぞくぞくするような悲愴感を今でもはっきりとおぼえている。寒い校庭に立たされ、体中冷えきっていた少年の魂に、これほど深く沁みこんだ危機感とは何であったろうか。それは百の歴史教育にも勝っていた。少年はこの瞬間から世界史に目がひらかれ、自分が日本国の一員であり、その日本丸という親船がいま世界中から孤立して、危険な海をひとりで行かなければならなくなったという事態を直観した。それがどちらの方角に漂流しつつあるかはもちろんわからない。しかし、この決断が天皇陛下によって下されたものだという以上、避けられない重苦しい感動としていつまでも心に残った。

私が、そしておそらくわが校長先生が、この緊張感からいくらか解放されたのは、この年の十月、ドイツが国際連盟を脱退したというニュースを聞いてからであろう。「私たちは孤立をまぬがれた！」

今から思えば、日本の満州占領はヒトラーのオーストリア・チェコ併合などとならぶ第二次世界大戦を誘発した国際的冒険であった。これが欧米列強の武力干渉をうけずにたやすく成功したのは、この時期、世界的経済恐慌の打撃をうけてイギリスやアメリカなどの諸国が介入する余裕をもたなかったからでもある。九ヵ国条約、不戦条約の守護者をもって自任していたアメリカは、この日本の侵略に反対し、武力による現状変更の不承認を声明したが、独力で介入しようとはしなかった。イギリスはむしろ日本が対ソ戦にむかうことを期待していた形跡すらある。しかし、日本の満州占領の動機は、イギリスの期待する関東軍の北進政策にばかりあったのではなく、第一に朝鮮を日本の利益線に、満州を日本の生命線に見なすという日露戦争以来の継続的な国策にあった。その上ロシア革命や中国革命の昂揚に直面して、その波及をくいとめようとした関東軍の焦りにあったのである。

日本の政府や財界は、資本主義の最大の危機を満州市場の独占や中国大陸の経済支配によって打開しようとねがっていた。また、軍部や右翼団体などファッショ勢力は、国内の農業危機や社会不安を大陸進出によって救済しようと企んでいた。国際連盟がリットン調査団を満州に派遣し、日本政府の武力行動の違法性を実証したとき、天皇も政府も元老もこの連盟の勧告に耳を貸そうとしなかったのは、右の国内事情によるものである。

一九三三年（昭和八年）十月十四日のヒトラーの国際連盟と軍縮会議脱退の爆弾声明は、国際政局に衝撃をあたえ、ヨーロッパを暗雲に包みこんだ。日本の軍部はこれによって、「軍縮時代が終った」と判断し、今後世界はあらたな戦争にそなえてふたたび軍拡競争に進むであろうと観測した。そしてイギリスは、早くも日独の接近を恐れると声明していた。その後の歴史は確実にこの対立する二者の観測通りに進んでいった。

しかし、当時はすべての国民が目かくしにされ、つんぼ桟敷におかれていたわけではない。一九三〇年代の新聞にはまだ多くの対立する情報が伝えられていたし、権力の脅しに抵抗する記者もわずかながら残存していた。そうした自由の幅が八歳の童児に、ひとつの歴史的直観をもつことを許したのであろう。

海軍少壮将校が中心となり「昭和維新」の名のもとに政友会総裁犬養毅首相を襲い、射殺した、いわゆる五・一五事件にたいし、九州の地方紙『福岡日日新聞』の編集長菊竹淳は、立憲代議政体を破壊し、国家を混乱潰滅に導くものとして仮借ない批判を連日のように書きつづけ、軍部の猛烈な脅迫を受けたが、一歩も屈しなかった。かれは政友会系の保守派の記者と目されてきたのだが、自由民権の批判精神をうけつぎ、一年後の五・一五記念日にも「憲政か、ファッショか」という論説を発表して信念をつらぬいている。

（木村栄文『六鼓菊竹淳』）

この年、東京音頭が流行し、お盆には老いも若きも、町や村の広場にあつまっては、この手踊りに時を忘れた。ラジオがその流行に大きな役割を果していた。「島の娘」をうたった芸者歌手・小唄勝太郎が一世を風靡したのも同じころではなかったかと思う。

また、この春、はじめて昭和生れの一八〇万人もの子供が小学一年生になったが、かれらの教科書は目にもあざやかな色刷読本で、「サイタサイタ　サクラガサイタ、ススメススメ　ヘイタイススメ」などと印刷されていた。いま見ると、『小学国語読本』は七銭、『修身』四銭、図画帖は二銭。そして、その年もおしつまった十二月二十三日に皇太子明仁が誕生し、日本中にサイレンが鳴りひびいたことも記憶にある。

その三日後、共産党の組織の再建に奔走していた宮本顕治が、東京九段の市電富士見町停留場前で特高課員らと格闘のすえ逮捕された。当時宮本は二十八歳、やがて治安維持法で起訴され、網走監獄の独房に幽閉されることになる。その日のことが、十二月二十八日の新聞の社会面に、「中条百合子の夫、宮本遂に捕縛」と写真入りで小さく出ている。この青年が三十年後に、幾多の先輩、同志をおしのけ、日本共産党の書記長として大きな権力をふるうようになろうとは、当時だれひとり想像した人はなかったであろう。(このひと月前の十一月二十八日には、『日本資本主義発達史』の著者で共産党最高幹部の野呂栄太郎が検挙され、翌一九三四年二月、満三十三歳の若さで獄死する。)

この年生れた皇太子が今なお変らず皇太子であることも、私には不思議な感じである。

利根川の大氾濫

一九三四〜三五年、昭和九〜十年はどういう理由があったのか、私の記憶はふたたびあやふやになってしまう。日本海海戦の英雄東郷平八郎元帥が死んで国葬になったこと、その日は六月五日の火曜日で、学校が休みになったこと、そのころ受持の教師がさかんに黒板に「生存競争」という文字を書いては、いま東北では欠食児童がふえ、イナゴやどんぐり、わらびの根などを取って食べているのだ、と戒められたことなどが妙に印象に残っている。その先生は何がいいたかったのであろうか。

今にして思えば、すでに長野県などでは赤化小学校教員の一斉検挙がひろがり(六五校、一三八人)、いっぽう、北陸・東北地方では生活綴方教師が北日本国語教育連盟などを結成して社会批判の最後の抵抗線を守ろうとしていた時だったのである。

私たちはこの一九三四年いらい、寒川道夫に指導された大関松三郎（新潟県古志郡黒条村小学校）がガリ版詩集『山芋』のようなものを作って、当時の農村の社会矛盾を鋭く批判していたなどとは夢にも想像することができなかった。そんな小学校教育の伝統が戦前からあったということなど、『山びこ学校』が評判になるまで、私たちにはほとんど知らされなかったのである。

一国の国民思想の方向性にとって小学校教育ほど大事なものはない。この期間に多くの日本人が大関君のように科学的に社会を見る目、批判する精神を養われていたとしたら、昭和十年代に私たちが陥ったような犯罪的な過ちはどれほどか防ぎえたであろう。少なくともあれほど容易に軍国主義的な熱狂に導かれることを拒みえたであろう。ところが、大多数の教師は文部省官僚の奴婢のような状態を脱せず、盲目的な独善主義教育にしたがい、かえって寒川らを疎外し、次代をになう日本の国民を誤った方向に導いた。しかも、敗戦後、かれらの多くは国民の面前で自分の罪を詫びることもせず、こんどは民主教育の師として組織を楯に、教壇に居直りつづけたのである。

文部省も一般教員の思想的な動揺をくいとめようと、一九三四年四月三日、全国連合小学校教員会の代表三万五千余人を宮城前に集め、「全国小学校教員精神作興大会」なるものを開催させている。そして天皇の臨幸を仰ぎ、勅語をもらった上、全国に散らせて、各地方で同趣旨の大会を開かせている。文部省が下は小学校から上は大学まで、どのように教育の思想統制に躍起になっていたか、知るべきである。

一九三五年（昭和十年）四月九日、日本憲法学の権威、美濃部達吉が天皇機関説のため不敬罪で告発されるや、文部省はその翌日、ただちに「国体明徴」の趣旨を訓令し、神がかり的な日本神国観と天皇絶対思想を鼓吹させることに努めた。もちろんこれは小学生の理解の域をこえるものであったが、このような神がかり的観念が国家公認の思想にされたということは、その後の私たちをかたわ人間に変えてしまう上で怖しい魔力になった。その神国思想は独善性の点で、ナチスのゲルマン民族優越説や人種差別思想と同質のものであり、やがて他民族にたいして、その抑圧性を競うようになる。

この年の秋の台風シーズンの最後の集中豪雨は一九一〇年（明治四十三年）以来のものと聞かされた。そのため、九月二十六日夜から翌日にかけて、利根川は大氾濫をきたし、川向う堤防はいたる所で決潰、わが佐原町付近で水位はいっきょに五メートル余も上り、避難民は舟をあやつって山に逃げたり、家を呑まれた人は堤防にはい上って一夜をすごすことになった。私の家も半ば水につかって道路は濁流となり、川向うの新島村（十六島）はついに水没した。私はこの一面の褐色の海と化した急流の中につぎつぎと浮んでは消える家や牛や道具類を見送りながら、忘れていた自然の力というものの恐ろしさをひしひしと感じた。このとき上流の群馬県では二四〇人をこす死者が出たという。こうした光景はもう一度、戦後のキティ台風のときに目撃する。

とにかく私にとっての昭和十年は大洪水であり、それは、この直後にはじまったイタリアのエチオピア侵略戦争よりも、中共軍の大西遷の成功のニュースよりも、私の個人史にとっては重大事件だった。かりにそのとき、私が家もろとも濁流に呑まれたとしても、歴史には砂粒ほどの影響もなかったであろうから、個人史には洪水の方が大事だという考えをもつのも不当ではない。

阿部定事件と二・二六

一九三六年、昭和十一年、私は小学上級生になっていた。小学校の敷地と同じ場所にあった幼稚園に通いはじめてからかぞえれば、もう八年間、私は子供ながらこの学校生活には退屈していた。そのころ、私は母の読む婦人雑誌の中から王女エリザベスの写真をみつけ、ひそかに切り抜いて大事に眺めていた。次のイギリスの女王になるというこの少女が可愛くてならなかった。少女は一つ年下の十一歳。日本の皇族には感じられない典雅な気品と、いたずらっぽい聡明そうな眸(ひとみ)が私に深い憧れをいだかせた。同じ人間なのに、という悔恨にも似た哀しい気持……私はこの少女を通して遠い国を夢みるようになった。それは淡い慕情の形をとったささやかな自我の目覚めであったのかもしれない。

昭和十一年は私にとっては、二・二六事件よりもベルリン・オリンピックよりも阿部定事件のあった年として忘れがたい。なぜ阿部定事件が？　というと、私はこの事件をきっかけとして、天皇も皇后もまた同じ人間であるという真理に目覚めさせられたからである。阿部定の殺人事件が起ったのは五月、町中がその話題でもちきりのようだった。もちろん教室でも例外ではない。早熟な生徒がかならず二、三人はいて、くわしく事件を解説してくれる。一時は、サダという名をもつ女性は顔をあげて町を歩けないくらいだったという。みんなの興味の中心はハトロン紙包のものらしく、私はそれを聞いて、大人とはなんという馬鹿なことをするものだと思っていた。

少女時代のエリザベス女王（提供・共同通信社）

それまで私には現人神天皇と皇后陛下は雲の上の聖なる存在だった。それが突然地上にひきずりおろされ、着衣まで乱暴に剝がされたような衝撃であった。なぜ大人たちが阿部定のことをいつまでも大さわぎするのかはわからなかったけれど、私には天皇も皇后も同じ人間だという発見の方が重大であった。私にとって国体明徴運動というのは、なによりもまず、この内心の妄念をうちはらうことでなければならなかった。

　日本の庶民はほんとうは腹の底から天皇を尊敬しきっていたかどうか、怪しいと思う。私にはやはり永遠の少女を夢みている方がよかった。遠い国のエリザベス王女の方がよかった。

　ベルリン・オリンピックはナチス・ドイツの国力の示威であったのだろうが、私たちにとっては日本水泳チームやマラソン選手が優勝したことが問題であった。「前畑がんばれ！」このNHKアナウンサーの絶叫は私たちの耳にひびいたが、私には前畑よりマラソン、金メダルの孫基禎選手や三位の南昇竜選手の活躍の方がうれしかった。

　それというのも私のクラスに朝鮮出身の金君がいて、非常に優秀な生徒なのに、何かというと差別される――しかもそれを先生も大人も黙って見ぬふりをしている、そのことに私が腹を立てていたからである。

「金君！　よかったなァ。」そういうと、かれはポロリと涙をこぼした。そのときだけはクラスの悪友たちも、「チョウセン、チョウセン、トイッテ、バカニスルナ」と囃し立てはしなかった。

　私の周囲の大人たちは（そこには西欧的な匂いのする知識人は一人もいなかったが）、二・二六事件よりも阿部定事件の方に関心を寄せていたと思う。スペイン戦争よりもベルリン・オリンピックの方に興味をもっていたのだろうと思う。日本の歴史を急角度に戦争の方向にふりむけたこの大クーデタ事件にたいして、父母やその周囲のものに印象を聞いても、ほとんどまとまった感想を得ることができない。そんなことより鬼熊(おにくま)事件や町の活動館ではじめてトーキー映画が上映されたときの話の方がにぎにぎしい。

あれは五所平之助監督の「マダムと女房」（一九三一年作品）が幾年かたって、この町にきたときのことであろう。たしかに私も行ってそれを見た。それまで私たちはスターの声をじかに聞くということはなかった。ところが、この映画は姿が写った瞬間に女優の声が聞えてきたのにはまず驚いた。つぎに障子にハタキをかけるシーンで大きな音がしたといって観客がさわぎだした。誰かがスクリーンのうしろで叩いているのではないかというのだ。私たちもこの奇蹟に呆然とした。

しかし、これはユーモラスな生活叙事詩の一コマにすぎない。愚かなようでいて大衆は、確実に迫りつつある暗い翳を予感していた。それゆえにこそ蘆溝橋事件発生直前に行われた衆議院の総選挙では、戦争政策をすすめる政友会を惨敗させ、無産政党を大量に当選させていた（東京では全員当選）。巷には前近代的な「家」からの解放をうたった甘い小市民のマイホームソングが大流行していた。

あなたと呼べば　あなたと答える　山のこだまの　うれしさよ
あなーた　なーんだい　空は青空　二人は若い（「二人は若い」サトウ・ハチロー作詞）

「狭いながらも楽しいわが家」という歌もあり、戦争の前夜にしばしば見られるマイホーム主義への耽溺感情をよくあらわしていた。

月が鏡であったなら　恋しあなたのおもかげを　夜ごとうつして見ようもの

こんな気持でいるわたし、ネェ（「忘れちゃいやよ」最上洋作詞）

そのあとを女学校の先生出の歌手渡辺はま子はレコード会社の命令で、「ネー忘れーちゃーいやーンよ、忘れなーいでネェー」とセクシームードをこめて泣き泣き歌わされたという。この「いやーンよ」の歌い方が「あたかも婦女の嬌態を眼前に見る如き官能的歌唱」だとしてレコードの発売を禁止されたが、流行は衰えず、さらに翌一九三七年の「ああそれなのに」の大ヒットにつづいていった（高橋磌一『流行歌でつづる日本現代史』）。

いっぽう、映画の面では伊丹万作、山中貞雄、内田吐夢、溝口健二らの社会批判のきいた日本映画の秀作が、つぎつぎと大衆の喝采を博していたのである。

しかし、このころの大衆には積極的な何かの力が欠けていた。五・一五事件以来（その犯人たちの減刑嘆願書を三五万七〇〇〇人分も積み上げられた陸海軍の法廷は、かれらを英雄扱いにして軽い刑にとどめ、しかも四年後には特赦で全員を釈放した）、軍部ファッションの支配をねらう謀略はいっそう増長し、なかば公然と進行していた。これをどの政治グループが真剣に喰い止めようとしたか。もしそれをだれかが徹底的に行おうとするのなら、国民の自由を金縛りにしている治安維持法などを撤廃して、自由民権運動や大正デモクラシー運動の故智にならい、直接、大衆に立上りをよびかけなければならなかったはずだ。折からスペインでは、ファシスト将軍フランコの軍事叛乱にたいして、人民戦線政府は全国民に蹶起をよびかけ、ぞくぞくと市民、労働者、農民からなる民兵を組織し、この人民の力によってファシスト軍をマドリードから敗走させていたのである。

ところが同じころのわが日本には、そうした条件はほとんどなかったといえよう。ファッショ勢力の抬頭をはばむべき人民戦線勢力（共産党、社民党、労働組合、農民組合、知識人グループ、民主組織等）は治安維持法によって徹底的に弾圧されつくしていたし、いっぽう日本の地主・ブルジョア政党や議会や内閣や枢密院には、民衆に直接蹶起をよびかけたり、反軍アッピールを出す考えをもったグループは存在しなかった。

さらにいっそう重要なことは、日本の民衆自身が「皇軍」とよばれる天皇の軍隊にたいして、なお大きな信頼と愛着を寄せていたことであり、そのために、ファッショ勢力が軍隊を動かしたとき、これに対抗できる国民的な基盤はほとんど見出しがたかったのである。

日本の国民がなぜ軍隊を信頼していたかということは複雑な問題だが、ひとついえることは、「日本の皇軍」は、軍隊外での地位の差や貧富の別をもちこまず、天皇のもとでの位階制、一君万民的なたてまえを軍隊組織の擬制として堅持していたからであろう。したがって軍隊に入り現役で勤勉につとめさえすれば、出身は貧農の三男であっても軍人として生活を安定させ、下級将校までは出世できるという昇進の道がひらかれていたのである。その意味で軍隊は底辺の民衆にとって立身出世のひとつの階梯であり、そのためか一種独特の人気があった。

ドイツやイタリアのファシズムとちがって、自前の大衆組織をもたなかった日本の右翼が、「国家改造」のクーデタを計画するとき、きまってこの軍隊や軍人の力を借りようとしたことは二重の意味において実益性があった。こう考えてくると、スペインやフランスの一九三六、三七年（昭和十一、十二年）の政治情況と日本のそれとが、いかに大きく違っていたか明らかであろう。しかも、当時の日本の社会では、この問題を明確に国民大衆に示せるような人間が、もはやごく限られてしまっていたのである。こうして二・二六事件は起るべくして起った。

二月二十六日早朝、青年将校に率いられた一四〇〇名ほどの陸軍部隊は、首相官邸、陸軍省などのある永田町一帯を占拠し、重臣および新聞社などを襲撃、岡田啓介首相射殺（のち、生存確認）、斎藤実内大臣、高橋是清蔵相、渡辺錠太郎教育総監らを殺害、鈴木貫太郎侍従長に重傷を負わせた。側近の重臣を失った天皇は激怒し、ただちに叛乱軍を鎮圧するように命じたが、陸軍の首脳は数日間、事態を静観していて動かなかった。この間に呼称も「蹶起部隊」から「占拠部隊」、それから「騒擾部隊」、さいごには「叛乱軍」へと変転していった。

このニュースを聞いて多くの国民は唖然とした。当時、『信濃毎日新聞』の主筆を辞め、名古屋にあって個人雑誌『他山の石』を発行し、論陣を張っていた桐生悠々は、ただちにペンを執ってはげしい批判を軍部にくわえた。

「だから言ったではないか、国体明徴よりも軍勅（軍人勅諭）明徴が先であると。

だから、言ったではないか、五・一五事件の犯人に対して一部国民が盲目的、雷同的の讃辞を呈すれば、これが模倣を防ぎ能はないと。

だから言ったではないか、疾くに軍部の盲動を誡めなければ、その害の及ぶところ実に測り知るべからざるものがあると。

だから、私たちは平生軍部と政府とに苦言を呈して、幾たびとなく発禁の厄に遇ったではないか。

国民はここに至つて、漸く目ざめた、目ざめたけれどももう遅い。……彼等はその武器、しかも陛下の忠勇なる兵卒を濫用して敵を屠ることをなさず、却つて同胞を惨殺した。しかもこの同胞はいづれも国家枢要なる機関の地位にあり、内外に陛下輔弼の大任にあるもの……

国民のめざめ、それはもう遅いけれども、目ざめないのにまさること万々である。軍部よ、今目ざめたる国民の声を聞け。今度こそ、国民は断じて彼等の罪を看過しないであらう……次には国民みづからがこの憂を除くべく努力するであらうと。」（『他山の石』第三年第五号、一九三六年三月五日）

果してその後、国民の多くが軍部の罪に目覚め、国民みずからがこの憂を除くべく立ち上ったであろうか？　それどころか、かえって国民の中には「昭和維新」を求める声が高まり、軍部ファッショとの妥協をはかる近衛文麿のような人物への期待を高めていった。そして、この禍根を除くべく迫害を覚悟して立ち上った一部人民にたいしては、軍の横暴を抑えるべき立場にある議会や政府が、かえって治安維持法などを発動して、徹底的にこれを弾圧したのである。桐生悠々の警世の言も、やはりもう遅すぎたのであろう。

この一九三六年の十一月、十二月には、アメリカではルーズベルトが大統領選挙で圧倒的な大勝を収め、またベルリンではヒトラーのドイツと日本の防共協定が調印され、中国の西安では共産党との共闘をこばんでいた蔣介石が張学良の軍隊に監禁され、周恩来の斡旋によって、ついに抗日民族統一戦線を決意させられるという、日本にとっては宿命的な相手となる主役がほとんど顔をそろえている。私たちはこの人たちの名を毎日のように聞かされて、それからの十年をすごすことになる。

知らされなかった南京事件

一九三七年、昭和十二年、私は佐原町にあった県立中学校に入学した。当時、小学校から中学以上に進学するものはおよそ二割程度というから、今日の大学進学率より少ない。

父母はたいへん喜び、「おまえはこれからは中等教育を受ける身になったのだから、万事にきちんとしなくてはいけない」と誇らかになんども諭した。入学して数日後に一銭五厘のハガキが二銭になり、封書が四銭になった。一八九九年（明治三十二年）以来の値上げだという。

そしてしばらくして、朝日新聞社の国産機「神風」号がヨーロッパへ出発した。飯沼飛行士が途中十一ヵ所に着陸し、ロンドンに無事到着したといって喜んだ。ところが、そのすぐ後、私たちの夢であった世界一の飛行船ヒンデンブルグ号がアメリカの空港で爆発し、たくさんの人命が失われた。そのころの私たちにとっては、こうした航空機は自分たちが乗るものというより仰ぐものであり、まったく特別な高嶺の花のような存在にみえた。ところが当のアメリカでは、一九四〇年代に早くも民間航空機時代に入っており、民間パイロットだけでも五万人をかぞえたというのだから、これは競争相手としてははなはだしいへだたりであった。

こうして私たちの世界感覚はまだ薄明の中にあった。公平な情報は届けられず、かりにいくらかの断片が届いたとしても、それを公平に理解する体質が養われていなかった。私たちは日本の大部分の大人たちと同様、半ば迷妄の中に閉じこめられていた、といえる。

このとき、同時進行していたソ連におけるスターリンの大粛清（一九三七年六月十二日、ソ連の元帥トハチェフスキーら八巨頭が銃殺され、ふたたび粛清の嵐が吹きまくっていた）と、国際化したスペイン人民戦争の重大な意味を、どれだけの日本国民が理解していたろうか。

当時の大新聞でさえ対岸の火災視し、それをよく解説できていない。

ソ連やスペインで進行していたこの悲劇が、日本に、いや私たちに、重大な関わりのある思想的な事件だったとして理解できるようになったのは、戦後も一九五〇年代になってからであるが、その直接の帳尻は数年後に日本国民にもまわってきた。私たちはすでにのっぴきならぬ世界史の中に生きていたのだ。

七月七日、天津に近い蘆溝橋で日中両軍の衝突が起った。政府は十一日、「計画的の武力抗日歴然、断乎、北支派兵に決定、局面不拡大のため」と声明したが、じつはこれは現地日本軍による主権侵害的な挑発によるものであった。この衝突は国府軍の自重で、いったん停戦にきまったのだが、七月二十八日、支那駐屯軍は回答を不服として、中国の第二十九軍掃滅を期し、空と陸から総攻撃を開始した。たちまち戦火は天津、北京に及んだ。

突如、不意の爆撃をうけて憤激した中国民衆や保安隊は、通州、上海で報復に出た。とくに通州では多数の日本人居留民が殺され、「暴戻（ぼうれい）！　鬼畜の保安隊」「恨み深し！　通州暴虐の全貌」「宛（さなが）ら地獄絵巻！」という調子で煽動したため、日本国民は切歯扼腕した。戦闘は中国北部全域にひろがり、さらに上海で一海軍中尉が射殺されたのを機に、戦火は華中にまで及んだ。この大義名分なき戦争も、結局このあと「暴支膺懲（ようちょう）」のスローガンで戦うことになった。

せっかく六月には軍人内閣にかわって待望の近衛文民内閣が生れ、大人たちみんなが、これで「少しはよくなるぞ」と話していた矢先のことだけに、失望と不安の色はおおいえなかった。それをとにかくひきずっていったのは、日本海軍航空隊による南京爆撃の決行など作戦の急展開と、新聞・ラジオなどによる煽動的な宣伝の力であったように思われる。事実私たちも渡洋爆撃のニュースを聞いたとき、胸がスカッとしたことをおぼえている。

近衛首相の最初の不拡大方針は軍の強硬な行動のまえに消しとんだ。統帥部はさかんに兵力の動員をつづけ、今や日中両国は宣戦布告なき全面戦争に突入していた。九月にひらかれた臨時議会で、杉山元陸相は「支那の抗日意識絶滅まで断然鉾(ほこ)を収めず」と演説し、両院は満場一致で「皇軍感謝決議案」を可決した。これには無産政党の議員までが追随していた。私たちは「銃後の少国民」とよばれ、連日小旗を手に駅頭にかりだされ、出征兵士の見送りをさせられた。

わが大君に　召されたる
生命(いのち)栄(は)えある　朝ぼらけ
たたえて送る　一億の
歓呼は高く　天を衝(つ)く
いざ征(ゆ)けつわもの　日本男児（「出征兵士を送る歌」生田太三郎作詞、©セブンシーズミュージック）

この歌を声がかれるほどうたわされ、真夏のギラギラする光の下にうんざりするほど立たされた。仁慈にみちた神聖なる天皇の軍隊は、なにを求めてか中国の首都南京にむかって殺到していた。そして南京へゆくまでのあいだに三十万人近い中国人民を殺傷していったという。

このころの新聞、雑誌を見ると、差別意識まるだしなのには驚く。『朝日新聞』など「不遜！　上海市長、我が方に抗議」とか「血に餓えた支那機暴虐の限りを尽す」とか「身勝手な戦争排撃、誠に笑止千万」とかの見出しを使い、支那はなにをやっても侮蔑に値するもの、皇軍は何をやっても美化すべきものと決めてかかっているようだった。もっと私が驚いたのは『東京日日新聞』などの「百人斬り競争」の記事の扱い方であった。当時軍国少年の一人であった私でも、さすがにこの人斬り競争には唖然とした。日本陸軍の二人の少尉がどちらが早く百人殺せるかと賭をして、中国人をもう八十人も斬ったというのである（『東京日日新聞』一九三七年十一月三十日）。

私の家には四季かならず訪れる中国人の呉服売りの行商人がいた。ターさんとよばれていたこの人は、来るたびに中国式のふかしパンなどをもってきてくれる笑顔を絶やさない好人物で、私はこの人を好いていた。私の父母も中国人だからといって差別するようなことは決してしなかったし、戦争がはじまっても、警察がかれを拘引しても、その態度を変えなかった。

私には、上海で一人の日本人将校が殺されたからといって、「暴支膺懲」と大騒ぎした新聞が、なぜ中国人ならゲームで百人斬り殺してもお手柄になるのかわからなかった。「百人斬り〝超記録〟、向井百六――野田百五、両少尉さらに延長戦」（同一九三七年十二月十三日）とあっては、さすがに中学生の私にもひどすぎると感じられた。（この新聞記事は後に取材記者によって作られた誇大記事であったともいわれるが、この二人は中国軍に捕えられ戦犯として処刑された。）

当時の中学校教育は、孟子の性善説を教え、人間の惻隠の情こそもっとも尊いものだと説いていたくらいで、まだ、それほど狂ってはいなかった。私は少年雑誌でこの二人の少尉の人殺し競争の詳報をよんで、憤慨に耐えなかった。ところが多くの日本の大人は、こうしたことに無感覚どころか、大陸で中国人婦女子にたいする暴行をはたらき、しかもそれを卑猥な倒錯した性的喜悦さえ顔に浮べて語っていたのである。

一九三七年（昭和十二年）十二月十三日から翌三八年一月末まで、六週間にわたって一五万五〇〇〇人以上を殺し、五〇〇〇人以上の中国人女性に強姦、輪姦をくわえ、厖大な市民の財貨を掠奪し、焼き払ったという南京城内での日本軍の大暴行は、こういった「百人斬り競争」を認める社会心理を背景に、指揮官の煽動、黙認によって起ったものであり、単なる戦場での偶発行為とか異常心理による一時的な暴走であったと弁護することはできない。（極東国際軍事裁判では、この中国人被害者の数を虐殺二〇万人余――その四分の一が民間人――強姦二万人余と報告しているが、エドガー・スノー『アジアの戦争』によれば、南京の国際救済委員会の推計として、南京城内だけで虐殺四万二〇〇〇人以上としている。林茂『太平洋戦争』〈「日本の歴史」25〉も同じ数字をあげ、臼井勝美『日中戦争』には記載がない。私としてはこの点につき、かなり詳細な検討をしているD・バーガミニの数字を引用することにした。）

以下の簡単な記述は、当時南京城内に残っていた二二人の外国人の大学教授、医師、牧師、ビジネスマンらによって丹念に記録されたものや、中国側が告発した記録からひろったものなので、そこにいあわせた数万人の日本人の胸には思いあたることであろう。

城内で捕えられた中国軍捕虜たちは市の広場に集められ、電線で数珠つなぎにされ、川岸の囲いの中に追い立てられた。そして、一群ずつ引き立てられ、銃剣突き練習の道具に使われた。死にきれない者にはケロシン油が浴びせられ、火踊りをさせられた。士官たちは日本刀で唐竹割り（からたけわ）の腕くらべをした。あまりに殺すべき人数が多いので、まず捕虜自身に大きな墓穴を掘らせ、そのへりに列をつくらせて立たせ、はじから射撃して穴の中に射ち落したり、弾丸を惜しんで銃剣で刺しては蹴落して土をかけたりした。ある一群は手と足を縛られて、頭から下を深く地中に植えこまれた。首を斬られて川の中に投げこまれた者、機関銃で揚子江に射ち落された者は数も知らない。

この点については、当時、『朝日新聞』記者として日本人の側から大量虐殺を目撃した今井正剛が戦後になって記している。中国人の群衆が見ている目前で、日本兵は、四、五百人もの男たちをつぎからつぎへと射殺し、倒れると飛びかかって、グサリと銃剣でとどめを刺していた。私（今井記者）はその中から朝日の南京支局に出入りしていた顔見知りの二人の市民を見つけだし、救出した。

十五日の夜、揚子江の下関（シャーカン）桟橋での大虐殺は、何万人か数もわからない。とにかく一晩中、捕虜らしい男たちを岸壁へ連れてきては機関銃の掃射を浴びせかけていた。たちまち真黒い屍体の山ができると、一〇〇人ほどの苦力（クーリー）（下層労働者）たちに命じて河の中へつぎつぎと投げこませる。うめき声、流れる血、けいれんする手足、河面は月光を浴びたようにべっとりした血で光った。しかも、その作業が終ると、こんどはその苦力たちを河岸に一列に並ばせ、銃殺した。のけぞり、ひっくり返り、踊るようにしてその集団も揚子江の中へ転落していった、と（『文藝春秋』一九五六年十二月号）。

通訳の乗ったトラックが安全地帯の難民収容所に巡回してくると、ひと山の若い女性が連れ去られた。泣きじゃくって抵抗した女は公衆の面前で強姦され、見せしめのため射殺された。おびえる女たちは兵隊の屯営している建物に連れこまれ、一晩に一〇人ないし二〇人の男たちによって犯された。多くの未成熟な少女たちが、この手荒な暴行で死んだ。また多くの婦人がベッドに裸体のまま括りつけられ、どんな男でもやってくる者はすべて受け容れる道具にされた。彼女たちは殺された後でさえも、局部を抉（えぐ）られたり、皮を剥がされたりした。ある日は一夜に三〇〇〇名もの女性が暴行された。一夜に三七人もの兵隊に輪姦されて発狂した女性もあった。母親を強姦していた兵隊がそばで赤ん坊が泣いたといって首を絞めた例さえある（D・バーガミニ『天皇の陰謀』前篇）。

しかし、首を斬られ、火をかけられ、生き埋めにされながら、息を吹き返し、這い出して救い出されたかなりの人たちもいた。その人たちのその後立ち直ってゆく奇蹟的な勇気の物語は、戦後の法廷において耳傾ける人びとの心を強く打った。

こうして、暴行と凌辱から立ち直った多くの中国人男女は軍隊に志願し、抗日戦争をたたかい抜き、八路軍や人民解放軍として敗走する日本軍を追撃、捕縛したが、そのとき、かれらは政治委員の説得に大地を叩いて泣きながら、日本軍捕虜への血の報復を思いとどまり、それを為さずに耐えぬいたという。このときすでに日本軍隊は道義的に中国に完全に敗北していた。

犯罪をおかした南京での日本兵は自暴自棄におちいっていた敗残兵でも匪賊でもない。当時の日本陸軍の最精鋭を誇る一〇万の正規軍、「皇軍」であり、その指揮官は第十軍司令官柳川平助中将と天皇の叔父にあたる上海派遣軍司令官朝香宮鳩彦王（十二月七日着任）であった。総司令官の松井石根大将（のちに絞首刑）は病気のため後方にあった。かれは一九三七年十二月十七日、南京入城式のときに姿を見せたが、それがすむと後方に立ち去った。

数万の日本兵が町々を走りまわって南京城内を血の海にしていた一ヵ月のあいだ、そこにいたのは、重ねて記すが朝香宮中将と南京警備司令官となった中島今朝吾第十六師団長らであった。当時、陸軍刑法では、戦場での強姦、強奪は死刑とさだめられており、朝香宮たちはこの法の執行を命じなくてはならぬ立場にあった。慈愛と正義を内外に宣伝していた「皇軍」ならばなおさらである。

ところが、歴史的事実としてはっきりしていることは、この明らかな陸軍刑法、および国際法違反の日本軍犯罪者たちを、朝香宮やかれの幕僚たちは一人も処刑しなかったこと、と、この南京城内にいた責任者の一人朝香宮が東京裁判の法廷に、いかなる意味でも（絞首刑にされた松井大将の弁護人、証人としてでも）出廷を求められず、戦後も天皇と親しく、ゴルフを楽しんだりして送ったという事実である。

南京に入城した日本の大部隊にはもちろん多数の報道関係者がまじっていた。かれらはそこで行われた真相を日本国民に正しく伝える使命を負っていた。国民はそれをかれらに期待していた。ところでかれらは何をしてくれたか。かれらがその冷静な職業的な眼でとらえた南京虐殺の真相を、もし、あの時点で国民に伝えていたら、日本国民に深刻な衝撃をあたえ、少なくとも日本人の皇軍神話は崩壊していたであろう。あるいは「東亜新秩序の建設」も疑られ、太平洋戦争の開始の時期も遅らされていたかもしれない。

しかし、五・一五、二・二六事件以降、横暴化していた軍部に、痛烈な一撃をあたえうるこのチャンスを、一身を犠牲にしても（かれらはしばしば戦線では取材中に命をおとした）活用しようとした従軍記者はあらわれなかった。かれらは最初から軍の報復を恐れ、検閲を予想して沈黙するか、事実をかくすか、あるいは、まるっきり軍に同調し、迎合的な宣伝記事を送るかのどれかであった。私は戦後十年近くも経過してから、一共同通信記者が南京で撮影していた大虐殺の一連の写真を見せられて愕然としたことがある。そこには冷静なジャーナリストの目が光っていた（先に引用した『朝日新聞』の今井記者の例もそうである）。

もし、こうした真相が、地下印刷であれ深夜叢書版であれ、数年早く私たちのあいだに回覧されていたら、あの後学友たちが率先して中国戦線におもむき、安らかに「天皇陛下万歳」を叫んで戦死するようなことは回避したであろう。日本国民は、あの戦時下で真相が明らかにされても、なお戦争指導者の後に蹤いてゆくほど愚昧な存在であったろうか……。

ここまで書いてきて私のペンはハタと止まる。別のもう一つの批判の声が内部から湧き起る。南京事件のニュースが知らされていたら、日本国民は皇軍信仰を棄てていたろうという仮定は甘すぎはしないか。上海戦ぜんたいで日本軍に一万八〇〇〇人の戦死を強いた国民政府軍への憎しみは、捕虜大虐殺を認める国民心理をもたらしはしなかったか。「勝てば官軍」「戦勝者の暴行は仕方ない」という日本人の歴史意識と、中国、朝鮮人民への深い差別意識は、この程度のことでは抜きがたかったであろう。日本人は関東大震災のときの罪なき朝鮮人虐殺の犯罪をすら詫びなかった国民である。そのことを私たちは忘れるべきではない。当時の日本国民の全般的な道義の頽廃は深刻で、一九三七年段階では、あらゆる意味で戦争阻止はもはや不可能であったと見るべきではないだろうか。そういう反省も生れてくる。

言論の自由を完全に封殺し、情報を意のままに統制すること、これがいつの世でも権力者の用いる人民支配のやり方であるが、この時代の日本はそれを完全に近いところまで仕上げていた。ただ、どんなに徹底的な言論統制があったとしても、言論人がおたがいに足をひっぱりあうようなことをせず、勇気をもって結束して、ねばり強く抵抗する努力を放棄しなかったなら、あの時代であってもいくらかの抜け道は開きえたろうし、事実、そうして大戦下を生きぬいた人たちもいたのである。

桐生悠々や矢内原忠雄、正木ひろし等がまさにその代表であろう。この人びとは「個人雑誌」を発行して、それが政府や軍の弾圧により発禁につぐ発禁にあっても、いっそう闘志を燃やし、巧妙な抵抗の方法をあみだし、さいごまで自らペンを折るようなことはしなかった。だが、このような人びとでさえ、南京事件の真相は知りえなかったらしい。

桐生悠々は「〝頼らしめて知らしめない〟絶頂時に達した。何事もお上のいふ事を信じ、他に何も知ってはならないといふ時世となった。封建時代への一大逆転」と記している（『他山の石』第四年二十一号、一九三七年十一月二十日）。

それにもかかわらず、若干の秘密は直接体験者の言葉を通してひろがるものだ。それから二、三年後のことであるが、その一端は田舎の一中学生であった私のような者の耳にまで、はっきりと届いている。

Tという元陸軍伍長のトラック運転手がいた。私の家に仕事のことで出入りしていたが、ある日、私にこんなことを話した。その姑娘(クーニャン)(中国娘)をみんなで手ごめにしたあと、気絶していた娘の膣に、そばに転がっていた一升びんを突っこみ、どこまで入るか銃底で叩きこんでみた。そしたら血を噴いて骨盤が割れて死んでしまった、と。

それを一片の悔恨の気持もあらわさず、むしろ毒々しい笑いを頬に浮べて、自慢そうに話したときの態度を、私は一生忘れることができない。Tは日本に帰れば善良な労働者であり、平凡な家庭の父であり、礼儀正しい常識人であった。その人の表面の平静さの奥にかくされた恐しい人格の崩壊ぶりは、帝国主義戦争の結果だといってすますにはあまりにも無惨すぎる。こういう種類の日本人がこんどの戦争で何十万人も生れ、そして、今なお生き残っていることを私たちは片時も忘れてはならない。それが自分自身であるかもしれないからである。

当時の中国の大字報などを見ると、「東洋鬼」とか「三光」という文字が目につく。「三光」とは焼き尽し、殺し尽し、冒し尽すことだという。日本軍は南京城内においてだけではなく、中国全土においてこの「三光作戦」をとり、二〇〇〇万人近い人命を奪ったと国際裁判は告発している。その「東洋鬼」にたいして中国は戦勝国になったにもかかわらず、人民に報復することを許さなかったばかりか、賠償金さえも請求しなかったということを、私たち日本人はどう受けとめたらよいのか。

中国全土で、いやアジア諸地域で、戦闘能力を失った投降者や住民を、たとえ上官の命令であろうと、直接手を下して虐殺した下士官や兵士の罪も許されるものではない。そうした人びとは殺害者としての良心の呵責にうなされながら地獄の底まで堕ちるほかない。たとえ、戦後、過去の事蹟は闇に葬ってマイホームに安住できたとしても、それは無告の声の怨霊の上にであって、罪なき者を殺した人間のつぐないは永遠に終らないのである。

このように辿ってくると、やはり自然の結論として朝香宮は真っ先に責任を負うべき人であった。そうすることが人間としての当然の道であるし、中国大陸の山野に死んだ何百万、何千万という中国人、朝鮮人、日本人民へのつぐないであろうと思われる。

恥しいことに私たちは、この南京陥落を国をあげての提灯（ちょうちん）行列で祝った。ある明治生れの老人は日清戦争いらい四十三年ぶりの快事で宿願がかなったのだとよろこぶ光景さえあった。十二月十七日の入城式には松井総司令官を先頭に、朝香宮現地軍司令官以下、幻想の皇軍が堂々と入城し、天皇が異例の喜びの勅語を賜った。それにあわせて、内地の私たちも「愛国行進曲」を合唱し、提灯や旗をふりふり神社の境内にまで行進をした。

東京では読売新聞社主催の大祝賀会が後楽園スタジアムでひらかれ、「見よ東海の空あ

けて　旭日高く輝けば　天地の正気はつらつと　希望は躍る大八洲」（「愛国行進曲」森川幸雄作詞）との万余の歓声に合わせ、リズミカルなブラスバンドが唱和した。これと同じころ、現実の皇（荒）軍の将兵は南京城内で、中国の婦女子たちに阿鼻叫喚の暴行を加えていたとは夢にも知らずに、私たちは大まじめにこの戦争が中国民衆のためのものでもあり、東洋平和と正義の闘いなのだと信じていたのである。「不明の至り」というほかはない。それにしても、日本国民をこうまでさせた思想統制やイデオロギーというものの恐しさに改めて重大関心を寄せるとともに、その真実を十分に解明することに努めたい。

「軍人なんか止めて、恋愛を試みよう」

一九三八年（昭和十三年）、私は軍国熱に浮かされて職業軍人になろうとする同級生と競争し、東京の陸軍幼年学校の試験をうけた。友だちはみごと合格したが、私は落ちた。その反動のせいかどうかは分らないが、この年はまるきり流行歌におぼれた。それも「露営の歌」や「麦と兵隊」のようなものではなく、ホーム・ラブ・ソングやブルースなどの軟派のものであった。当時ブルースは大流行していたと思う。町はずれにある県立中学校からの帰り道、ごみごみした芸者置屋や妖しげなバーなどの立ちならぶ裏街を抜けてゆくと、たいがい淡谷のり子の甘い唄声が流れていた。

「雨よ降れ降れ　なやみを流すまで……」（「雨のブルース」野川香文作詞）とか、「窓をあければ　港が見える　メリケン波止場の　灯が見える　夜風　潮風　恋風のせて……」（「別れのブルース」藤浦洸作詞）とか、ゆるい四拍子で、メランコリックに官能的にうたう彼女の声は、ラジオや何十万枚のレコードに乗ってどこへいっても聞えていた。私たちも学校の教室で、川を見おろす丘の上で、草原で、いろいろな仕方でうたい、その情緒を楽しんだ。この服部良一作曲の淡谷ブルースの方が、同じ時にはやった「支那の夜」などよりはるかによかったのは、淡谷のり子と渡辺はま子の生き方の違いにもよっていたのであろう。

淡谷のり子の『わが放浪記』によると、そのころ彼女が銀座などをあるくと、「ゼイタクは敵だ！」とのビラをもった婦人たちにつけまわされたという。

「ゼイタクは敵だって、モンペをはいて、ボサボサ髪でステージに立って、『巴里の屋根の下』などうたえますか。私はむしろ意地になって、ますます細く長く眉毛をひき、いよいよ濃く口紅を塗った。……淡谷のり子は生意気だ、不謹慎だ、という非難が歌手仲間からも出てくるようになったが、私はその歌手達のように手際よく軍国調に同調して、日の丸を張ったステージに国民服で立ち、……宮城遥拝をしたのち、おもむろに『見よ東海の空あけて　旭日高くかかがやけば』など『紀元は二千六百年』を讃めたたえる気持などはもてず……モンペもはかず、マニキュアもやめず、ブルースをうたいつづけていた」と。

「行けど進めど麦また麦の　波の深さよ　夜の寒さ……」（「麦と兵隊」藤田まさと作詞）の歌を聞きながら、私も、徐州攻略に一兵士として参加したこの火野葦平の作品を愛読した一人だった。そのころ男子中学校では春秋をとわず野外教練などといって生徒に重い三八式歩兵銃をかつがせ、終日、四里も五里もそれこそ麦畑の中を行進させたので、私たちは自然とこの「徐州徐州と人馬は進む」の名調子を口ずさんでいたものである。

私のこのころの愛読書は吉川英治であり、久米正雄であり、吉屋信子であった。また『プルターク英雄伝』の縁から鶴見祐輔もよく読んだ。そんな程度の生徒には、この年正月に新聞をにぎわした岡田嘉子と杉本良吉の樺太越境事件の意味や、大内兵衛、有沢広巳、美濃部亮吉ら三〇余人の学者グループを逮捕した第二次人民戦線事件の意味などがわかろうはずはなかった。端的にいってそのころの私たちは、町の裏通りの長屋に住む一文あきないの老人や貸本読みの女や土工、職人たちと、それほど変らない土着的世界の中にいたようである。

私の祖父が隠居後、道楽に見番の役員などをしていた関係もあって、私は少年のころから芸者置屋の裏面を知り、そうした「たけくらべ」や「にごりえ」的な雰囲気もよく承知していた。廓はたいていドブの臭いのする裏町の一角にある。そのドブ板の狭い路地の両側に、置屋などと並んで、うす汚れたバーや一膳飯屋があった。まだ明るい昼下り、下校時などに中をのぞくと、はんてん姿の職人風の男や風呂帰りの水商売の女たちが横ずわりにすわって、なにかを食べていた。化粧のはげた襟足(えりあし)を見せ、いかにも時を忘れた安逸な別世界がそこに感じられた。

当時ソバはもりとかけが一杯五銭、ラーメンは一〇銭だったと私の日記にある。陋巷の住人にとってラーメンはごちそうの部類に属する。なぜなら、一〇銭あれば焼き鳥三本と焼酎(しょうちゅう)が一杯のめたご時勢だったからである。私などがたまに食べるカレーライスは洋食の部で、映画館の割引料金と同じ一〇銭だった。一〇本入りのタバコの「バット」が七銭、口付きの「朝日」が一五銭で、私は祖父に命じられて、よくその「朝日」をタバコやに買いに走った。だから、そのころ、職人で日当二円もとる者があれば、豪勢な暮しができると羨ましがられた。私に教えてくれた小学校の先生が月給五〇円で、巡査と同じだと話していた。それはとにかく、裏町には表通りとはまったく違う裏町の人生があった。

そうした庶民の最大の娯楽は、今にして思えば封切りしてから一、二年後にやってくる映画であったろう。そして当時の映画館は、私にとっても社会感覚を育ててくれた最高の学校であった。(それどころではない、私の文体じたいがサイレント時代の映画説明＝活弁調によって形成されたものであったことをのちに自覚して狼狽した！)

私は学校生徒無断入館禁止の通達にもかかわらず(学校では文部省特選映画や戦争映画などは生徒に総見させた)、この一九三八～三九年(昭和十三、十四年)ごろから東宝映画や日活現代劇映画などをむさぼり見た。じっさい今から思うと、どうしてあのころにあんな面白い作品がつぎからつぎへと作られたのか不思議である。これはあとで知ったことだが、世界大戦前夜の映画作家たちは日本ばかりではなく、欧米でも歴史に残る名画をうみだしていた。

私の記憶に焼きついているのは大河内伝次郎主演の暗い「丹下左膳（百万両の壺）」や「国定忠治」や「海鳴り街道」だ。あるいは前進座の河原崎長十郎らの歯切れのよい「河内山宗俊」や「街の入墨者」や余韻嫋嫋（じょうじょう）たる「人情紙風船」だ。しかし、この、どれもが一九三五～三七年の山中貞雄監督の作品で、その山中が徐州作戦で戦死したとは知らなかった。

もう一群はっきりおぼえているのは日活現代劇。それも小杉勇のイメージで、「人生劇場青春篇」（内田吐夢監督）に血を沸かし、「蒼氓（そうぼう）」（熊谷久虎）や「裸の町」（内田吐夢）に底辺の棄民がいることを教えられた。「路傍の石」（田坂具隆）では片山明彦の子役と小杉勇のやりとりが、私たちを励ました。それは山田五十鈴の「浪華悲歌（なにわえれじい）」や「祇園の姉妹」（溝口健二）などとならんで、いつまでも私の心中にほのぼのとした哀感を揺曳させた。内容の思想的意味はわからないながらも、映画は強烈な映像によって直接心のひだに焼きつき、潜在意識圏の中でふかぶかと私を育ててくれた。私はこういう映画を通して民衆の心の底に流れる人民ニヒリズムともいうべき虚無感を味わっていたといえる。

一九三九年（昭和十四年）の『その日その日』という私の日記帳を見ると、松竹映画「愛染かつら」（野村浩将監督）を封切から大分おくれてこの年の九月二十四日に見ている。すでにこの映画は空前の大当りをとっていた。私もその原作は母の『婦人倶楽部』を読んで承知していたはずなのに、この純愛悲恋物を好演したスターたち（田中絹代と上原謙）に圧倒されてしまった。日記にはこうある。

「映画館を出てすっかり憂鬱になってしまった！……『愛する事と愛される事とが人生最大の幸福である』といふ意味が明瞭にわかった。そして僕はとつぜん軍人なんか止めてしまへ、高等学校に進んで恋愛を試みよう、と思ふにいたった」と。

それまで、二度も陸軍幼年学校の入試を受けた私が、きっぱりと軍人志望を放棄し、高等学校の文科に進路を変更した直接のきっかけは、恥しながらこの映画の感化の中にあったのである。「愛染かつら」に今では感謝さえしている。

独ソ不可侵条約の締結

一九三九年（昭和十四年）の一月十五日は、半数以上の日本人がラジオにかじりついて興奮していた。スポーツ界のアイドル双葉山が三年間勝ちっ放し七十連勝という大記録を阻まれて、安芸（あき）の海の外掛けに倒されたというのである。実況放送のアナウンサーも、

「安芸ノ海、安芸ノ海、嬉シ涙デ泣イテオリマス。泣イテオリマス。フトンガ飛ンデイマス」と叫んでいた。

しかし、私たちの目は盲いていたものだ。双葉山が倒れても平沼内閣が倒れても世界の歴史になんの影響もなかったけれど、この直後に起ったバルセロナの陥落（スペイン人民戦線政府の敗北）は、十数億人の人間の運命に直接重大な影響をもたらすきっかけになった。人はこの世に同時に起っているたくさんのできごとのうち、なにが本質的で決定的なものかを判断することを億劫がる。そして自分の関与したことだけに視野をせばめ、自分が好感をいだいたものを重要なものとみなし、それを基準として人生や世界を判断したがる。

当時の日本国民の大多数が、そうした孤立した閉鎖性や独善的な考え方にとらわれていたことは否定できない。双葉山に熱狂しながらもバルセロナの陥落をわが身の痛さと感じなかった私たちは、さしずめ歴史の判断を誤ることになる一人であり、そのため危うく犬死しそこなった同類の一人なのである。

ドイツやイタリアに支援されたフランコ将軍の率いるファシスト軍が、革命スペインの牙城バルセロナを三年ぶりに占領したとき（そしてそれをイギリス、フランスが承認し、さらにソ連までが国際義勇軍から手を引いて革命スペインを見放したとき）、もはやヨーロッパにはファシズムの兇暴化をくいとめる歯止めになるものは見当らなかった。三月十五日、自信をえたナチス・ドイツはいっきょにチェコを占領、併合した。イタリアも四月七日に電撃的にアルバニアを占領した。そしてヒトラーはさらにポーランドにダンチヒ港までの回廊地帯の割譲を要求し、いっきょに欧州政局の緊張を高めたのであった。

日本はそのころ政治家も軍人も前途の見通しを失っていた。かれらはよく先の見える者を牢獄の独房に押しこんでしまっていたか、特高警察に尾行監視させて自由な言論を封じさせていた。

一九三七年（昭和十二年）、「支那事変」（日中戦争）を起してからこれで三年間、事変関係の直接軍事費だけで合計一一九億九〇〇〇万円（日露戦争の七回分）の巨額を消費しながら、いまだに戦争収拾の見通しはまったく立っていなかった。そのためガソリン不足をきたし、民間の車は今後木炭自動車でなければ許可しないとか、米穀の配給統制法（米の国家管理）を公布するとか、国民生活をまで圧迫するにいたっている。

いっぽう陸軍はソ満国境での張鼓峰事件につづいてノモンハン事件を挑発し、虎の子の関東軍に大損害をこうむり、狼狽して打開策を求めているあいだに、盟邦ドイツに「独ソ不可侵条約」を結ばれて、呆然自失。いったんは「独ソ条約は防共協定違反、枢軸強化断乎打切り」などと強がりはいってみたものの、結局「欧州の政治情勢は複雑怪奇」との迷文句を残して平沼内閣は倒壊した。その直後に、これまた予想を裏切った形で（独ソによるポーランド分割）、第二次欧州大戦が勃発したのである。

私の八月二十二日の日記にも、「今日独ソ不可侵条約ガテイケツサレテ政界ニ青天ノ霹靂ヲオトシタ」とか、九月三日のイギリスの対独宣戦布告のことなどが記されている。ソ連軍がポーランドに侵入を開始したのは九月十七日(ワルシャワ陥落は九月二十七日)だから、スターリンがヒトラーと秘密に協定して計画的にポーランドを分割し、欧州大戦の誘発に一役買ったことは否定できない。

これはマルクス・レーニン・スターリン主義をテキスト通りに信奉していた日本の共産主義者には判断に苦しむことであったろう。だが、スペイン人民戦争を体験してスターリンの一国社会主義的な権略外交に直面し、「スターリン主義」への幻想を打破っていたヨーロッパの知識人には、すでに予見できていたことであったと思う。日本と欧米の知識人のあいだには、反ファシズム、反スターリニズムの理解において、これだけの精神史的な懸隔があったのである。

私はこのことを一九七一年(昭和四十六年)にスペイン戦争の戦跡をじっさいに廻ってみてはじめて痛感した。私たちの世代にとっては、この戦前の反スターリン主義は完全な精神史上の落丁になっていた。ジョージ・オーウェルの『カタロニア讃歌』に描かれているような、スペイン人民戦線の救援におもむいた世界中のアナーキストやトロツキストたちの精神史は、戦前の日本の知識人にはほとんど欠落していたように私には思われる。

(右のように述べたからといって、第二次欧州大戦は独ソの二大独裁者、ヒトラーとスターリンによって起されたものだという見解に私がくみするものではない。ソ連に開戦の責任の一半があることは否定しないが、むしろ、ソ連をヒトラーとの協定にまで追いこんだのは、英仏の愚かで頑固な反共政策、とくにイギリスのチェンバレン外交の失敗によるものであったと思う。

スターリンは英仏がソ連をボイコットしてヒトラーとの妥協をとりきめた一九三八年九月のミュンヘン会議いらい、英仏にたいする不信を決定的にしていた。チェンバレンたちはヒトラーに犠牲（いけにえ）をあたえることによって、ナチスの侵略の牙を直接ウクライナに向けようとしているのだと考えた。事実、その後の動きがこの策謀をあきらかにした。それいらいスターリン外交は、英仏との反ファッショ統一戦線をあきらめ、ナチスの牙を逆に向けかえる努力＝ソ連防衛の努力に集中してきたと思う。かれが保守的な地主・貴族の政府をいただくポーランドを犠牲にしても、スペイン人民を犠牲にしても、独ソ不可侵条約を結び、英仏をファシズムの侵略の前に孤立させたことは、自国防衛の一念であり、元をただせばイギリスの保守反共外交から由来していたのである。しかし、そうしたスターリンの思想は、レーニン主義とは遠いものになっていた。）

小さなものへの真情

一九四〇年（昭和十五年）、この一年間の私たちの話題の中心は終始ヒトラーの率いるナチス・ドイツの活躍ぶりであった。ドイツ軍はこの一年に北はデンマーク、ノルウェーを制圧し、西部戦線では難攻不落といわれたフランスのマジノ線を突破してベルギー、オランダを席捲し、フランス政府を降伏させ、六月十四日にはパリに歴史的な入城をした。そしてイギリス本土上陸作戦に備えて、猛烈なロンドン大空襲をくりかえしたのである。

当時の日本の新聞は、一九四〇年の六月、七月の情勢を、「大戦いよいよ最終段階へ――独伊、攻撃を英に集中」「英は興亡の断崖に立つ」「米は戸惑ふ」などと書き、誰もが（少数者を除いて）英本土上陸作戦の成功と、イギリスの降伏を疑わなかったのである。こうした雰囲気は翌年六月の独ソ戦の開始までつづいていたと思う。

いっぽう、こうしたドイツのはなばなしい活躍にたいして日本の動きは、私たちの目にもまことにお粗末きわまるものであった。ドイツがオランダを征服すると、日本政府は蘭印（今のインドネシア）に触手をのばそうとしたし、ドイツがフランスを降伏させると、まるで火事場泥棒のように日本軍は仏領インドシナ（今のベトナム）に進駐して（九月二十三日）、アメリカの鉄鋼禁輸措置で反撃された。また、ドイツの優位が動かないとみるや、バスに乗り遅れまいとして日独伊三国同盟を締結し（九月二十七日）、国内体制まで万事ナチス・ドイツに見ならおうとした。政党を解散し、ナチス党に似せた大政翼賛会まで発足させた（十月十二日）。

その迎合性、その指導者たちの無能ぶりは特筆にあたいする。十六歳の少年ながら私は近衛内閣に幻滅し、日本政府の独創性と決断力の乏しさに歯がゆい思いをしたものであった。そのためか、当時の私は鶴見祐輔の『英雄待望論』などに刺戟されて、各国の英雄伝などをさかんに読み耽った。大川周明の『日本二千六百年史』なども読み通している。だが、そうした大きなものを好む感情と、小さなものの真情に打たれる心が、なぜ、おなじ人間の内部に燃え上るのだろうか。

戦争の急展開に鼓舞されていたある日のこと、たまたま私は夕刊の片隅の小さな記事に心をひかれた。東京の下町の十八歳の娘が、小学校二年の弟と病身の六つの弟とをピクニックにつれてゆき一日遊園地で遊ばせたあと、三人体を結びあったまま江戸川に投身して心中したという（あとにお弁当を残して――）。大戦争ができるほど物のあまっている国で、なぜ、このようなことが起るのか。外では今日も出征兵士送迎の喊声が通りすぎ、日本人はみな同胞だと叫ばれているとき、なぜこのような小さな姉弟を助けることができないのか、私は何日も悲しかったことをおぼえている。

一九四〇年の八月。私はいつものように犬吠の海や九十九里浜へでかけていって、夏休みをすごすことにした。大伯父が片貝の浜に近い町で旅館をやっていたから。私たちは朝、暗いうちから起きて地曳網をひきにいったり、夜、まだ、ぬくもりの残っている砂丘にねころんで星を仰いだり、昼顔の咲く松林の中をどこまでも散歩したりした。

黒潮の波の寄せる九十九里浜は、遠浅の平らな砂浜がつづき、空の青と海の接するところまで、はるかに眺望が開けている。片貝から一の宮までは砂丘のような浜沿いに背の低い黒松の林がつづいて、そのあいだに点々と小さな漁民の集落が見えつ隠れつしていた。

そんなある日、真亀納屋（まがめなや）という部落で高村光太郎の話を聞いたのである。

光太郎が狂った智恵子とこのあたりをよく散歩していたという。私が訪ねたのは、智恵子が死んで一年半後のことで、まだ詩集『智恵子抄』も出版されていなかったので、どんな情景がここにくりひろげられていたか知る由もなかった。

狂つた智恵子は口をきかない
ただ尾長（をなが）や千鳥（ちどり）と相図する
防風林の丘つづき
いちめんの松の花粉は黄いろく流れ
五月晴（さつきばれ）の風に九十九里の浜はけむる
智恵子の浴衣（ゆかた）が松にかくれ又あらはれ
白い砂には松露（しょうろ）がある
わたしは松露をひろひながら
ゆつくり智恵子のあとをおふ（「風にのる智恵子」）

もう天然の向うへ行つてしまつた智恵子の
うしろ姿がぽつんと見える

二丁も離れた防風林の夕日の中で
松の花粉をあびながら私はいつまでも立ち尽す（「千鳥と遊ぶ智恵子」）

ここにも小さなものへの真情と限りない悲しみがある。歴史の嵐の中で、せめて二人だけの城を、芸術を通して打ち建てようとし、今は傷つき破れた者の嗚咽がある。ところが、高村光太郎は、この小さなものへの真情を徹底的に問いつめるのではなく（一九四一年八月『智恵子抄』の刊行を転機として）、大東亜戦争に国運を賭ける、大きなものへの献身にと向ってしまった。その出発点はあきらかに亀井勝一郎らとは異質でありながら、結果としては高村は私たちに頭から自己放棄と随順の美学を説く日本浪曼派の大合唱に唱和していったのである。（日本浪曼派というのは保田与重郎を中心に亀井勝一郎、神保光太郎、中谷孝雄らが雑誌『日本浪曼派』や『コギト』によって一つの「時代青春の思想運動」を起したもので、ドイツ・ロマン派の美学と日本の中世の美学とを結合した一種独特の雰囲気で知識青年をひろくとらえていた。）

西暦一九四〇年（昭和十五年）は神武天皇創業以来二千六百年目にあたるというので、この年の十一月十日、全国でさかんに皇紀二千六百年奉祝行事が行われた。（この二千六百年説＝紀年説が、学問的にはまったく根拠のない架空のものであることは、すでに国史学者津田左右吉らの研究によって実証し尽されていた。それにもかかわらず、政府はこれを無視したばかりか、国体に有害であるとして弾圧し、津田の著書まで発禁処分にしてしまった。）

私たち佐原中学四年生の有志も、その前夜ひそかに集合し、学校側のいっさいの団体行動禁止の通達を無視して、のぼり旗、提灯、酒、薪などを用意し、夜、利根川の堤防に集合して焚火し、高歌放吟、乱舞、大いに青春の情熱を発散させた。これなど名を奉祝行事に借りて、さかんに反抗的な自由を謳歌したものであったといえる。このころ私などは旧制高校のリベラリズムや寮生活の自治の精神を青春の理想像として美化し、これに傾倒し、この目標に達しようと受験の準備に邁進していたものである。

かえりみると、軍国主義一色のように見える当時の中学校教育にも、国語や外国史、古文や自然科学などにはまだリベラルなものが残っていた。私たちの学校にも帝大出の若い教師が二、三人いて、明らかにミリタリズムの風潮に反撥するような空気を感じさせていた。その中のだれかが選んだのであろう。私たちは岩波書店版の中等国語教科書を使用していた。その中に二葉亭四迷や石川啄木らとともに綱島梁川（りょうせん）や北村透谷の文章が入っていたのである。

私はとくに梁川と透谷の文章を愛した。この二人の短文はほとんどそらでいえるほどにくりかえし読んだ。すでに目覚めていた自我意識がこれらの思想家の文章に触発されて、私をひととき厭世的な若者にした。

なぜ人は生きるのか。自然の永遠にたいして、須臾（しゅゆ）にして消える人間が、この世に生きてゆく真の意義とはいったいどこにあるのか。人生にとって絶対的な価値とは何であるのか。このような答えようのない難問を、私はつぎつぎと教室で発して教師を困らせた。

その細おもての長身の国語教師に、たしか町の片隅の長屋に姉さんという女(ひと)とひっそり暮していた。折からの不景気で東京に職がえられなかったのであろう。とにかく一種独特な倦怠感(アンニュイ)を感じさせる青年で、私はこの教師のときおり浮べる遠くを見るような悲哀のまなざしを通して北村透谷を識(し)った。

「われは歩して水際(すいさい)に下れり。浪白ろく万古の響を伝へ、水蒼々として永遠の色を宿せり。手を拱(こまね)きて蒼穹を察すれば、我れ『我』を遺(わす)れて、飄然として、襤褸(らんる)の如き『時』を脱するに似たり。茫々乎たる空際は歴史の醇の醇なるもの、ホーマーありし時、プレトーありし時、彼の北斗は今と同じき光芒を放てり。」(「一夕観」)

私はこうした透谷の名文をほとんど暗誦することができた。そのころの透谷は、私にとっては一陣の秋の風であり、刈萱(かるかや)のように白く光りぬけるイメージだった。刈萱の葉ずれの音や河原を通りぬけてゆく野分(のわき)に、なぜか私はかれの一生を感じていた。こうした透谷とのつきあい方は、その物憂い文学教師や藤村に媒介されたいささか悲傷な明治浪漫主義にとらわれている。透谷が詩人で、思想家で、そのうえ社会とたたかって二十五歳で自殺したという事実が、少年の心を深くつかんだのであろう。

いずれ私たちもかれのように長く生きられることは望めない。短くとも燦然(さんぜん)と灼熱の日のように生きなくてはならぬ。こうして私と透谷とのめぐりあいは、戦争の時代をあいだにはさんで宿命的なものになった。

太鼓猛打、寮歌長嘯(ちょうしょう)

一九四一年（昭和十六年）の一、二月は、日記も空白になっているところをみると、入試の勉強にあけくれていたようだ。陸相東条英機が「戦陣訓」を配布してきて、教練の時間に私たちも読まされたが、まるでうわの空だった。二月には男子生徒は防空壕掘りに出よ、女生徒は軍の被服廠へ働きにゆけとの動員指令が出たが、私たちは近村の農作業手伝いでそれもまぬがれた。そして、第二高等学校の試験を受けるべく、私ははるばる仙台におもむいた。

当時の二高は十倍をこえる競争率、浪人一年で合格するのが普通であり、四年修了の私などは落ちて当りまえという感じだった（当時の中学校は五年制）。ところが私は合格した。それは私が秀才だったからではない。試験開始三十分前に、偶然調べた東南アジアの地理が、そっくりそのまま問題として出ていたからである。つまり、自分の実力で入学したのでは断じてないという自覚が、その後長いあいだ、私を「秀才病」から救ってくれた。その後はもう試験はなかった。高校から東大文学部への道はまったく無試験であり、つまるところ私は、一回勝負でクジに当って東京大学を卒業したという人間であった。戦前の日本には、そんな人間もありえたのである。

　仙台にも桜の花が咲きはじめるころ、弊衣破帽、バンカラ、「雄大剛健」を旗印とする東北の名門第二高等学校に私は入学した。校長は阿刀田令造。永遠の青年といわれる正体不明の大人物で、この人が激情を吐露すると延々二時間、止まるところを知らなかった。二高生はこの老校長を「アッテッテ」（そうであってッテ、という口癖から）と呼んで信服していた。その評判の校長の訓示は意外にあっさりすんだ。

　だが、明善寮にいって驚愕した。当時の高校は一年間は全寮制である。寮生活は生徒の完全な自治で、一種の治外法権下の自由境（男だけの）を現出していた。入寮式というのはこの自治集団に入るための宗教儀式のようなものであったらしい。新入生たちは恐しく汚い変色した羽織、袴の上級生たちの前で伝統の洗礼をうける。まず、太鼓猛打！　宣誓、寮歌長嘯（一節うたうのに十分もかかる）、幹事挨拶があり、そのあいまに最大級の大声で気合が入る。はじめは背中に冷水を浴びる思いであった。

　そのあと大太鼓を鳴らしながら市中大行進。これも恒例の仙台市民にたいする新入りのおひろめの儀式のようなものであった。めいめい敷布でタスキをさせられ、目抜き通りを寮歌を長く嘯きながら、寮の古いポンプ車をひっぱりまわして青葉山の頂上の護国神社まででいった。山頂から仙台の夜景をながめ、帰路、校長の家を襲ったりして十時ごろ寮にもどり、それから夜明けまでかがり火を焚いてファイア・ストームというのをやった。足腰が痛み、へとへとになって眠り、翌朝教室にいってみると、教授たちはなに喰わぬ顔をして、アーベーツェーも知らないぼくらに、いきなりゲーテの第一ページから読みあげるのには驚かされた。

深夜のストームは二日とあけずにやってくる。ズルをきめて眠ったふりをしていれば、フトンをひんめくられ、シーツの上にまでその乱舞の群衆はかけあがる。ズボンをはく間がなくフンドシのままで踊りに加わる新入生たち。台風一過、室内は足跡だらけで、目もあてられない惨状になる。そのうち先制攻撃をかけるに如かずと、気配を察知したら、こちらから廊下に打ってでる。あとはもう幕末世直しの「ええじゃないか」のようなものだ。

この試練はしばらくつづくが、これによってどれほど〝価値観の転換〟に役立ったかはわからないが、小さなエゴに閉じこもった小市民的な潔癖主義はそうとう手荒に打ち砕かれたことはたしかであろう。三ヵ月もしたら新入生も弊衣破帽が身につき、形式よりも精神を重んずる反俗的な気風にも慣れ、寮の窓から放尿はおろか脱糞までしても驚かないようになる。

私たちがそうした狂躁状態のなかで我を忘れていたあいだにも、時局はどしどし進んでいたのである。三月、ドイツ軍はブルガリアを占領したあと、反転してユーゴとギリシアに侵入し、十七日にはついに全バルカンを屈服させ、南からソ連を包囲する態勢を整えた。尾崎秀実(ほつみ)や宮城与徳(よとく)と協力して、在日ドイツ大使オットーから、ドイツ軍によるソ連総攻撃の計画書を入手していたリヒアルト・ゾルゲが、必死にモスクワに向けて警告の電文を打ちつづけていたのはこのころであった。

尾崎も宮城も、身辺に危険が迫っていたにもかかわらず活動を止めていない。私たちは、そのような秘密の世界で火花の散るような諜報の闘いが行われていようとは夢にも思わなかった。尾崎は近衛内閣に喰いこんだ国際スパイとして、祖国日本の破局への道を阻止しようと命を賭けたのだし、ドイツ人ゾルゲやアメリカ共産党員宮城もまた高い国際主義の観点から、ナチス・ドイツに反対して、唯一の社会主義国ソ連をヒトラーの不意打から守ろうと死力を尽していたのである。

しかし、この息づまるような努力は、むくわれなかった。

六月二十二日、ドイツ軍は奇襲による得意の電撃作戦によって、ソ連の防衛軍をいっきょに壊滅させ、怒濤のごとくロシア領内深く殺到した。この突然の宣戦には、事前になんらの外交要求も最後通告もなかった。スターリンはゾルゲらから送られていた「ドイツ軍の侵攻切迫」という情報を軽視し、戦術を誤って数百万のソ連市民や兵士の人命をドイツ機甲師団の蹂躙下に失ってしまった。

他方、ゾルゲらは、伊藤律の密告などにより十月に逮捕、尾崎秀実らは売国奴とののしられ、秘密裁判のすえ、ともに絞首台上に消える（宮城与徳は獄中で死亡）。日ソ戦争を回避させようとした宮城らの犠牲はムダではなかった。だが、かれらはいずれの国民からも感謝されることなく、石をもて追われた。かれらは自己の信念に殉じた。そして、戦後三十年経ってようやく、その名誉が恢復されようとしている。

ドイツ軍のソ連侵攻は第二次世界大戦に決定的な転回点をつくった。私たちもこれが世界史の画期になるだろうということを、魯鈍（ろどん）ながら漠然と感じた。なぜなら、これによってヨーロッパ情勢が一変してしまったからである。ドイツ軍によるイギリス本土占領の可能性がいっきょに遠のいた。つまり、早期大戦終了の見通しが消滅した。独ソ二大強国の死闘は、だれよりもイギリスとアメリカに幸いしたし、その消耗しだいでは、これまでの枢軸側の優位が逆転する可能性さえ生れたからである。

これは当時の日本にあっても、少し冷静な人の目にはあきらかに見えたであろう。ただ、ヒトラーの成功に目がくらみ、その狂信に幻惑され、冷厳に勝敗の決定要因を測定、評価できなかった日本の支配層と国民だけが、以前より格段と有利な立場になったイギリス、アメリカにたいして、戦争をしかけるという愚行を犯したのであろう。

ヒトラーはソ連を甘く見てみずから墓穴を掘った。日本が中国を蔑視して結局墓穴を掘ったと同じである。戦争の勝敗は緒戦の戦果だけできまるものではない。また中ソの人民の徹底的な抗戦の意志を、戦力のもっとも基本的な要素として評価できなかった帝国主義者には、この戦争の見通しが立てられなかったのは当然であるのかもしれない。

とにかく日本はその進路の最終的な選択を迫られて、第三次近衛内閣を発足させたが

（一九四一年七月十八日）、この決断力に乏しい近衛公爵のしたことは、ドイツ軍の優勢と陸軍の強硬派にあおられて、仏印南部（南ベトナム）への進駐を認め、アメリカから石油禁輸強化という「経済断交に等しい」反撃をうけたことであった。

その「ガソリン一滴血一滴」といわれたほど貴重な石油を大量に使って、日本の軍部は、重慶、昆明、西安など中国奥地の都市をくりかえし大爆撃したが、中国を屈服させる見通しなどまったく立たなかった。それどころか、無用な消耗戦を強いられ、ジリ貧におちいりつつあるという焦燥感が、日本国民にも軍部にも高まった。そのとき、日米決戦論が急速にもりあげられたのである。

一九四一年（昭和十六年）十月十六日、ヒトラーは独ソ戦三ヵ月間の戦果を発表した。それによると潰滅した赤軍は三〇〇個師団、ソ連軍捕虜は三〇〇万人を突破、すでにドイツの機甲部隊はレニングラード、モスクワの防衛線に達したというのである。

第三次近衛内閣は、日米交渉のゆきづまりを理由に、この日わずか三ヵ月間で総辞職をした。そして近衛と木戸内大臣は後継首相に東条英機を推薦した。いっぽうスターリンは十一月七日、革命記念日で演説し、ドイツ軍の損害四五〇万人、赤軍の損害一七五万人（うち戦死三五万、行方不明三八万、負傷一〇二万人）と発表した。独裁者による発表はいつの世でも誇大だが、ソ連軍の損害実数は二〇〇〇万人近いという承認は重大であった。これだけの損害を出したら、もうたいがいの国は消滅している。

こうした新聞発表を読んで、私たちもソ連がふたたび立ち直れるとは信じなくなった。ただ、降伏はすまい、日支事変のようにウラルを越えての泥沼戦争に陥るだろうと予感していた。

このころの拙い自分の日記をみていると、大戦の翳がしだいに濃く蔽ってくるのがわかる。たとえば九月にはクラス会の席で大議論が起り、私は「いつ世界大戦に参戦するかわからない」と書いている。このあと佐々木という同級生の提案で「ナチス研究会」をやることになり、さらにドイツ語のH教授宅を訪ねて、はじめて小野講師からユダヤ問題というのを教えられた。この人は仙台陸軍幼年学校でドイツ語を教えていたが、この春から二高の講師としてきていた。若い新任の講師だったせいか、私たちにはいくらか遠慮したような風もあったが、いうことが狂信的で、たいそう神秘主義めいていた。

九月二十六日夜にはH教授宅で蓑田胸喜の『国防哲学』をめぐって討論があったとメモにある。それ以後は、会合は小野講師宅でひらかれたようだ。十月二十五日、防空演習でまっ暗な晩、一年ドイツ語クラスの六人が愛宕山麓のかれの家を訪問し、八時から十二時までユダヤ問題の話を聞き、深夜、一里の道を明善寮まで歩いて帰ったと記してある。

そのとき小野がいった「今の日本の三大危険」というのは次のようなものであった。第一に、日本の上層階級の者が、いまだに自由主義が強くて、日本国の真の道を悟らないこと。第二に海軍の首脳が英米派であってユダヤの秘密組織フリーメーソンに加盟していること。第三に陸軍の指導部がまた、こうした海軍側の根本欠陥を指摘できないでいるということ。

そしてユダヤの秘密組織が全世界に触手をのばして、その歴史的な世界制覇の野望を遂げようとしていること、その先鋒は米・英であり、ソ連のスターリンもまた一味なので、ナチスの力だけではこの問題は解決できない。結局、日本が皇道によってこの野望を打ち破るべき使命をあたえられているのだということを、神託めいた調子で私たちに説いた。

私は東京帝国大学の国史学科に入ってからも、主任教授平泉澄の弟子から「日本海軍の首脳たちが親英米流―和平派で困っているのだ、いざというときは斬って捨てなければならぬ」という文句を聞いたが、これらの教師たちに共通していたことは、いずれも狂信的（ファナチック）で、ものごとを絶対悪と絶対善とに分けて考える思想態度であった。

かれらは公平なデータを示さないで独断的な説教をした。だから聞く方もはじめは半信半疑なのだが、社会全体が狂信的な雰囲気に包まれてゆくにつれ、その影響力もしだいに大きなものになっていった。

だが、私には、どこか陰気臭いユダヤ問題の研究などより、ニーチェやベルトラムの著作を読む方が面白くなった。級友たちより年少で理解力も乏しかった私には、松島湾でエイト（八人乗りの競艇）を漕いだり、がむしゃらな山登りをしている方が性に合っていた。私は早々と授業に見きりをつけ、一年の大半をボートレースや山岳部のクラブ活動に費した。私の愛した山岳部は、旧制高校のもう一つのすばらしい伝統、強靭なリベラリズムを、生きた人間関係を通じて私に教えてくれた。そしてあの時代のファナチズムの疾風から私を守ってくれたのである。

民族の存亡を賭けた日米開戦

一九四一年（昭和十六年）十一月三日、高橋昌福ら同室の親友三人と石巻に近い野蒜（のびる）の浜に泊りにいった。十一月だというのに暖い日で、私たちは月明りのする無人の砂浜に出て、黒く迫ってくる海に向って思いきり吠えた。唱い、踊り狂い、語りあい、青春の歓びを味わい尽した。そのとき、岩礁の上から望んだ太平洋のかなたでは、すでに山本五十六司令長官の率いる連合艦隊が、十二月八日のハワイ奇襲作戦を決定していて、猛訓練を積み重ねながら北の海へ移動しようとしていたとは知る由もなかった。

陸軍参謀総長杉山元の『杉山メモ』から引いてみよう。

「（昭和十六年）十一月三日作戦計画上奏ノ節ノ御下問奉答
永野軍令部総長ト列立、先（ま）ヅ永野奏上シ杉山総長ハ之ニ次グ
オ上（カミ）　香港ハ『マレー』作戦ヲ確認シテカラヤルコトハ解ッタ　支那ノ租界ヲドウスルカ

杉山　租界接収及交戦権ノ発動ハ目下研究シテ居リマス
オ上　租界ハ香港ノ後デヤルダラウナ
杉山　サウデ御座イマス、他ノ方面デヤルト『マレー』ノ奇襲ハ駄目ニナリマス……
オ上　オ前ハ『モンスーン』デ上陸ガ困難ニナルト言フテ居タガ十二月ニナッタガ上
　　陸ハ出来ルカ
杉山　段々悪クナリマス……
オ上　海軍ノ日次ハ何日カ
永野　八日ト予定シテ居リマス
オ上　八日ハ月曜日デハナイカ
永野　休ミノ翌日ノ疲レタ日ガ良イト思ヒマス
オ上　他ノ方面モ同ジ日カ」（参謀本部編『杉山メモ』上）

まさか、この同じ十一月三日に、東京の皇居で、奇襲作戦に関するこんなやりとりが行われているとは、日本国民はだれひとり知らなかったであろう。日本が太平洋戦争に突入して、数千万の国民が血の涙を流すというこの重大な運命は、この時すでに天皇と数名の指導者らによって決定されていたのである。

十二月八日の朝、私は寝すごして昼少し前に寮の喫茶室に出かけていったが、そこではじめて太平洋上で米国、英国と戦闘が開始されたということを知った。そのとき室内には妙に押し黙った動かない緊張した空気がよどんでいた。その重苦しさが吹きとんだのは、ハワイ攻撃の大戦果が軍艦マーチの鳴物入りでとびこんできてからであった。

北海道のある農民はこう記している。

「はっと胸を衝かれると同時に、頭をがんとひとつなぐられたような感じがした。〝あっ、やった、やった！　おい、いまの聞いたか。米英と開戦だ〟全身に鬱結していた凝りが、その瞬間にさらりと解け去ってしまったのを感じた。そうして新たに胸がつまり、コメカミが痛くなり目頭が熱くなった。」（『昭和史の瞬間』）

奥野健男が『昭和戦争文学全集』で解説している次の一文にはリアリティがある。

「誰もがどえらいことを始めた、これは大変なことになるぞ、日本はどうなるかと戦争を身近に感じ、キュッとしめつけられるような緊張をおぼえたであろう。それと同時に、遂にやった、おごれる米英老大国、白人どもにパンチを加えた、という気も遠くなるような痛快感もあった。緒戦の大戦果が次々と報ぜられるにしたがって、緊張感は解放感に、恐怖感は優越感に、よろこびに、誇りに転化した。有色人種、後進国民の、白人、先進国に対する劣等感が一挙に解放された。泥沼に入った中国戦争のうしろめたさと暗澹たる気持が、米英と戦うということで大義名分を得、暗雲の晴れたような気持にもなった。この時ほど日本人が民族的にもりあがったことは歴史上なかったと言ってもよい。」

私たちもこのような気持で、寮生大会が自発的にきめた護国神社参拝に参加した。戦争の相手は、こんどは中国ではない。アジアに大きな植民地をもつ白人帝国主義国だ。それと日本が正面から互角に闘う。明治維新いらい、ひそかに意識しながらも、これだけは避けてきたことを、私たちは今やりつつある。開戦の是非はともあれ、すでに戦端が切られてしまった以上、断じて負けるわけにはゆかない。まさに民族の存亡を賭けた戦いだと感じられた。私たちが見るかぎり、日本国民一般の士気はこの日を境に見違えるほど昂揚した。一時は表情さえ明るくなったといえる。

一九四二年（昭和十七年）、日本列島にはめずらしく明るい陽が当っていた。国民にやる気がよみがえって、歓声になんどもどよめいた。このころ治安維持法で拘禁されていた人びとは苦しかったであろう。だが、いっそう苦しい人びとが海の向うの大陸にいた。

真珠湾（パール・ハーバー）攻撃から二ヵ月後の一九四二年二月、ルーズベルト大統領は行政命令九〇六六号に署名した。これによってアメリカ西部海岸地帯で生活していた十一万人にのぼる日系米人が奥地の強制収容所に送られることになった。かれらの三分の二以上は、米国籍をもつアメリカ市民であるにもかかわらず、日系だというだけで危険視され、監禁の憂き目にあった。

「あと二、三週間で農作物の収穫ができますから、それまで待ってほしい」と頼んだ農場主もいた。担当官は、「バカかカタワか病人でないかぎり、ジャップはみな収容所にいくのだ」と怒鳴り返した。

実はジャップはカタワも病人もみな収容所に送られたのだ。私がその行方をさがしていた多摩の人石坂公歴（まさつぐ）（明治の自由民権家、民権運動挫折後アメリカに開拓者として移住、在米五十余年、北村透谷の義弟）などは、七十歳を越える孤独な老人で、当時失明していたにもかかわらず、カリフォルニア州のマヤドの収容所に送られた。

それからさらに恐しいマンザアナのキャンプへ。それはロサンゼルスからシェラ山中へ一九〇キロほど入ったデス・バレー（死の谷）の近くの荒蕪地（こうぶち）にあった。日本人と日系米国市民十一万人近くが、その半砂漠の死地に監禁された。石坂がこのマンザアナ・キャンプに移送されてきたのは、一九四二年の晩秋であった。寒風吹きすさぶ荒涼の辺地で、バラック建ての収容所の周囲は有刺鉄線と銃座でかこまれ、数千人の日本人がＦＢＩの密告者の告発に戦々兢々としていたという。米国への不忠誠分子が、内部に潜入したスパイによってつぎつぎと検挙され、隔離、投獄されていった。時には群衆と官憲とが対立し、機関銃が発射され、日本人青年が命を落すという悲劇も起ったのである。（越智道順『南加州日本人史』後篇）

失明盲目の自由人石坂は、この日本人強制収容所という檻（おり）の中で、一九四四年（昭和十九年）八月、だれにみとられることなく死んだ。その死亡の日さえわかっていない。私はかれの足跡を北米大陸の各地に求めて、ついにかれが眠るコロラド山脈の麓ボーダーの丘の墓地に立ったが、その膝までうまる雪の中で、石坂と同様、引きとり手もなく死んだ何百、何千の日系人収容者たちの運命を想ったのである。

アメリカのこの措置は、アメリカ合衆国憲法にも違反し（人種差別、市民権侵害）、大統領の重大な背任行為であったが、真珠湾攻撃への白人たちの憎しみとひきかえにされてしまい、結局この十一万の人びとは戦争の犠牲に供されてしまった。

そんなことが海の向うで起っていることなどは皆目知らず、日本内地で毎朝ひらく新聞の記事に昂奮していた私自身がうとましい。その記事は、日本軍のめざましい進出ぶりを伝えない日はなかった。一月二日にはマニラを占領、二十三日にはラバウルに上陸、マレー半島を席捲して、二月十五日にはシンガポールをついに攻略。その前日には落下傘部隊がパレンバンに降下して蘭印の油田地帯を確保してしまったし、ビルマでも破竹の進撃がつづいていた。海軍は南太平洋をあばれまわり、敵艦隊をつぎつぎと撃沈して、広大な南方海域の制海権をおさめていた。まさに向うところ敵なしという勢いであった。

これまで大ニュースといえばドイツ軍の電撃作戦の捷報（しょうほう）ばかりだった新聞紙面の調子が、十二月八日以来がらりと一変した。国民はこの目のさめるような勝利のニュースに浮き立ち、アメリカがどんな底力をもった巨大な国であるかを軽視するようになった。日米開戦にさいごまで躊躇していたはずの海軍の統帥部までが、この予想外の緒戦の大勝に酔い、敵の反撃力の恐しさを過小評価する誤りをおかすようになっていた。ましてや陸軍は有頂天であったといってよい。二月十五日シンガポールを落すと、さっそく天皇におほめの勅語をもらい、東条首相以下、早々と戦捷第一次祝賀会なるものを開いた。大本営陸軍報道部長大平大佐などはこんな宣言をしている。

「シンガポールの陥落によって、大東亜戦争の大局は全く決し、日本は十年、百年を戦い抜く絶対不敗の態勢をとり得るに至った」と。

なるほど六月まではこの揚言を裏づけることができた。三月一日、ジャワ島に上陸、八日、ビルマの首都ラングーン占領、ニューギニアに上陸、十七日、マッカーサー大将をフィリピンから追い落し、四月十一日にはバターン半島を占領。五月一日、ビルマのマンダレー完全制圧、七日、コレヒドール要塞完全占領、三十一日、オーストラリアのシドニー港奇襲、六月七、八日、アリューシャンのキスカ、アッツ両島占領、と。

しかし、ここで破竹の進撃はぱたりと止まったのである。開戦以来わずか半年の栄耀栄華の夢であった。

六月五〜七日、ミッドウェー海戦での日本航空艦隊の致命的な敗戦は、全太平洋戦局の決定的転換点となった。早くもアメリカ軍は、この勝機をとらえて反撃に転じ、八月七日にはガダルカナル島に上陸、ソロモン海域ではげしい空中戦を挑み、海上機動部隊を送って日本軍から制空権をうばいとった。

この戦局の重大転換を国民がうすうす感知したのは、それから八ヵ月も後の一九四三年(昭和十八年)二月(ガ島からの「転進」発表)のときであり、さらに四月、連合艦隊司令長官山本五十六の戦死、アッツ島守備隊の玉砕発表があってからであった。ところが大本営はその後も戦果の発表において国民をだましつづけ、損害をひたかくしにかくしつづけ、まったく勝目のない玉砕戦や無謀な特攻戦術へと兵士や現地住民を誘いこんでいった。その罪は限りなく重い。(ところが今なおその高級軍人たちに多額の軍人恩給などの国家補償を行っている。)

〝冬の旅〟

その冬、私は吹雪の中にいた。二高山岳部はじあての冬山合宿に参加し、生れてはじめてはいたスキーで、三〇キロの荷物をせおい、頂上からすべり落ちる訓練をしていた。三月には東北有数の深山、大朝日岳に登頂すべく原生林のブナの森の急坂をこれまた朝日鉱泉にむかって転がり落ちていた。

雪はふかく重く、転がるたびに胸まで埋まり、ようやくはい出しても、疲労こんぱいのあまり、また倒れるというくりかえしで、いつしか私はパーティから離れ、身動きもできない状態におちいっていた。

すでに陽はとっぷりと暮れかかり、あたりは急速に薄墨色に沈んでくる。そのとき、どこからともなく、私のそばに舞いおりてきたひとりの友があった。かれは黙って私に食糧をわけてくれ、十分に息をつかせ、その間じゅう、ドイツ歌曲(リード)をうたいつづけていた。かれはどんな時にでも微笑を絶やしたことのない山男として通っていた。飄々としていて、風のように自由で、ショパンやシューベルトを愛し、いつも〝ウィンターライゼ〟(冬の旅)を口ずさんでいた。その「丸山さん」が、深い雪山のブナの原生林の中で、梢にチラチラしはじめた星を仰ぎながら、長いあいだ私の恢復を待って黙ってニコニコしていてくれたときのことを想い出す。

この人は一九四二年(昭和十七年)十月、東京大学の天文学科に進むが、敗戦後卒業してまもなく、ほんとうの天国にいってしまった。この一年先輩の友丸山進が、私に残していってくれたものが今になって詩のように鮮明に浮びあがる。

この人は大戦下にありながら戦争を超越していた。こういう戦中派もありえたのだった。丸山進の名前はだれからもとっくに忘れられたが、いつまでも蔵王山お釜のそばの「丸山沢」の地名となって残っている。

それは私が二年生の冬山合宿のときだ。山岳部OBになりたての「丸山さん」も東京からこの合宿に参加していた。一九四二年十二月二十七日、二人の部員をつれて、お釜から新関(にいぜき)方面にむかった丸山パーティが夜になっても帰らなかった。ヒュッテの外は大荒れで目をあけて歩くことができないほど。寝具も食糧もたずに軽装で出かけた三人の安否が気づかわれた。

二十八日、捜索隊を出す。ところが猛吹雪の賽（さい）の河原に口笛のメロディが聞える。耳をすましていると、粉をかぶったようなまっ白な男たちがあらわれた。丸山リーダーは例によってニコニコし、凍傷の手にピッケルをかざし……。このときのことをかれ自身が手紙に記している。

「御厄介ニナリマシタ。頂上付近ハ猛吹雪、夜ハコハレタ小屋ノアトデ背中ニ粉雪ヲツモラセナガラ焚火ヲシ、Winterreise（ウインターライゼ）ノ独唱ニ明カシマシタ。翌日吹雪ヲツイテノソーサク隊ニアッタトキハ感激シマシタ。ピッケルデカットシタ雪ガロヲアケテ岩ノ絶壁ガアラハレテイタ。凍エタ二年生ガフルエ声デ〝雪ヨ！　岩ヨ！〟ヲ唱ッタトキ。アノトキノ感激ハ山ノ子ノミニ味ハヘルモノ。」（小林浩一編『丸山進書簡集』）

このときもかれは〝冬の旅〟をうたっていたという。私がハッとしたのは、この若き山岳部員が当時いだいていたつぎのような思想だった。

「戦争といふものは私たち人間にとって第一義的なものの解決を一時預けにするものです。それゆえ私たちは『緊急』といふ時間的な切迫によって生死の境に追ひつめられる運命にあるゆえに、止むなく第二義に走ってゐるのです。『今や第一義を捨てて第二義に走ってゐる——それは第一義に戻らんがためではあるが——時代です』」（一九四一年九月三十日、上田勇五宛書簡）と。

「世の常の栄かあらず　名かあらず　黄金かあらず
我党の尊ぶ所　何かそも唯〝志〟
天にして移らぬ北斗　地にして動かぬ巌
ますらをのこれぞ鏡と　雄々しくも自ら任ず（第二高等学校尚志会会歌）

此頃この詩をしみじみと味はってゐます。〝志〟といふことについて思ふのですが、上田さんの言はれる精神的体力の源泉もかかる所に発して始めて無限の力となるのではないでせうか。征服の精神等といふと自然冒瀆のそしりを受けることになりますが、学究にも登山にも最も必要なのは〝志〟であって、発しては真理を愛する学究者の精神となり、大自然を愛する登山者の精神となるものと思ふのです。」（一九四二年六月十一日、上田勇五宛書簡。このアルピニスト上田勇五はその後生還した。）

「尚志」は二高精神の粋といわれるものであった。そしてこの〝志〟を当時の国粋主義者たちは護国の志として、国家への絶対随順のエートスというふうに限定して解釈し直した。二高尚志会を護国尚志会と改称したりして時局への適応をはかっていた。それにたいして丸山は〝志〟の純粋理念に固執し、人間にとってもっとも普遍的なもの、第一義的なものへのひたすらなパトスやエートスこそ、この〝志〟の真義であると主張したのである。

かれはその志のゆえに天文学科に進んだ。こうした考え方は『近きより』の正木ひろし等に共通する原理への固執と、それによる伝統の革新的な読みかえの努力であった。正木ひろしには、絶えまなしに批判的な言論を弾圧してくる論敵たちの常套句を逆手にとって、文句のつけようのない観念を楯に、精いっぱい普遍主義を主張しようとする紙一重のたたかいぶりがあった。温和で優雅なロマンチストと見られていた丸山にも、後に述べるが、このような強い思想的な芯が発見されるのである。

ガダルカナルの悲歌

一九四三年（昭和十八年）、太平洋戦争はいっきょに暗転した。前の年の六月、ミッドウェーで虎の子の大型空母四隻と帝国海軍秘蔵の戦闘機乗り、爆撃機乗りの精鋭千余人を失った痛手は、ひた隠しに隠そうとも、その後の戦局にはっきりとあらわれてきた。南太平洋での制空権は奪われ、ガダルカナル島は孤立し、数万の将兵はジャングルに追いつめられ、はげしい砲爆撃のもと、飢えと病気にぞくぞくと斃（たお）れていった。その第一線から生還した吉田嘉七の詩集（『ガダルカナル戦詩集』）を読む。

行き行けど、行方もわかぬ　木の下闇のいつの日か
果つる日やある、昼ひそみ、夜のみ歩む南溟（なんめい）の　ガダルカナルの森深し。

負い来し米はつきはてて　名も無き草を喰いつつ　辿れる尾根や、断崖や、
つもる朽葉にふみまよい、幾度もまろびし　つまずきし。……

泥にまみれつ、にじむ血に　纏くべき布もなくなりぬ
血による蠅を追うことも　ものうくなりて、たおれ伏し　幾度自決を想いしか。……

吉田の詩はこの年の私の日記にも転記されている。ガ島は餓島となった。そして一九四三年二月七日、最後の部隊が撤収したあと、その島に残されたものは、日本軍の死体一万九二〇〇余、うち一万一〇〇〇人が戦病死で、死因は下痢、マラリア、それに飢餓であった。この戦闘だけで日本の航空隊は飛行機八九三機、その搭乗員二三六二人を失った。

同じ月、偶然にもドイツ軍がヨーロッパ戦線で敗退の転機を迎えていた。攻防をくりかえしていたスターリングラードで、赤軍はついに二月二日、ドイツ軍二〇万を包囲、降伏させた。〝日独不敗〟の神話はこのとき崩壊した。あとは東京、ベルリンまでへの一直線の退却戦となった。

いっそう悲惨だったのはニューギニア派遣部隊の運命だったろう。一九四三年六月、アメリカ上陸軍と激闘をまじえていたラエ、サラモア地区の第十八軍所属の三個師団は、シャワーのように降りそそぐ銃砲弾、十数倍の火砲と空爆と戦車攻撃に耐えていたが、補給を絶たれて飢えと熱帯性マラリアに悩まされ、一個中隊が四、五〇名にも減り、ガ島を思

わせる戦況となった。とくにもはやこれまでと玉砕を決めた中野中将以下ラエの第五十一師団は、転進命令をうけて富士山よりも高いサラワケット山脈を越え、北岸キャリへ撤退したが、この途中、夏服での寒さと飢えと疲労のために八六五〇名中、二二〇〇人が倒れ、生き残った兵士も半病人に等しい状態だったという。その後第十八軍全体は米・濠軍に追いつめられ、ジャングルの大海に完全に孤立して、一九四五年九月十三日降伏したときは、かつて一四万人をかぞえた大軍がわずか一万三〇〇〇人にすぎなかったという。

誰がつくったか、「ラエ、サラモアの歌」というのがある。

空も裂くるか砲爆撃に　ラエ、サラモアの山容(やま)変る
なんだ貴様も生きてたか　見ろよ陣地は跡形なしだ　山も消えたよ森もなし

同じ第五十一師団の軍歌「サラワケット越え」の一節。

底なき谷を這(は)いすべり　道なき峰をよじ登り
今日も続くぞ明日もまた　峰の頂き程遠し

すでに乏しき我が糧(かて)に　木の芽草の根補いつ
友にすすむる一夜(ひとよさ)は　サラワケットの月寒し……

大本営作戦部は、このニューギニアの忠誠勇武なる将兵を完全に見すて（なおかつ降伏を許さず）、犠牲者たちの状況や氏名をすらついに発表することはなかったのである。

だが、私たち一般国民は、山本五十六連合艦隊司令長官の戦死やアッツ島山崎守備隊の玉砕、ニューギニアの苦戦、ソロモン諸島の敗報などを通して、この事態の蔭に秘められた〝水漬（みづ）く屍〟や〝草むす屍〟の声なき声を感じとり、しだいに憂愁の想いを深めていた。政府はこの危機に面し六月二十五日、学生の勤労奉仕を法制化し、兵器廠、軍需工場、農村への動員令を発した。さらに七月末日をもって高等学校の年限を短縮、九月二十三日、全国の文科系学生、生徒の徴兵猶予を停止した。いよいよ「学徒出陣」である。

七月十九日、暑い日だったが、最後の試験のあと、講堂で阿刀田校長の卒業訓示があった。例によってえんえん二時間、熱情的な雄弁で、力あまって、さかんに「そうであって、ッテ」を連発している。生徒の中から合の手に気合をいれる者もいる。校長がなにをいったのか、よく覚えていないが、その日の日記を見ると、これからの処世態度はすべからく一如（いちにょ）観でゆけ、自他一如、物心一如、ここに自在の日本精神の長所がある、云々といったらしく、気魄だけで、つかみどころのないのがよかったのであろう。

それはとにかく、私自身は山岳部長の伊東信雄教授（国史担当）にこれからの方針を相談した。すると、「君は法学部じゃなかったのか。まァ国史だけは止めておけよな」といわれた。国史以外ならどこを選んでもよいという意味だったらしい。私も国史などやる気はなかった。

私はそのころ、せっせと図書館にかよって、ギリシア文化の研究に熱をあげていた。クーランジュの名著から三大悲劇詩人の作品、小林秀雄の評論にいたるまで乱読していた。そのきっかけはベルトラムの『ニーチェ』あたりで、西欧近代文明を克服するためには、どうしても中世史から古典古代の神秘主義の源流にまで遡らなければならないと思っていたからであろう。今から考えれば、昭和十年代論壇の中心テーマの一つであった「近代の超克」論が、私のレベルにまで投影していたのかもしれない。それを日本浪曼派的な方向においてではなく、西欧神秘主義の方向に模索しようとしていたのは、東北の二高という精神風土のせいでもあろう。

私が亀井勝一郎や保田与重郎らの著作を読みはじめるのは、むしろ東大文学部の国史学科に入ってからであって、この点では伊東先生にそむいたことになってしまった。しかし、私が日本史にきめたのは他意があったわけではなく、たまたま西洋史学科の研究室を下見したとき、日本語の図書が一冊も並んでいないのに衝撃をうけたからであるにすぎない。私の時代は、入学試験に英語がなかった上に、卒業成績も最低ときては外書に怖れをなしたのも当然である。

出陣学徒壮行会

一九四三年（昭和十八年）十月、私は東京大学に移った。国史研究室は皇道主義者の牙城であった。研究室に入るのに、いちいち敬礼させたり、どこか右翼の塾に来たような感じであった。二高時代、そうしたものには食傷していた上に、ギリシア文化と山岳部リベラリズムを大事にかかえていた私は最初からこうした研究室のふんいきに反撥を感じ、二、三回教室に顔を出しただけで、あとは行くのを止めた。

出陣学徒の壮行会はなんども開かれた。国史学科のそれは十月十四日、平泉澄(ひらいずみきよし)門下の朱光会の面々が集まったと思う。私には出席した記憶がない。文学部主催の出陣壮行会は十月十九日、内田総長の署名入りの国旗が手渡されたらしい。これにも私は欠席した。そして文部省主催の壮行会が十月二十一日、雨の降る神宮外苑でひらかれた。このとき私はスタンドにいた方なので、主役として分列行進に参加した同級生の竹内道雄に心境を語ってもらおう。私は年齢の関係で一九四四年（昭和十九年）六月が入隊予定日であり、いわゆる第一陣組ではなかった。

「私は千駄ヶ谷駅口から明治神宮外苑陸上競技場に集まり整列した。この時の服装は制服制帽にゲートルを着け、三十年式銃剣づきの三八式歩兵銃を担っていた。そして神宮外苑の杜(もり)を埋めつくした観衆の中で、校旗を先頭に競技場のトラックを行進して東条首相らの閲兵を受けた。それは興奮のるつぼであった。観覧席から『紅(くれない)の血は燃ゆる』という歌詞のある学徒出陣の歌が、勇壮な伴奏とともに大合唱の歌声となって会場いっぱいに湧きおこり、神宮外苑の杜にこだました。観覧席には制服をつけた多数の女子学生がいた。私はふとその中に妹の静子がいるのではないかと錯覚をおこした。またナポレオンをワーテルローに破ってイギリスを最後の勝利に導いたのはイギリスの出陣学徒であったと聞かされたことが思い浮んで、『我らの力で必ず狂瀾を既倒に廻らして祖国を最後の勝利に導き、国家を永遠に安泰たらしめよう。国民の皆さん、銃後の皆さん、ご安心あれ』、私はこうした意味のことを心中に叫んでいたような気がする。

行進が終ったあと整列した私ども出陣学徒に、東条首相が激励の訓示をし、岡部文相が和歌を誦して壮行を讃えた。東条首相は、藤田東湖の詩『文天祥正気の歌に和す』の最初の句『天地正大の気、粋然として神州に鍾る』を引用し、この詩に比して私どもの姿を讃美し激励した。壮行会が終ったあと、宮城前広場に集合し、万歳を唱えて散会した。」（東大十八史会編『学徒出陣の記録』）

そのあと、十一月の送別講義のときであったと思う。文学部長の今井登志喜教授（西洋史）が、「前途ある若き諸君を、今痛恨の思いをもって戦場に送る。今回の政府の措置は、まさに千載の痛恨事とせねばならぬ。願わくば諸君、命を大切に、生きてふたたびこの教室に会せんことを」と涙とともに訴えられた。また、同じ文学部の平泉澄教授（国史）は、教壇で短刀を抜きはなち、「国を想ひ眠られぬ夜の霜の色、ともしび寄せて見る剣かな」と誦し、淡々たる調子で「お別れです、永遠にお別れです」とつぶやいて立ち去った。

十一月三十日、上野駅で、明日入隊する同級の橋元四郎平を待っているあいだ、一高応援団の荘重な壮行会を見た。「嗚呼玉杯に花うけて」の大合唱である。その歌の調子はいつもとまったく違っていて、怒号のようにも嗚咽のようにも腹の底にひびいてきた。あの見送った人も見送られた人もその後どうなったであろう。

十二月一日には、全国一斉に数万の学徒が陸軍にあるいは海軍にと入隊した。かれらにしてみれば学業半ばにして国難に殉ずるという悲愴感や気負いもあったであろう。また、突然のことに心の準備ができず、うしろ髪ひかれるものもあったであろう。しかし、それはかれらが選ばれたものとして特別扱いをうけてきたからの話であって、もっと早くから一家の働き手を奪われ、その上ようやく育った息子まで兵隊にとられようとしていた一般民衆からすれば、われわれ学徒の昂奮は雲の上のセンチメントだったにちがいない。

だが、「出陣」などという日本浪曼派的な美的演出による陶酔感や自己犠牲的な悲愴感が保持されたのは、その日までであった。娑婆（しゃば）の世界を一歩出れば（一歩隊門をくぐれば）、そこは古年兵の鬼が住み、蛇がわらう世界であって、庶民も大学出もない苛烈な修羅場であった。

十八史会（昭和十八年にいっしょに東大国史学科に入学した者たちの会）の村木勉は、その十二月一日姫路の中部第五十部隊に入営したが、とたんに「体を軍服に合わせろ」と怒鳴られ、以来なぐられない日はなかったという。

「内務班での生活は、初年兵にとって想像以上にすごかった。……『たるんでいる。両足をふんばって、歯をくいしばれ』。歯性のよくない私は現在がたがただが、『兵隊と毛布は叩けば叩くほどよくなる』と、ビンタのたびに歯がこげたのが原因だ。こうした生活のため、はりつめた気持もなくなってしまい、あまりの愚劣さに『一、軍人ハ要領ヲタットブベシ』とならざるをえなかった」（同『学徒出陣の記録』）と述懐している。

かれは一九四四年（昭和十九年）一月、特別幹部候補生になり、飛行機操縦の猛訓練をうけるが（一時は夜間飛行に失敗、墜落して九死に一生をえているが）、危うく特攻出撃をまぬがれて戦後に生き残った。

また、同じ十八史会の田中春雄も、この日に和歌山の歩兵第六十一連隊に入り、「田中二等兵、厠に行って参ります」「田中二等兵、ただ今厠より帰って参りました」と絶叫することから生活をはじめている。かれなどもせっかく、遺髪や遺書まで残して南方へ転属を命じられ、幾度も死地をくぐってシンガポールまで着きながら、そこでは任務は与えられず、やれバンコクへ行け、プノンペンへ行け、サイゴンへ行けと、行く先々で転送小荷物のように扱われ、大阪を出て八ヵ月目に任地サイゴンに到着したときは終戦で、敗戦捕虜になったという。これではなんのための「学徒出陣」であったかわからない。

私も陸軍内務班の恐怖をわずか数日間でも、高校時代の一時召集で体験したことがある（海軍のそれは土浦で六ヵ月間経験した）。よくいわれる古年兵の無気味さと新兵の完全平等な非人間扱いぶりは、野間宏の『真空地帯』さながらであった。

「シンペイサンハカワイヤネ——、マタ寝テ泣クノカネ——」

消灯ラッパが夜空にもの悲しく鳴りわたると、古年兵たちはぼんやり窓辺に佇んで、暗い隊の庭を眺めながら低い声でニヒルな演歌を陰々滅々と唄うのである。かれらは幾度もの戦場を転々とし、何を見、どんな地獄をくぐってきたのだろうか。私はそれを聞いたとき身の毛のよだつ思いをし、中学生時代に見たあの暗い時代劇映画の人民ニヒリズムの数々を想い浮べないではいられなかった。内務班の生活を経験しなかった知識人は、おそらくこうした恐しいまでに暗い大衆の情念世界がこの世にある、ということを感得できずに終るであろう。そして、自分たちの特権的な位相を、こうした大衆との断絶の構図の中で理解することができず、傲慢に無恥に生きるであろう。

目に見えない重圧

一陣の突風のように、かれらがあわただしく征ってしまった後、学園はまるでもぬけの殻のように静まりかえった。そのころ、まだ国史学科の青村真明との親交はうまれず、二高の友人たちとは離れて暮していたので、私はまったく一人ぼっちだった。ただ仕方なく毎日のように図書館に通って、人気のない閲覧室で本を読むことをしていた。一つの確実なことがあった。私の入隊が半年後に迫っていた。そして日本の勝利の可能性が失われていたことであった。
一九四四年、昭和十九年の冬、いま想い出してもあの一、二月は背すじが冷たくなる。ひどい神経症にかかっていたらしい。ある日、部屋に帰ってきて、戸をがらりとあけた瞬間、なぜかある思いが閃光のように走って、私の体は凝固し、そのまま数時間、みじろぎもせず立ちつくしたことがある。そのころ私は市川に下宿していたが、ある日、もうどうにも耐えられなくなって、ほとんど泣きわめくように江戸川の堤防を河口まで駈けつづけたことがある。ひとおもいにこの心臓が破裂してくれることをねがった。えたいの知れない、目に見えない重圧からのがれたいばっかりに。一刻も早く破局が来ることをのぞみ、どんな狂信でもよい、焼かれたい衝動にかられた。

　そのころ私がなにを求めてどんな本を読んでいたか。この世界の、いや自分自身の精神の混乱にひとつの解決を見つけたい、目前にある「死」についてなんらかの意味づけをしたい、そのため日本の思想史の中になにか示唆がえられるかもしれない。そんな気持が働いていたのであろう。萩原朔太郎『日本への回帰』など全集、岡倉天心『茶の本』など全集、本居宣長や賀茂真淵などからはじまって『西郷南洲遺訓』、大橋訥庵(とつあん)『闢邪小言(へきじゃしょうげん)』、吉田松陰『講孟余話』、山鹿素行『謫居童問(たっきょどうもん)』『聖教要録』、北畠親房『神皇正統記』、それに『万葉集古義』『歎異鈔』『古事記』などまで、果してどれだけ理解したかは別として読みあさっている。

大塚久雄の欧州経済史の講義を一度聞きにいったことがあるが、丸山真男や竹内好の存在は知らなかった。羽仁五郎や服部之総の仕事は当時の私の眼からは遮られていた。いわんやこのころ、マルクス主義者渡部義通が松本新八郎、藤間生大、石母田正らの新人たちと、新しい科学的な日本古代史像を構築するために、ひそかに共同研究をしていたという事実など、同じ国史学科の学生でありながら噂さえ耳にすることがなかったのである。私は敗戦直後に、「昭和十九年十月」の日付の序文が付された石母田正の『中世的世界の形成』を読んだときの衝撃を一生忘れることはできない。

それともう一つの私をとらえていた系列は、ファシズムのイデオロギーに開通するものであった。ニーチェの『反時代的考察』や『ツァラッストラ』、ベルトラムの『ニーチェ』ほか、ハイデッガー、ローゼンベルグ、シュペングラーなどのドイツの思想書。それに、ハウスホーファの『太平洋地政学解説』やヒトラーの著作、演説集、エス・ニールス『ユダヤ議定書』、四王天延孝『ユダヤ思想及運動』など。さらに三井甲之や由良哲次の『実践哲学』など、また紀平正美など超国家主義者の集りである国民精神文化研究所の刊行物や、保田与重郎ら日本浪曼派（『コギト』同人のものなど）の著書を読んでいたのである。

とくにここに四王天中将らのユダヤ問題の本が入っているのは、高校時代に注ぎこまれた「偏見」のためであったが、日本の新聞の論調などにも、このころになると、ユダヤ謀略説などという怪しげな議論が出ている。

たとえば、今日では信じがたいことだが、一九四三年（昭和十八年）十二月三十日の『毎日新聞』の社説は、「ユダヤ陰謀説」をとりあげ、「資本主義と共産主義は両極ではない。水と火ではない、ユダヤ民族活動の両翼をなすものなのである。ここが分らなければ米英の名において描かれる世界制覇の筋書も背景も分るはずはない」などと堂々と記している。誰が書いたものか、清沢冽（きよし）はその日記の中でこの社説に言及し、「日本人のメンタリチーの低劣を示す。しかもかれの知ったか振りを見よ」と痛評している。

私が今、当時の自分の日記を検索して驚くのは、そこにつぎのような狂信がくりかえし述べられていることである。

「スターリン、蔣介石、ルーズベルト、チャーチル、すべて国際ユダヤのピエロであり、その謀略の根はユダヤの秘密組織――ユダヤ軍需工業家、国際商人、金融資本家、秘密結社員、相場師などにあり、それとたたかってゐる人類の救済者がヒトラーのナチスである。」「わが日本もこの国際ユダヤに戦争を挑まれた。われわれが帝国主義でないことは理性ある国民なら理解するであらう。」「『ゲルマン民族絶対優秀論』よりもわが八紘（はっこう）一宇の民族理念の方がはるかに大乗的、内省的であり、高い。」「ヒトラーは世紀の英雄、ニーチェの代行者、西欧文明の没落の救済者、断じて帝国主義者ではない」云々。

ただ、こうした独断の根になる人種差別意識そのものは、天皇制教育によって幼いときから頭脳のなかに浸みこまされていたもので、一時的な現象だとはいえないであろう。

私がユダヤ人を絶対悪とする、この種のグロテスクな本を東大の図書館で読んでいた、まさにその同じ瞬間に、アウシュヴィッツのガス室では三〇〇万人近いユダヤ人、ポーランド人がナチスの手で屠殺されるという驚くべきことが起っていた。またワルシャワのゲットーでは、一九四四年、ナチにたいするさいごの絶望的な抵抗が挑まれていたのであった。そのことを暗愚にも私はなにひとつ知らなかった。戦後、ポーランドを訪ねてその碑のまえに立ち、そのときの記録映画を見せられて、私はまったく自分たちの罪業に声を失った。ナチス・ドイツと皇国日本、その狂信とその独善的思想というものの恐しさを、そのとき痛切に知ったのである。

そういう悪魔的なものに心の一部をあずけながら、同時に私たちは小さなものの運命への共感、生命的なものをひたすらに求めていた。ゲーテの『ファウスト』やヘッセの『デミアン』、カロッサやロダンやブールデルやベートーベンやボードレール、そしてもっとも素直な形で、もっとも深く心に浸みていた宮沢賢治のヒューマンな思想。入隊の前日、私は賢治の『雁の童子』を読んで、そのすき透るようなヒューマニズムに深く打たれて最後の巻を置いた。こうした類のものと、アウシュヴィッツを許容する思想とが混在するようなグロな精神構造こそ異常なはずであるのに、そのころの私には結局自覚することができず、どうして自分がこれほどまでに錯乱し、苦しまねばならないのか、その理由を理解することができなかった。

これはある種の青年の焦燥感に共通するものであり、当時のイデオロギー錯乱の「模写」になっているといえるであろう。まだ、しっかりした自己の判断をもちえないような未成熟な人間の頭脳は、現象面での思想傾向をうつす「鏡」であり、時代が錯乱していればかれも錯乱し、狂信的となればそれだけ狂信し、幼い生への願望との矛盾を深めるものであろう。戦争末期には、こうしたデマゴーグに近い「思想家」たちが表層に横行していたし、科学的判断力をもった人間はほとんど沈黙を余儀なくされていたか、深層でひそかに批判していたにすぎなかった。

だから同じ戦中世代といっても、この時期すでに科学的判断力を身につけていた者とそうでない者とでは雲泥の違いが生じた。私のような存在は、あたかもたえず揺れ動いてゆく雲影を写す沼沢の〝水面〟のようなものであり、他律的存在だが、他方、その沼沢に立つ〝風にそよぐ葦〟のような自律的な存在もありえた。その人びとははげしい嵐に揺れながらも自分の根はしっかりともって〝葦〟のように立ちつづけた。私の身近な友だちの中では丸山進がそうであったし、他にそのような友がなん人かいた。私の混濁し、錯雑した陰湿な心象にくらべて、当時の丸山らのいかにクールで澄明であったことか。

一九四四年（昭和十九年）五月のある日、山岳部室のまえで偶然丸山進に逢った。富士山麓から帰ってきたところだという。

「合宿ですか」「イヤー、教練ダョ」「どんなぐあいでした？」「マア、タノシカッタネ」。

かれが姉に報告した手紙によるとこうである。

「敵ハ目ノ前ニキテモ、アゲヒバリノコエヲ若草ノモエル原デキクト、ハイドンノレコードガ廻ッテヰルヨウデ頭ハイヅコ？　数学、天文、物理、地質、人類、動物等イヅレ劣ラヌ理学部ノキ人共ノ教練デスカラ、敵前二百米デ、アノ雲ハ何ダ、地球物理！　コノ花ハ〝オキナグサ〟カ？　コノ石ハ火山弾？　夜襲ノトキハ、アノ星ハスピーカ、トイフ調子デス。

教官『君、人類カ』　学生『イヤ動物デス』トイフワケデ、教官啞然。

教官『数学科ハ計算ヲヤラナイサウダガ本当カ』　学生『0ト無限大バカリ使ヒマス』

教官『理学部ノ人ニハ工学部ヤ文科ハ馬鹿ニミエルトイフ話ヲキクガ本当カ』

学生『彼等ハ吾々ヲキチガヒトイヒマス』

以上珍問名答

射撃目標ハモッパラ富士ノ頂上バカリ、其ノセイデ、イヨイヨ実弾射撃ヲヤッテ見ルト、ハルカ上ノ方ニ六点、コレデハ夜襲デモヤルト月ヲ射落スノデハナイカト心パイシテヰマス。詩人ナラトモカク、天文学者ニハ落チテキタ方ガ手ニトッテ研究デキル……?!　日食ガナクナル⁉　シマッタ‼　昇君ニヨロシク　サヨーナラ」（一九四四年四月三十日、浅野かをる宛）

かれの遺稿集をあけて驚くのは、誰にたいしても万事がこんな調子だったことだ。軍事教練も、迫りくる敗戦の不安や焦燥も、大空襲や食糧難も、かれの心を根本的には曇らしていない。かれは半分廃墟になった東京の三鷹の天文台で、あいかわらず微笑を浮べ、〝冬の旅〟や〝水車小屋の乙女〟を唱いながら観測をつづけていた。なぜ、かれがこのようでありえたか。私には不思議でならなかった。だが戦後になってはじめてその真実が知らされた。

一九四五年（昭和二十年）十月のある日、仙台でただ一軒焼け残った望月芳雄の家に（そこに山岳部の焼けだされ組がたむろしていた）、こんな手紙が舞いこんだ。私は三重の海軍航空隊から復員してすぐ、無蓋貨車に乗り、この家をおとずれたのだが、そこでこの丸山進の手紙を見せられた。

「コレカラ書クコトハヒュッテノ招待状ヘノ返事トシテ山岳部ヘカクツモリデシタガ、アル部分ガ不適当デアルノデ、君ダケニカクコトニシマシタ。日本ノ敗戦ニヨリ起ッタ変化ニカンスルモノデス。

二者ノ戦ハ四ツノ場合ガアリマス、ソレハ正邪、強弱ノ組合セニヨルモノデス。コノ中日本ハ邪、弱ノ組合セニゾクシマス。勝敗ハ強弱ニヨリ決スルモノデス。従ッテ正弱ノ場合ニハ復シュートイフコトガ当然ナサレルベキデス。日本ハ邪弱デアル故ニ、カウイフコトハアリエナイノデアリマス、カカル戦ハ幸福ナ戦デアリ永遠ノ平和ノ基トナリウルノデス、我々ハ大イニ喜ブベキデアリマス。ソコデ正邪ノ明カニサレタ現在ボクノ特ニ感ズルコトハ、絶対主義、非合理主義、全体主義、国家主義ノ誤リデアルコトガ明カニサレタコトデアリマス。ココデ我田引水ニ入ルノデスガ——山岳部ハ元来コレラノ思想ノ対蹠地位ニアリ、タエズ圧迫ヲウケテキタノデス。ココデ注意スベキハ、負ケタカラ誤リデアル（ニナッタ）ノデハナイトイフコトデス、正邪ハ永遠ニ正邪デス。負ケタ機会ニタマタマ日本ガ十何年、否三千年来誤ッタ思想ノ持主デアッタコトヲ、種々ノ方面カラ悟ラサレタノデス。勝テバ官軍デハナイコトヲ注意スベキデス、米国ハ正義ノ軍デアリ、シカモ勝ッタト、ボクハ断言シマス。……

二高ノ生徒及ビ教授ハコレマデ右翼的ト評サレタ様ニ、タシカニ前ニアゲタ四ツノ主義ニカタムイテキタ人々ガ大分アリマシタ。ソノタメ山岳部ハ大分クルシメラレタノデス。少クトモ二高ノ指導的位置ハ彼等ニヨッテ占メラレテキマシタ。今ニシテ僕タチノ無力ト見識ノ弱サヲ感ジマシタ。

ボクガ現在ノ見識ヲ数年前ニ得タナラバ、モット猛烈ニ対抗シタデアラウト思ヒマス、特ニ某教授ニヨッテ誤ッタ道ニ入ッタ二高生ガ如何ニ大勢アッタコトデセウ、世界観大学トカ学生レンメイトカノ輩ハ、単ニ叩クダケデハナリマセン。彼等ノ思想ヲ改造セシメナケレバナリマセン。高校ノ蛮性ニツイテモ僕ハ疑問ヲモッテキマス、寮生活、伝統等トイフコトニ対スル考ヘモ、コノ際反省シナケレバナリマセン、コレマデ山岳部的ナモノト両立シナイカノ如ク見エタ、アラユル面ハ、コレラ誤ッタ思想ニ基ヅクモノト思ヒマス。コレニツイテハボクモ在学当時、時勢ニ幾分流サレタコトヲ自白セネバナリマセン。我々ハ自由主義時代ノ一流登山者ノ道ニ徹スレバ、ソレガ下界デ生活スル人間トシテモ完全デアリウルコトヲ確信シマス」。

国民の大多数がすべてにたいして自信を失い、思想的な混乱状態にあった敗戦のわずか二ヵ月後に、これだけの明晰な判断と確信を述べることができた青年がいたことは驚きである。もちろん、原爆や無差別爆撃を行い、多数の非戦闘員を殺し、アジアの戦略的要地を支配したアメリカが（戦勝後も中国やベトナムや朝鮮を二つに分断して、〝内戦〟をたえず起させたような国の軍隊が）、無条件に「正義ノ軍」だと言い切るのは認めがたいが、日本が戦争目的においても「邪」で、そのうえ「弱」でもあったという指摘は当っている。しかも、これが敗戦後の受けうりではなく、かれの高校時代からの自説であったことは、次の書簡に照らしても明らかであろう。

「オテガミアリガタウ。元気デオラレルヨウデ安心シタ。……手紙ヲ出サナイノハ忙シイセイデハナイネ。真理ノ勝利ヲナゼ喜バナイノカ不思議ナ気ガスル。人格ノ尊重、真理ノタメノ死、登山ソレ自体ノ価値、実証主義、戦争ノ人生ニ於ケル無価値、高校時代ノ主張ハ今ヤ実現サレタ、絶対主義、非合理主義、全体主義、国家主義ハ今ヤカゲヲヒソメタ。ビールヲノモウデハナイカ。」（一九四五年十一月八日、佐々木喜一宛）

その丸山進が比島での兄の戦死の公報を受けとったとき、「君ノイフトホリ、ボクハホントニソンケイスベキヨキ兄ヲ失ッタ、ボクハ兄ニ及ブコトハデキナイ、シカシボクハヒカンシテヰナイ」（一九四六年三月八日、小林浩一宛）と書きながら、その翌年には自分もまたわずか二十五歳で命を失ってしまったのである。

マルヤマススムは死んでしまった。もう、かれの肉体はない。だが、私には、まだかれがどこかの森の中に生きていて、澄んだ冬の夜空などに、光る星となって、あのリードをうたいつづけているように思われてならない。

マリアナ沖海戦とサイパン玉砕

一九四四年早々に、私は故郷の町で徴兵検査をうけた。憲兵の監視のもとで陸軍の下士官たちが、私たちを叱咤しながら物体のように人間の体を扱った。愛国婦人会のタスキをかけた女性のいる場所で全裸にされ、検査官の前で肛門をひらいて四つんばいになることを命じられた。一年遅く入隊した十八史会の榎本宗次の場合は、こんな程度の屈辱ではすまなかったらしい。

「入隊早々戸外で身体検査が行われたが、それはショッキングなものであった。一小隊に相当する人数は横隊にならべられ、いっせいに下半身を白日の下にさらされて、当時学生言葉で『Mケン』と称される検査が片っ端から行われた。それが一通りすむと、今度は両手を地につけて順番を待つといったぶざまな恰好で『裏ケン』である。……こんな乱暴なやり方は、一兵卒で入った私たちを馬以下のものとも思わない仕うちのように思われ、入隊早々やりきれない気持であった。」（「ポツダム一等兵の記録」『学徒出陣の記録』）

こうした人間侮辱を知らないか、それに耐えられる者だけが、日本軍隊を讃美できるのだろう。「出陣」などという調子のよい美的イメージは、このときガラスのかけらのように飛び散った。学習院優等生で二十年二月に応召しながら即日帰郷になった三島由紀夫は知るまい。だから、かれはあのように幼稚な軍隊幻想をいつまでも持ちつづけていられたのだ。

検査の結果は「第一乙種合格。佐倉歩兵第五十七連隊に入隊せよ。」私はすぐに陸軍を忌避し、海軍に出願した。海軍は土浦航空隊への受けいれを認め、九月入隊と指定。あますところ数ヵ月、これで人生の見納めになるぞと、精いっぱい生きることを考えた。

そのころ南太平洋での戦局は、私たちの知らない間にいっそう悲愴なものになっていた。二月六日にはマーシャル群島の拠点クェゼリン島、ルオット島の守備隊、軍人軍属六五〇〇人全員が玉砕していた。つづいて、二月十七、十八日、連合艦隊の最大の碇泊地で「日本の真珠湾」ともいわれたトラック島が大空襲をうけて潰滅状態になり、二十三日にはマリアナ諸島までが敵の機動部隊の空襲下に入った。こうして日本の基地航空隊はほとんど内陣まで侵されてしまった。山本五十六元帥につづいて連合艦隊の古賀峯一(みねいち)司令長官が中部太平洋で墜落死したニュースは、しばらく発表をおさえられた。そんなこととは露知らず、私たち文学部の学生は、三月いっぱい静岡県岡部町なるのどかな宿場町で、暗渠(あんきょ)排水という水田の土地改良事業に動員されていた。労働は楽で、むしろ私たちはこの思わぬ田園の合宿生活を楽しんだ。

国史学科の合宿所は光泰寺という寺であった。哲学、西洋史、社会学科の学生もいっしょだった。背後に高いみかん山を背おったこの寺の本堂で、私は三高出身の青村真明や一高出身の菱刈隆永らと親鸞や万葉集や宮沢賢治の輪読会をやったりして、友情を深めた。休日にはみんなで清見寺(せいけんじ)や三保の松原に遊んだり、岡部の宿の本陣を訪ねて古文書を見たりした。親しい友と美しい自然のなかで青春の哀歓をわかちあう。人生において、これ以上の幸福はない。

一九四四年の六月は、第三次の勤労動員。千葉県豊富村(現船橋市)に多勢で入った。人手不足の農家に、二、三人ずつ分宿して農繁期を手伝うというわけだが、私は青村と組んで、二ヵ月間にわたって数軒の農家をわたりあるいた。その中にはひどい貧農の家もあった。私はそこで農民の心情にふれ、またその自然律に従ったリズムのある生活ぶりをつぶさに体験した。私たちは中学二年生ごろから毎年のように田植えや田の草とり、畠仕事、稲刈り、脱穀などのひと通りの農作業をやらされてきたので、もうこのころになると半人前の農夫ほどにも育っていたと思う。そうしたことが農民の心を打ち解けやすくしたし、国家とは異質の次元に生きる部落共同体には、別の生活のいとなみがあることを私たちに理解させてくれた。

私の愛したある農民などは、天皇陛下を仏壇のお札ぐらいにしか感じておらず、役場や隣組のお偉方の「国策協力」「増産報国」などの叱咤激励をいつも馬耳東風に聞き流して、徳川も明治も今も変らぬとばかり悠々乎たる生き方をしていた。こうした人間類型を知ったことは後の私の学問に大いに役立つ。

新聞もラジオもない二ヵ月余の農民生活を終えて東京に戻ったとき、私は市民の表情に何かの変調があらわれているのに気がついた。真夏の光の下なのに鉛(なまり)のように暗く、どこか投げやりな、諦めとも焦立ちともつかない気配が感じられた。私の日記にもある。「今、日本は滅亡へと一歩一歩近づいてゐるやうだ」と。私はこのころ、巷間でこんな唄がうたわれているのを聞いた。これは後で知ったことだが、全国的に流行していたという。

嫌ぢゃ有りませんか徴用は　好きで来たんぢゃないけれど
朝から晩まで働いて　一円五十銭はなさけない　本当に本当に御苦労ね

腰の軍刀にすがりつき　連れて行かんせソロモンへ
連れて行くのは安けれど　女は乗せない戦車隊（「ホントニホントニご苦労ネ」原作詞

野村俊夫）

この唄などは「銃後」ばかりか、私の入隊した部隊内においても酒盛りのときなどよく愛唱されていた。

御国のためとは云ひながら　人も厭がる軍隊に
出て行く我身の哀れさよ　可愛い彼女と泣き別れ（同）

一九四四年六～七月になにが起っていたのか。大西洋でも太平洋でも、第二次世界大戦の第三局面、日独枢軸側の最終的敗北過程がはじまっていたのだ。第一局面で緒戦の大戦果を誇っていた日本が、半年後に早くも膨脹の限界に達し、ミッドウェー敗戦を転機に第二局面（米側の戦略的反攻の段階）に入り、日本は防衛的持久戦をつづけていたのが、この六月に決定的なダメージを受け、最後の防衛線を突破されて、ナダレを打って潰走する最終過程（米側の大攻勢、日本側の専守防禦の段階）にと突入していたのである。

この戦略上の質的変化を、「大本営機密戦争日誌」は七月上旬にはっきりと認めている。いかなる戦史をひもといても戦争の犠牲は、つねにこの最終段階で集中的にあらわれる。

六月四日、地中海方面の戦いの天王山が終った。ローマ陥落。そして六月六日、連合軍は北フランスのノルマンジーに世界戦史上最大の上陸作戦を展開し、ヨーロッパ第二戦線を結成することに成功した。そして八月二十五日にはパリ解放。あとは東と西からベルリンまでじりじりと迫るだけになった。ドイツ軍はベルリン陥落まで約十ヵ月間、猛烈に抗戦したが、それはまったく望みのない抵抗で、一度も連合軍を撃退することはできなかった。ヒトラーという独裁者の意地とナチス党員の狂信のために数百万の人がこの間に死んだ。

太平洋方面では、最大の事件は六月十五日の米軍のサイパン島上陸と、六月十九日のマリアナ沖大海戦であった。とくに後者は、帝国海軍にとっては日露戦争における日本海海戦に匹敵する決定的な戦いとして、超弩級戦艦大和、武蔵をはじめ全艦隊がZ旗をかかげて出撃した。日本の興廃をこの一戦にかけて、わが国としては十分な航空戦力をも用意して挑んだのだが、アメリカ海・空軍に大敗した。

小沢治三郎海軍中将指揮下の第一機動艦隊は、空母九隻を主体とした第三艦隊（小沢中将直率）と、大和、武蔵、長門ら大戦艦七隻を主体とした第二艦隊（栗田健男中将）とを合わせた連合艦隊の主力で、艦艇七三隻、艦載機四三九機（その他基地航空隊一千余機）をもつ最強のものであった。この海・空戦力は、ハワイ海戦、ミッドウェー海戦時の総兵力を上廻った。

それにたいするマーク・ミッチャー中将指揮下のアメリカ第五十八機動部隊も、米太平洋艦隊の主力で、大型空母七隻、小型空母八隻、戦艦七隻、総計九三隻、艦載機九〇二機という偉容で、決戦の相手として不足はなかった。

アメリカ機動部隊はまず、トラック、グアム、ロタ、テニアン、ペリリューなどに展開していた日本の基地航空戦隊を急襲して潰滅させたあと、サイパン島に上陸作戦を展開、急を知ってフィリピン南西海域から北上してきた小沢艦隊を迎えうったのである。このときの指揮には海軍軍令部と豊田連合艦隊司令長官の判断に誤りがあった。しかし、艦隊決戦は、アメリカ側の新兵器（目標の至近で作動するV・T信管、いわゆるマジック・ヒューズのついた銃砲弾）やヘルキャット新鋭戦闘機を操縦する優秀なパイロットの実力に敗れ去ったものといえる。

小沢中将の放った第一次攻撃機隊は待ちうけたミッチャー艦隊によって一九七機中、一三八機まで撃墜されている。これを米側は「マリアナの七面鳥射ち」とよんだ。その後、米側は追撃に移り、小沢艦隊は敗走したが、この二日間の日本の戦果、わずかに敵機撃墜三七機、不時着八〇機（米機損害合計一一七機）、撃沈艦艇なし、小破、空母二、戦艦二、重巡一にとどまった。これにたいし、わが方の損害は、損失三九五機（うち、母艦沈没によるもの一一四機）、沈没、大型空母三、補給船三、中小破、空母四、戦艦一、重巡一、他一という惨憺たるものであった。

「大本営機密戦争日誌」はこの経過をこう記録している。

「昭和十九年六月十五日　本朝四、（ママ）五日、敵遂ニ『サイパン』ニ上陸ヲ開始ス。輸送船四〇―五〇隻、……将ニ太平洋方面戦闘ノ天王山ナリ。……海軍本朝『あ号』作戦ヲ決意ス。

六月十九日　本日午前彼我機動部隊主力接触交戦シアルガ如キモ夕刻ニ至ルモ状況判明セズ。帝国海軍ノ運命ヲ決スベキ大海戦ナリ。最悪ノ場合ニ於テモセメテ相打程度ナランコトヲ祈ル。

六月二十四日　海軍ノあ号作戦ニ関シ陸軍ト協議ノ上中止スルニ決ス。即チ帝国ハ『サイパン』島ヲ放棄スルコトニナレリ。来月上旬中ニハ『サイパン』守備隊ハ玉砕スベシ、最早希望アル戦争指導ハ遂行シ得ズ。残ルハ一億玉砕ニ依ル敵ノ戦意放棄ヲ俟ツアルノミ。

七月一日（前略）昭和二十年春期頃ヲ目途トスル戦争指導ニ関スル第一案ヲ研究ス。判決トシテハ……今後逐次『ジリ』貧ニ陥ルベキヲ以テ速ニ戦争終末ヲ企図ストノ結論ニ意見一致セリ。」

もし、この時点で、天皇と日本の指導層が命を捨てても国民を救おうと決心して必死の停戦行動をとっていたら、少なくともその後一年間の大惨劇——比島での五〇万人の戦死、ビルマ敗走による一〇余万人の戦病死者、沖縄での二〇万人の犠牲、本土大空襲と原爆による五〇万人の死亡、旧満州軍総崩れによる二〇余万の行方不明——はまぬがれえたであろう。

これとほぼ同数のアジア人（比島人ら）の人命や、アメリカ軍将兵一〇万の人命も死をまぬがれえたであろう。それによって、数千万人の諸国の人びとが肉親を失った絶望に血の涙を流さなくてもすんだであろう。戦争指導者の責任というのはこのように重大なのだ。この無告の民の声を感じることなしに、歴史を云々することは許されない。

日本の連合艦隊からも、大本営からもまったく見離された日本「サイパン」守備軍三万一六〇〇〇余人に対し、米軍は七七五隻の艦艇と六万六〇〇〇余の大兵力を投じて攻撃を再開した。

斎藤義次中将に率いられた日本陸軍第四十三師団は一週間前に勢揃いしたばかりの混成部隊であったが、島の中央を走るタッポチョウ山に拠って頑強に抵抗した。そのため、この小さな島を占領するのに米軍は二十日間を要し、どんな小さな洞穴、くぼみ、草むらも見逃さず、動く影には容赦なく銃弾や火焔放射を浴びせかけた。そのため水を求めてさまよう一般市民も少なからず殺されたのである。

サイパンには当時二万五〇〇〇（うち、原住民四〇〇〇人）の市民がいた。そして日本政庁のあるガラパン町には数十軒の店が立ちならび繁華を誇っていた。それも今や死臭と瓦礫の町に化した。

昼は傍若無人な低空飛行による銃爆撃と機銃掃射、くわえて洞窟にたいする熾烈な艦砲の十字砲火、夜は、日本軍の奇襲を封ずるため照明弾をうちあげて島全体を照らし出し、動くものすべてにロケット弾や機銃弾をぶちこんだ。こうして二週間の戦闘で日本軍の将兵は二万余を失い、アメリカ軍もまた数千人を斃された。残るはウジ虫に喰い荒される重傷者、腐敗してゾッとするような燐光(りんこう)を発する屍体、患者のうめき声や泣き声、殷々(いんいん)とこだまする砲声であった。

七月四日、マタンサ南方一・五キロの地獄谷の洞穴に追いつめられた斎藤中将、南雲中将らは、数日間ほとんど飲まず食わずの不眠状態だったが、ついに最後の総攻撃を指示し、七月六日、あいついで自決した。

その「告別の辞」に曰く。

「……今ヤ止マルモ死、進ムモ死、唯死アルノミ。然レドモ死ノ中ニ生アリ。ワレラ須(すべか)ラクコノ時ヲ帝国男児ノ真骨頂(しんこっちょう)ヲ発揮スルタメニ用キザルベカラズ。ワレ今残存スル諸士トトモニ米鬼ニ一撃ヲ加ヘ、太平洋ノ防波堤トシテサイパン島ニ骨ヲ埋メムトス。戦陣訓ニ曰ク『生キテ虜囚(りょしゅう)ノ辱(はずかしめ)ヲ受ケズ』、勇躍全力ヲ尽シテ従(しょう)容トシテ悠久ノ大義ニ生キルヲ悦ビトスベシ。

玆(ここ)ニ将兵ト共ニ聖寿ノ無窮、皇国ノ弥栄(いやさか)ヲ祈念(きねん)スベク敵ヲ索(もと)メテ前進ス。続ケ。」

それから玉砕三十年後の一九七四年七月、私は重い心をひきずってこの南太平洋の戦跡を巡礼した。マリアナの島々テニアン、ロタ、グアム、そしてカロリン群島の要衝トラック諸島。その珊瑚礁の海はあまりにも碧(あお)く美しく、赤錆(さ)びたまま沈んだ戦車や艦船の残骸のまわりを、七色の熱帯魚が無心に遊泳していた。トラックからサイパン島にもどると、そこは真っ赤な火焔樹(かえんじゅ)の花盛りであった。

島の北端のマッピ岬から車でガラパンの町に下ってゆくと、物すごい南海の夕映えに、この巨木の花が血を滴らせるようにみえた。隣席では何も知らない便乗の島の青年が、楽しげに鼻歌をうたっている。

だが、この道は三十年前のちょうど今ごろ、生き残りの日本兵が最後のバンザイ突撃をかけて全滅した場所であることを思うと、胸苦しさでハンドルを握る手もふるえた。〝ハラキリ・ガルチ（谷）〟と書かれた地名を見出した。

一九四四年（昭和十九年）七月七、八日の夜、マタンサ海岸に集結したボロボロの生き残り将兵、ツエにすがった傷病兵、女をまじえた民間人は、小銃や竹ヤリを手に最後の力をふりしぼり、米軍の第一線陣地に殺到した。待ち構えていた米車は砲や機関銃をうちまくったが、倒しても倒しても死体をこえて迫ってくる日本兵のすさまじさにおびえ、つぎつぎと陣地を突破された。逃げまどう米兵で斃される者七〇〇、しかし、ガラパン町の二キロ近くに達したところで夜が明けきり、艦砲射撃を集中されてバンザイ突撃は終った。そのあとの海岸や路上に、日本人の死体四、三一一をかぞえたという。

今、日本の観光業者らはつとめてこうした事実をかくそうとしている。サイパン島をもグアムやハワイなみに夢のパラダイスにしたいからだ。近く東京→サイパン直航の大型機まで飛ばすという。米国がこの島の地名とした〝ハラキリ谷〟も、〝自殺の絶壁〟も、〝バンザイ・クリフ（断崖）〟も、こうした観光アニマルには、なんの痛覚もよび起してはいない。なんという想像力の欠如、なんという無惨な歴史への冒瀆であろう。わが同胞の哀しい歴史は、草むらに転がる白骨のようにここでも急速に風化している。

バンザイ突撃の翌日、島の北端に追いつめられた日本人住民四〇〇〇人は、捕えられて

サイパン島バンザイ・クリフ（1974年7月、著者撮影）

辱めをうけるのを恐れて（そう確信していた）、マッピ山頂から一五〇メートルもの垂直の絶壁を飛びおりた（米軍撮影のフィルムによってその墜落シーンを見られた人も多かろう）。さらに死にきれなかった母親や娘たちがつぎつぎと海岸の断崖から身を躍らせた。

私はその夕方と翌朝、ひとりでその一帯を歩きまわった。とげ草の間に今なお散乱している自殺用の手りゅう弾の破片を手にとり、激烈な艦砲射撃のためにも岩全体がハチの巣のように腐り、死相を浮べたマッピ山の大岩壁を見あげて暗涙を呑んだ。白い鳥が舞っている。山鳩が鳴いている。そしてどこか地の底の方から「ズズーン、ウォーン」という不気味なうなり声が響いてくる。私は身の毛がよだつ。それがバンザイ・クリフの真下の深い洞穴に、波が押

し寄せるために起る共鳴音だと知るまで恐怖が去らなかった。(じつはその崖下の洞穴の中に、数十の女や子供の死体が、いつまでも波にもまれながら浮んでいたのだという。)

あの人たちはこんりんざい浮ばれることはないであろう。この人間の歴史がつづくかぎり、あの人たちの無念の思いや呪いが消えることはないであろう。その断崖の上に、今日もカラフルな華やいだドレスを海風になびかせた幸福そうな日本人たちが見物にあらわれようと、政治家どもの手で靖国神社に合祀され、観音像を建てて慰められようと、あの人たちは決して浮ばれることはないであろう。

人はかれらを〝原日本人〟のように憐みの眼でながめ、なぜアメリカさんに投降しなかったかと咎めるかもしれない。この人たちは侵略戦争や軍国主義教育の犠牲者だったのね、と片づけるかもしれない。だが、日本の全歴史と敵の銃火によって、あのように断崖の淵まで追いつめられた数千人の一般市民の行動を、だれびとが批判できる資格をもとうか。

最近私はこうした一般住民まで日本の侵略戦争に加担した責任をまぬがれないと断罪する日本人〝進歩派〟の本を読んで唖然とした。もしもあの人たちを憐みをもって裁きうる者がいたとしたら、それはおそらく日本国家に強制連行されて陣地造りのため就労させられていた朝鮮人や中国人、あるいは島の現地住民以外にないであろう。私は最近、硫黄島激戦の記録フィルムの中に、洞穴から米軍に救出された瞬間の朝鮮人労働者たちの喜びの表情を見てとって、この人たちこそが今度の戦争を、民間日本人をもふくめて真に裁きうる立場にあると直感した。原爆などを使用して日本人民を無差別虐殺した米国には〝文明〟の名によって日本を裁く資格はないのである。

そのサイパン失陥の翌日、七月九日、日本陸軍が大兵力を動かして印緬国境制圧をねらったビルマのインパール作戦が失敗し、総退却を開始しており、それらの責任を糾弾され、ついに東条内閣も総辞職し、七月二十二日、小磯・米内協力内閣が成立した。しかし、国民はこの無為無策ののろくさ内閣を「木炭自動車」と評してなにひとつ期待をかけなかった。私の日記でさえ、この内閣が無能にしてすぐ倒れるであろうことを予測している。

欺瞞的「挙国一致」

八月四日、空襲激化にそなえて学童の集団疎開がはじまった。国民はいよいよ一家離散、家庭の内部深くにまで敗戦の影がしのび寄ってきた。

民衆の不安とやり場のない憤懣は高まっていた。そしてそれらの声は政府の秘密警察の手によって記録される。当時の思想取締りの任に当っていた警視庁や各府県の特高課、および検事局では、こうした民衆の動向に神経を尖らせ、毎月それらの声を丹念に収集して『特高月報』(内務省警保局発行)や『思想月報』(司法省刑事局発行)に掲載していた。一九四四年の分からその二、三を拾ってみよう。

▽こら英機の馬鹿野郎。五十万人の兵隊さんを殺しておきながら其の結末をつけずに大臣をやめておめおめ生きてるのか。何故軍人らしく腹を切らぬか。中野正剛氏を切腹せしめやがっておのれ生きる法があるか。馬鹿野郎、死ね——（七月二十六日、広島県尾道市、米喰糞太郎名義、東条前首相宛、ハガキで投書）

▽軍人役人軍需工場だけが戦争して居るのではない。之等の者にだけの特配を即刻止めるべきだ——（七月二十八日、東京渋谷区、鈴木一夫名義、警視総監宛、ハガキで投書）

〽負けて来るぞと勇ましく、誓って国を出たからは　退却ラッパ聞く度に　どんどん逃げ出す　勇ましさ……

〽とんとんとんからりの隣組　酒屋の前迄来てみれば　本日休みと書いてある　ああ情けない情けない……——（八月、高知）

▽戦争も今年の秋が峠だ。愈々（いよいよ）日本も負けだ。大機動部隊がやって来て数百機で大空襲を受ける。日本の現在の力では之を防ぐことは出来ない——（四〜九月下旬、東京芝区、ペンキ職）

こうした民心の動揺を案じてか、九月二十日、大本営海軍報道部長栗原大佐は時局講演をおこない、マリアナを失い戦場が本土に近づいたことは航空決戦の遂行上、かえってわが方に有利になったとし、飛行機も搭乗員もぜんぜん心配はいらない、着々と充実していると力説した。

翌日「戦勢は我に利あり、航空要員は充実、待機」と新聞は大々的に報じたが、じっさいはそのとき、わが方に残された海軍の第一線航空機は約二五〇〇機にすぎなかったという。（一九四三年中に生産された航空機の総数は日本で一六六九三機、米側は九二一九六機と報告されている。）

皮肉なことに、この同じ日、ビルマでは雲南国境方面軍が全滅、一ヵ月後の十月二十日にはマッカーサーの率いるアメリカ第三軍の主力部隊がレイテ島に上陸、大日本帝国海軍はこれに最後の艦隊決戦を挑んで潰滅した。連合艦隊が世界に誇る巨艦武蔵もついにシブヤン海で沈没した。

マリアナ沖空中戦で最後まで温存していた虎の子の艦載機を失った海軍が、航空機の不足と搭乗員の欠乏を埋めあわせる最終の手段として用いたのが学徒動員と特攻戦術だった。そしてその第一波、神風特別攻撃隊が十月二十五日、レイテ湾の米艦船に突入した。世界はこれを日本の自殺飛行機とよんだ。海軍報道部長はこの推移をどう国民に説明するのか。だが、そのころ私は娑婆から切り離され、土浦海軍航空隊で猛訓練をうける身になっていた。

一九四四年（昭和十九年）、日本の国内経済が内部崩壊をはじめ、欺瞞的な「挙国一致」の社会がその腐敗をさらけだしたことは、祖国の勝利のためにすべてを捧げようとしていた青年の正義感を痛く傷つけた。それは私の「日記」程度のものにもはっきりと現われている。

「現代日本は決して一億一心になつて涙ぐましいやうな精進をしてゐるなどとは云へない。現代日本の大工場、小工場等軍需会社には薄暗い影がある。……その影は戦時利得をむさぼつてゐる工場経営者の厚顔への憎悪の中にたなびいてゐる。……この影は官吏にも職業紹介所員にも警視庁にも、えらい人達のところにはつきまとつてゐる。……何と理窟（りくつ）を云つても駄目だ。この影は日本国民の感情に根ざしてゐる。憎しみと怒りと侮りの……為政者にはこれが分らない。」（一九四四年一月二十六日）

これは当時私が市川国府台（こうのだい）の広い庭をもつ料亭の前に下宿しており、毎日毎夜、軍人や軍需会社の関係者たちの宴会の歓声（絃歌（げんか）や嬌声）を聞いていたことへの反撥でもあった。下宿では国鉄職員の奥さんが、乏しい配給米で足りぬ四人の子供たちに食べさせるために、自分の食事を抜いている姿を毎日見ていただけに、私のこの矛盾への痛憤は、戦時利得者たちへの批判となって燃えあがったのであろう。

「友よ！　闇（ヤミ取引行為）は今や公然である。全く公然と行はれてゐる。そして十中の八九まではかかる行為によつて生きてゐる。……第一それを取締り、統制経済を確保すべき官吏、営団（食糧配給営団など）、警察が、このもっとも売国的な頽廃の第一先鋒である。……友よ、この社会はすでに固定しきり、疲弊しきり、堕落しきつてゐる。この社会からは決してなんらの時代を革新すべき創造力も革新力も生れて来ない。唯々大部分はその日その日の快適な生活をのぞむだけの自己保存的快楽主義にすぎない存在である。……かかる闇の流行によつて、もはや統制経済の機構は全く瓦解に瀕し、物価は二倍、三倍と奔騰し、貨幣は市内に氾濫するといふ有様である。……悲しむべきかな、祖国日本は国民の倫理的道義観念の堕落によつて経済的に内面から危険に瀕してゐる。これらの人間の退化はたとへ戦争に勝つたとしても実に深刻なる弊害をもたらすのである。かかる卑屈にしてエゴイズム的なる日本人にどうして大東亜民族の指導者と云ふことができようか。否！　である。……なぜ一般の社会の風潮がかうならざるを得なかったのか、その理由はなにか？」（一九四四年二月四日）

と、日記では大衆の責任を追及している。

それとあわせて、政府要人が国民に増産や奉公心をいくらよびかけても、一般が動かないのはなぜかと問い、「これは何によるか、それらの政府の要人たちが国民に信用がなく、また不正であるからである。反省と自覚とは階層の上の方からなされてはじめて、下のものが動くのである」（二月四日）とも記している。

この日記は、上海にいた友への手紙の草稿であった。当時、上海の東亜同文書院にいたその私の友人は、これにたいして二ヵ月の沈黙後、つぎのような返書を送ってきた。

「先日兄は内地の祖国日本の実情を詳細に知らせてくれた。あの時以来俺は悩んだ。俺が考へてゐる日本は世界に冠絶する雄大なる祖国だつた。しかし、兄は日本大衆の愚劣を怒り、堕落を訴へてきた。何としたことか。俺は大陸にゐて厖大な低劣なる支那の大衆にむかつて俺たちの祖国を誇り人間と歴史を誇つたのであつた。ボロ服も平然と街を歩くことができた。しかし、あれ以来俺は下をむいて街を歩く。支那人の顔を正視することに困難をおぼえた。俺の背後、東支那海のかなたの美しい日本が、今堕落してゐることを知つた俺、支那の愚劣なる民衆と日本の大衆とを等しいものと思はざるを得ない俺が不幸であり、淋しかつた……。

（今）三つに分裂してゐる支那大陸、その中最も力の弱い幼い子供が南京政府であることはたしかなことだ。重慶も中共側も強力なる遊撃軍を組織して占領地区へ迫つてゐる。農村はおびやかされんとしてゐる。又世界戦局は支那大陸へ米軍を派遣し、日本軍との決戦を行はんとしてゐる。最大の危機である。日本内地の、古典の如き決意への復活を第一の問題とせば、支那は第二になるであろうことを断言し得よう。我々は今夏、命を賭して農村の実体調査、即ち大旅行に出発する。何ものの利益も求めないで、ただ志の指向する所に命をかけて飛びこむのだ。支那を強力なる国家たらしめるために。」（一九四四年四月五日上海発、本橋渥書簡）

この後、かれは単身、中国奥地へおもむいたが、そこで接した中国民衆の不敵な面魂と抗日意識に、日本の大衆のそれとは異質な〝何か〟を感得して帰ったようで、それがやがてかれの戦後の中国研究のスタートになる。

「私は」といえば、依然としてこの時代の巨大な国民的思考の枠組――共同幻想の錯誤から離れることができず、憤りながら、もがきながらも、愚衆の中の一人として、この「不義」の戦争の破局まで全力を尽しつづけることになる。

土浦海軍航空隊

一九四四年（昭和十九年）九月、いよいよ入隊の日がきた。私の町は香取、鹿島の両神宮や成田山にも近いので、型通りそれらに参詣した。そのとき、私を感動させたのは母の行為であった。ふだんは走ったことなどない小児麻痺性の母が、あの成田山の大本堂の回り廊下を、はだしでお百度、ほとんど狂気のように走り回った姿であった。そのとき、母といっしょに走った何十人もの婦人たちにも生還を願う身近な人があったのであろう。おそらくそういう婦人のうちの一人が思いあまって、自分たちの代表あてに投書したものであろう。たどたどしい文面の中に、子を想う真情と平和への願望がこめられている。

「会長様、日本の国では米英を侮つてはなれい小島へ兵隊や軍属をやつてアメリカを空襲しようと思つて反対に皆殺される。輸送船は次から次と沈められ其の損害は何程でせう。本国では空襲が有と言つて防空訓練をして国民を恐しがらして女や子供は何の仕事も手につかず、其の上一ばん力になる小供は一枚の赤紙で御めしになつて、死で来たか生きかんかわいつまや小供をうちすてて行く兵隊の事も御かんがへ下さりませ。……わきの国を撃滅しよう何んて其な恐しきことは止めてどこの国とも仲よくしていただきたいと思ひます。陛下のためならと思うけれど、わきの国が平和にしているのに日本でさわがしていたではわるくはないでしたか。日本はアメリカを空襲しやうなんてそんなおそろしいことをしやうなんて、もし我国へ空襲されたらこんな小さな国で又々はなれ小島のやうに皆殺にされるかと思うといきた心ちはないと思ひます——」（一九四四年六月、静岡、国防婦人会長宛投書。ほかに同種五件）

それともう一つ忘れがたいのは、たまたま私の町に学童疎開で来ていた東京の下町の国民学校の小さな女の子たちが、寒駅の広場に私の見送りのために駆りだされてきて、泣くような小さな声で「予科練の歌」をうたってくれたことである。

私はその間中、その子たちの一人ひとりの顔を眺めていた。かわいい子、淋しそうな子、喜びも悲しみも打忘れてしまったような（おそらくひどく空しく、また空腹だったのであろう）、生気の失せた数十の眸（ひとみ）がそこにあった。これは私が復員してから聞いた話だが、彼女たちはそれから半年も経たないうちに、つぎの疎開先の日立で、アメリカ機動部隊の艦砲射撃をうけて殺されてしまったというのである。こんなときほど戦争の非情を痛切に感じたことはない。いまでも「学童疎開」ときくと、あの飢えた、大人びた、幸薄（さちうす）い少女たちの顔が浮んでくる。

土浦海軍航空隊では翌年の三月まで、親友の青村真明らともいっしょだったが、私は兵科に編入されたため寒い射爆講堂に寝起きしていた。寝具はふつうの藁を布袋につめ、自分で縫い合わせたもので、その袋に蓑虫のようにもぐりこんで眠る。その寒さと飢えがいちばんこたえたが、分隊士官たちによる〝猛訓練〟もなかなか凄まじく、しばしば顔の形が変るほど撲られた。

一九四五年（昭和二十年）一月二日の朝など、金子という少尉に二十ほどもゲンコツで頰を撲られ、歯が割れて口の中がズタズタに切れ、楽しみにしていた雑煮がたべられず、文字通り血を呑んですごした。二月の十四日は、同じ隊のほとんど全員が、外出のさい農家でこっそり物を喰ったという理由で、厳寒の夜、七時間もコンクリートの床にすわらされ、丸太棒で豚のように尻を撲りつけられるという事件が起った。

私も長いあいだ、呼出しを待ち、士官室に入ったとたん、眼が見えなくなるほど張り倒され、突き飛ばされ、起きなおると棍棒をあびせられて「自白」を強いられた。それは小林多喜二の作品（『一九二八・三・一五』など）に出てくる警察の訊問の仕方とすっかり同じだった。頭から投げ飛ばされた瞬間、床板がぬけて重態におちいり、そのまま病院に運ばれ、ついに帰らなかった谷という友もあった。これをやったのは東京文理大出身の筒井という中尉で、私たちは今でもこの男のことをさがしている。

そしてその翌日も、ふたたび部屋いっぱいにひびく教官室内での分隊長の罵声、怒声。

学生長は連続二十も撲られている。ひどく責められ、撲られては突きのめされている。田中卓もまた撲られている。田中卓は思想傾向がよいというので甲板学生に抜擢されていたのに——。

その夜は、偽りのざんげで涙を浮べてみせた私たちも、翌十五日夜になると勃然たる怒りをみせはじめた。ある者は叫んだ。「俺は士官になろうとしてまったく奴隷になった。」だが、「俺たちはしめ殺されはしないぞ。」「ごうもん的芝居に屈しない。」「おれたちを豚のようにしたのは誰だ。」そして分隊長筒井への侮蔑と憎悪をみなぎらしていった。（二月十四日事件がもう半年遅れていたら、この筒井という男は生きて娑婆に出られなかったであろう。）

こうしたできごとは、日常の「月・月・火・水・木・金・金」という猛烈な訓練による過度の肉体的な消耗を補うことのできない、金の茶碗に少量の盛りきり飯と、「この一週間毎食の水汁とその中に浮ぶ小さなひときれの大根のほか、おかずというものは唯のひとつもなかった」「娑婆の二日分の副食物も俺たちの一ヵ月分のそれより多いであろう」というような飢餓強制に根をもっていた。

一月二十八日の日記にはこうも記している。

「自分たちの食卓の飯のもりつけが二糎ほど他の卓のそれより低く少ないとき、この卓の上に流れる暗い嫌な雰囲気はあわれだ。このとき目玉ひとつ動かさなくても二十余人の皆の心が隅々まではっきりとよめる……あさましい人間」

二月十日夜「こんな随想を平和の時代に読んだら、人は不審がったり嘲(あざ)笑ったりするかもしれない。」「ただ腹いっぱい喰いたい。」「おれは飢えに心理的に負けている。」「自由がないということがこの飢餓感をいっそう望みのないものにしている。」「学徒出陣の情熱はどこへいったか。」「訓練などの苦しみは物の数ではない。」「性欲なんぞぜいたくな本能だった。」「人間にとって最後のもの、それは飢えだ。」「人間が獣になる直前のもの、人間をギリギリに追いつめるもの、人間を四つんばいにさせる最後のもの、それは飢えだ。」「そこに追いつめられたとき、人間がどんなに下劣に、あさましくなるか。とくにインテリほど汚なくなるか。」

戦争中、大なり小なりこうした飢えを経験しなかった人は少ないであろう。一般国民の食生活も開戦時の一人当り米二合三勺の配給が、この年には二合一勺以下に減らされている。二合一勺といってもこれはあくまでも公定の標準値のことであり、本土空襲が開始されて流通機能が麻痺すると、遅配、欠配が常習化する。この量は日本人の最低必要カロリーを大きく割っていた。そのため、食糧の買出しが自然発生的に起り、東京では一日に四万人以上の人がこの目的のために動いたといわれる。緩慢な飢餓状態がはじまっていたのだ。

私たちが軍隊で直面した飢えも、こうした国民生活の悪化のためにはちがいなかった。

ただ、一つだけ違うことは、〝娑婆の人間〟（海軍では一般国民をそう呼んでいた）には、いくら飢えても、個人的な努力によって埋めあわせる自由の余地が残されていたが、軍隊内では、とくに兵士は、そういう自由を完全に剝奪されていた。もし、それを求めるなら最高〝死に至る〟情容赦のない体罰が待っていた。私たちにたいするあの激しい暴行も、そうした自由抑圧の軍隊内規律を保持するための手段だと弁解されていたのである。したがってこうした牢囚の中での飢餓感は、〝自由がない〟という心理的な閉塞感によっていっそう昂進させられていたものと思う。

もちろん、当時の私の軍隊日記はこんな泣きごとばかり書いていたわけではない。リンチを受けた同じ二月十四日、この心の痛みをはねのけるようにしてつぎのような記録もとどめている。

「二月十四日　敵はすでにマニラに突入、フィリピンの戦勢はもはや挽回すべくもないほど明瞭に決定された。アメリカは目的の制空権を獲得し、また近海の制海権をも獲得して、ついに日本と南洋との連絡を断つことに成功してしまった。しかも今不遜にも、わが本土に上陸すべく大機動部隊をして琉球海面を北上せしめている現実である。欧州戦局では、もう全く息づまるような危機だ。ソ連の勝誇れる優勢な機甲軍団は、ベルリン最後の防衛線オーデル河を全面的に渡河成功して、今やベルリンは風前の灯の如き有様におちいった。（中崎）

ドイツ破れなばロシアは日本と戦う。重慶の抵抗は増大する。そしてアメリカの基地空軍と機動部隊による侵寇（しんこう）とを、ああ日本はいかなる戦力と戦術をもって撃摧（げきさい）せんとするのか……考へただけでも気が狂ひそうになる。
ドイツの滅亡、時の問題だと？　信じられるか、こんな馬鹿げたことが！　フィリピン奪取され、日本の絞殺的敗滅。考えただけでも恐しい。信じられぬことだ。このようなことが頭に浮ばねばならぬという今、今、今。全く気狂ひになりさうだ。……日本の今の空気は暗い。こんなに一億の心が暗いときが曽（かつ）てあっただろうか。指導的立場にある政治家の奴は、どうして決断することができないのだろう。
二月十六、十七日　憎むべき敵、米機動部隊が本土に迫り、朝食後から夕食前まで十余時間をわが本土に艦載機をもって銃爆撃を行なう。我々は早朝より例の疎開地へ退避。」

これはマリアナ基地からのB29の猛爆撃に加えて、米機動部隊艦載機群の日本本土への初来襲の日であった。二月十六日、本土に待機中の海軍航空隊は退避命令をうけ切歯扼腕した。つづいて二月十九日、米軍はついに硫黄島に上陸を開始した。そのしらせを聞いた二日後、私の日記には次のようにある。

「二月二十一日　硫黄島へ敵は上陸してきた。どうしても守りきれぬ日本の今の国力である。父島も母島も敵手に陥るかもしれない。その次に来るもの、日本本土への猛爆。

そして全制空制海権の獲得。八丈島、大島への上陸……本土の工業力や沿岸防備力の破壊、艦砲射撃、制空権下の本土上陸、そして東京陥落。アメリカの来る道は明瞭だ。どこでこのアメリカの科学技術と物量と戦意とを喰いとめるか。今の日本の航空機生産の状況ではとても見通しが立たぬ。政治を誤れば敵兵を本土に迎へ撃つところまで来る。必ず来る。昭和二十年の後半、祖国日本の最大の危機がくる。俺は八月十五日、少尉。自刃を提げて敵機の跳梁下、本土の沿岸防禦の陸戦隊となる時が来る。それは今の、今の、今の日本のままでは必ず来る。来ては遅くなる。遅い。（中略）

硫黄島で血を以て時を購っている兵隊たちをおがみたいような気持だ。全滅することは分っていながらも、最後の一兵まで抗戦しつづける、その至純な純忠の闘魂、日本を信じつつ喜んで死んでいってくれるその気持！　かつて俺たちはガダルカナルにアッツにサイパンにそれを見、今またフィリピンに硫黄島にそのことをくりかえさせている。あれから三年間も経ったというのに！　ああ、この三年間、国内の日本人は何をしてきたのか。そう思うと申し訳ない。申し訳ない。俺も今の生活に流されずに、全力をつくして生きねば、すまない。……三斑の谷一男、ついに流脳のため今朝死亡す。

二月二十四日　谷君の告別式、谷の骨あげに代表でいった。谷のおふくろとあう。真実をかたる。彼女は泣かなかった。

二月二十五日　朝五時より空襲。夜四時まで雪の林の中に疎開。東大文学部の草薙病死す。暗いこと甚だし。雪降りしきる。みじめ甚だし。
二月二十六日　一面銀世界。またも未明より空襲、屋外退避。雪一尺つもる。頭から毛布をかぶり、指先にマッチの火をともして暖をとる。谷や草薙はけっきょく筒井に殺されたのだ、そういう声が隊員間に流れている。
二月二十七日　草薙の告別式。すべては虚偽。そして、爆発寸前のところで、われわれはこの日を最後に土空(つちくう)を去ることになった。
二月二十八日　退隊の日。長い長い間、待ちに待った待望の日。昨夜、配置が決定され、我々は三重海軍航空隊に出発する。朝、五時起床、七時四十五分、司令の訓示をうけて修業式を終り、赤飯の会食もすみ、十二時半、土浦航空隊を退隊す。
この日の嬉しさ限りなし。今まで全く束縛されていた籠の鳥が一時に解放され、広い天地に飛びだした時のような気持である。思いかえすたびにも、今の自分のこの自由そのものな気持が嬉しい。自由、自由、自由！　こんなに嬉しいことがまたとありえようか。ここではじめて本然の自分の姿にかえりえたと、しみじみと感ずる。」

沖縄の死闘

それから三重の香良洲(からす)の浜にある海軍航空隊へ。そしてさらに、そこから伊勢湾の入口にある答志島（とうしじま）の特攻基地設営現場へ。私は命令のままに転々とした。

その間に、三月十七日、硫黄島の日本軍は全滅。四月一日、沖縄本島に米軍六万余人が上陸を開始。この大機動部隊を迎えうつべく出撃した戦艦大和は、雲霞（うんか）のごとく群がる敵雷撃機と激闘のすえ、ついに四月七日、徳之島沖西方二〇哩の洋上で轟沈、三千の骸（むくろ）とともに巨体四裂。

私たちはその刻々の敗報をT・M無線機などで受信していたのである。「大日本帝国連合艦隊亡ぶ！」あとはただ奇蹟を待つのみ。

四月二十二日　海上の小艇に兵士たちといた私は、P51戦闘爆撃機の襲撃をうけて九死に一生をうる。

同じ日、近くにいた海防艦が轟沈させられ、多くの死者を出したのだから、私たちが生き残ったのは単なる偶然にしかすぎない。このころから、生きているということの根拠がたえずあやふやに感じられるようになる。その不安定な感じ、虚無というのか無常というのか、こうして生きていられることの方が偶然だというような実感が、今でも私の体から抜けきれない。私の実存の深みを水のようにひたしている。

このころ、沖縄では空に海に陸に、文字通り「日米最後の死闘」がつづけられていた。沖縄海域を埋めた一〇〇〇余隻の米機動部隊めがけて、菊水作戦の特攻機は、一〇〇機、二〇〇機という大編隊で、息もつかせぬ体当りをくりかえし、戦艦、空母各一〇隻をはじめ、合計一八七隻の大小の艦艇に大きな損傷をあたえ、米水兵を疲労の極におとしいれていた。

いっぽう、陸上では首里の防衛戦をめぐって一進一退の死闘がくりかえされ、米軍は四キロ前進するのに一ヵ月半近くもかけねばならぬという猛抵抗を受けていた。当初八万六〇〇〇余あった日本陸軍の兵力はこれによって半減した。米軍の死傷者も最終的にはノルマンジー上陸作戦の損失四万二〇〇〇名を上廻るという未曽有の数に達した。

それは住民ぐるみの徹底抗戦によるものであった。たとえば伊江島の戦闘では多数の村民が軍にまじって戦い、女たちも頭髪を切り、戦闘帽をかぶり、男装し、爆雷をもって体当りしようと飛び出し、あるいは竹槍をひっさげて斬り込みに加わった。その中には乳のみ児を背負った婦人もまじっていたという。

こうした住民の献身ぶりは全島において展開され、海軍少将大田実司令官は海軍次官にあてて六月六日付電文でつぎのように讃えている。

「沖縄県民ノ実情ニ関シテハ県知事ヨリ報告セラルベキモ県ニハ既ニ通信力ナク三十二軍司令部又通信ノ余力ナシト認メラルルニ付本職県知事ノ依頼ヲ受ケタルニ非(あら)ザレドモ現状ヲ看過スルニ忍ビズ之ニ代ツテ緊急御通知申上(もうしあ)グ

沖縄島ニ敵攻略ヲ開始以来陸海軍方面防衛戦闘ニ専念シ県民ニ関シテハ殆ド顧ミルニ暇ナカリキ　然レドモ本職ノ知ル範囲ニ於テハ県民ハ壮青年ノ全部ヲ防衛召集ニ捧ゲ残

ル老幼婦女子ノミガ相次グ砲爆撃ニ家屋ト財産ノ全部ヲ焼却セラレ僅ニ身ヲ以テ軍ノ作戦ニ差支ナキ場所ノ小防空壕ニ避難尚砲爆撃下〔原文不明〕（???）風雨ニ曝サレツツ乏シキ生活ニ甘ジアリタリ　而モ若キ婦人ハ率先軍ニ身ヲ捧ゲ看護婦炊事婦ハモトヨリ砲弾運ビ挺身斬込隊スラ申出ルモノアリ　所詮敵来タリナバ老人子供ハ殺サルベク婦女子ハ後方ニ運ビ去ラレテ毒牙ニ供セラルベシトテ親子生別レ娘ヲ軍衛門ニ捨ツル親アリ

看護婦ニ至リテハ軍移動ニ際シ衛生兵既ニ出発シ身寄無キ重傷者ヲ助ケテ（??）真面目ニシテ一時ノ感情ニ馳セラレタルモノトハ思ハレズ　更ニ軍ニ於テ作戦ノ大転換アルヤ自給自足夜ノ中ニ遥ニ遠隔地方ノ住民地区ヲ指定セラレ輸送力皆無ノ者黙々トシテ雨中ヲ移動スルアリ之ヲ要スルニ陸海軍沖縄ニ進駐以来終始一貫勤労奉仕物資節約ヲ強要セラレテ御奉公ノ（??）ヲ胸ニ抱キツツ遂ニ（?）コトナクシテ本戦闘ノ末期ト沖縄島ハ実情形（?）一木一草焦土ト化セン　糧食六月一杯を支フルノミナリト謂フ

沖縄県民斯ク戦ヘリ　県民ニ対シ後世特別ノ御高配ヲ賜ランコトヲ。」（谷川健一編『沖縄の証言』上、沖縄タイムス社編『鉄の暴風』、大田昌秀『沖縄のこころ』。）
この大田少将は首里の海軍地下壕で六月十三日に自決。いっぽう、陸軍部隊は島尻（沖縄本島南部）に後退したが、米軍の猛攻撃を受けて、ついに南端の断崖にまで追いつめられるにいたった。牛島満軍司令官らは摩文仁の丘の洞窟にかくれ、六月十八日に大本営に訣別の電報を打った。最後まで部隊につき従って奮闘していた女学生たちの「ひめゆり部隊」が全滅したのも、師範学校生徒の「鉄血勤皇隊」が斃れたのも、この島尻の果てにおいてであった。

谷川健一は『沖縄の証言』の跋文で、この六月の地獄のありさまを怒りをこめて、つぎのように書き刻んでいる。

「日本軍の損害は六月初めから日に一千名だったのが、六月十九日に二千名、二十日には三千名、二十一日には四千名以上となった。そして、六月二十三日から月末までの米軍の掃討戦で、九千名の戦死傷者を出した。米軍の推定によると、沖縄戦闘開始以来五月末まで約七万名の日本兵が死んでおり、それ以降四万名近くが死んでいる。（中略）

中部の住民十数万名が戦火に追われて南部をめざしたのは、沖縄県当局と日本軍の指示によるものであったが、しかしその結果、沖縄の南部には三浦半島とひとしい地域に三十万名の沖縄住民と日本軍がひしめきあうことになった。これにたいして米軍は、海上から艦砲射撃をもってこたえ、地上は火焔放射器で壕を焼きはらった。喜屋武(きゃん)岬にいたる原野のカヤやススキの上に空からガソリンの雨を降らし、その上に油脂焼夷弾(ゆししょういだん)を投げ落として、その中にひそむおびただしい兵士と住民を殺した。米軍の使用した火器は、艦砲、榴散弾、黄燐弾、迫撃砲、焼夷弾、毒ガス弾、催涙弾、火焔放射器、投下爆弾などである。米軍の上陸地点である北谷村の海岸には艦砲が一坪に五発落ちたといわれ、また南部ではその総面積に一坪あたり二十発ぐらいの弾丸が落ちたといわれている。

こうして、当時四十七万ていどの沖縄本島の人口のうち二十万近くが死んだ。生き残ったのは、沖縄本島ならびにその属島を合わせて三十万名である。住民の三分の一を死なせた戦いの意味は如何。この問いはいまも鮮烈な血の色のかがやきと、もっとも鋭くもっとも重厚な意味を失っていない。

それは、死者の数が莫大であるというだけではない。沖縄住民が男も女も老いも若きも総力をあげて日本軍に協力しようとしたのにたいして、日本軍は沖縄の住民に背筋の凍るような冷酷な仕打ちをもって報いたという事実をどう考えるか、という問題である。そもそも、中部の避難民に向って南部の島尻地区に行けと指示することじたいが、軍人と民間人をいっしょにして敵の攻撃をできるだけそらそうとする目的からなされたのではないかという疑いがある」。(「証言の意味するもの」)

私も摩文仁の山頂に立って眼下に「魂魄」の塔をみつめ、そのことを痛感した。今でこそ銀ネムの木の群生するなだらかな緑の丘は、ハイビスカスが赤く無心に咲き、しずかに岩礁の向うに碧い海が寄せているが、ここで演じられた虐殺と集団自決と強姦と背信と哀哭は、無数の男女の阿鼻叫喚となって私の耳を聾せんばかりであったことを――。

一九四五年六月十八日、深夜、ズズーンと腹にひびく爆発音がして飛び起きる。見ると、海上はるか四日市方面の空がどす黒い紅色に染まっている。最初は艦砲射撃を受けたかと思って狼狽した。しかし、しばらくしてB29による四日市工業地帯への爆弾攻撃と判明。第二海軍燃料廠の大型タンク群が炎上しているのであろうか。ズズーンという破裂音とともにしだいに火勢が強まるのがわかる。島内の道路という道路は島民たちの夜逃げでごったがえしている。

すでに東京、横浜、名古畳が焼夷弾にやられ、九州の諸都市が軒なみやられ、徳山の燃料廠がやられ、六月に入ってからは大阪、尼崎、神戸、和歌山とつぎつぎ焦土に化し、今や浜松、豊橋、四日市、津、松阪、宇治山田と被爆の運命が迫りつつある。そして、それらの攻撃は人口密集地への雨のように降りそそぐ焼夷弾と爆弾との混用無差別投下であったため、防ぎようがなく、一夜にして数万戸の家が炎上し、数千人の死者が出るというありさま。

六月九日朝の名古屋空襲では、愛知時計電機工場など三工場周辺に、一トン爆弾十三発が投下され、たった十分間で死者二八〇〇人、重軽傷者三千数百人を出したと聞く。しかも、その肉片もあまさず吹き飛ばされた犠牲者の多くが、動員学徒、とくに女子生徒であったとはなんたることであろうか。

「六月三十日　日本はとうとう沖縄で敗れた。……もはや日本の勝目は奇蹟起らざれば絶対にない。……静かに敵軍の上陸してくるのを待つ。だが、その間に、毎日一つくらいずつ中小都市が灰燼(かいじん)に帰してゆく。阿鼻叫喚。なんという悲劇であろう。このごろ新聞もラジオも生気を失いつつある。……国民の厭戦の気分はおおいがたい。
七月七日　日本が神の国であることを未だに俺は確信することができない。……日本の現実を憂えること、これが今の最大の生活となってしまった。吉田松陰ですらこんなにまで憂えはしない。
八月一日　日本近海を遊泳している敵機動部隊の艦砲射撃も日々に激化してくる。室蘭、釜石、水戸、日立、浜松と、毎日のような空襲と呼応している。七月二十九日夜のB29による宇治山田の焼夷弾攻撃は凄まじいものだった。山田、津、松阪、宇治、二見がわずかなB29のため瞬時にして火の海と化してしまった。昨三十日のごときは鳥羽の白石の油槽（タンク）が発火して、一日中燃えつづけている始末。東海区の五十八人の部下と共に戦闘配備にある私であるが、もうこうなっては機銃掃射の日でも何でも平気で寝ているしかない。
八月十五日　敗戦、降伏。本土において一戦を交えることなく、一人のアメリカ兵を斬り斃すことなく、精鋭幾百万の陸海軍を有しながら……無慚（むざん）の日、断腸の日……。
八月十八日　森崎という少尉候補生が浜で割腹した。私が行ったとき、屍体はもうなかった。『日本海軍に降伏なし、君側の奸を斬って蹶起せよ』。艦攻一機がビラをまいて去る。だが、兵士たちの心はもはや軍隊にはない」。
八月以前は敗戦を不可避のこととして予測しておきながら、いざ、「ポツダム宣言受諾、無条件降伏」と聞けば、逆に激昂して「最後まで戦わせてくれ」と叫ぶなど、私の日記も八・一五以降にかえって冷静さを失している。しかし、この時点で、「精鋭な軍隊」など残っているはずがなかったことは、私自身が三重航空隊に帰ってきて、補充兵の竹槍訓練を見て知っていた。この点、十八史会の友人たちは、いっそう生々しい体験を記録している。

一九四五年（昭和二十年）四月、熊本の西部第十六部隊に陸軍二等兵として入営した平野敏也は、内務班で十日ほどしごかれたあと、護南兵団の一員として薩南半島に移動を命ぜられた。それは敵の九州上陸作戦に備える第一線の玉砕兵団だったが、どんな訓練がそこでなされたかというと、「鉄砲はない。ゴボウ剣だけ吊りさげた。タコツボを掘る。木に登る。穴から、木から、模型の爆雷を投げる。夜道を歩き、屯営に忍びこむ。そんな訓練が毎日つづいた」という。

いったい日本陸軍は、ニューギニアやサイパンや沖縄での惨澹たる敗戦からなんの戦訓も学ばなかったのであろうか。空と海からの巨砲による圧倒的な集中砲火と、火焔放射器、ロケット弾、戦車による〝しらみつぶし〟の索敵戦法を行う米軍にたいして、このような子供だましの戦術が時間稼ぎの役にも立たないことは、実戦経験をもたない参謀でもわかりそうなものであった。

米軍の一九四五年六月時の進攻計画では、この年の十一月に九州上陸作戦を開始し、四六年春には関東平野への上陸作戦を予定し、これに五〇〇万の軍隊をあてることにしていたという（ジョン・トーランド『大日本帝国の興亡』4、5）。

平野敏也は危いところを命拾いしたものであった。その装備で九州に上陸されたら、護南兵団はおそらく十日間ももちこたえられなかったであろう。

いっぽう、八月一日に東北山形の陸軍部隊に入隊した榎本宗次は、当時の戦士のいでたちをつぎのように述べている。

「銃は一小隊に騎兵銃が二、三梃あるだけで、あとは全部竹槍、背嚢は昔の武者修業者が肩から斜めにかけていたような筒状の布、水筒は節と節との間を利用した竹筒、飯盒は、柳行李を小さくしたもの、まともに渡ったのは銃剣ぐらいのものであった。山形大学に勤めるようになったある日、当時のことを話したところ、O教授は、『そりゃ、まるで義民蜂起の恰好だ』と評したが、そのとおりであった。『地方で大工をやっておった者』は時々呼集されていたが、それは木で機関銃の模型を作るためであった。一番ふるっているのは『戦車』であった。我々の毎日の訓練の主たる目的は『敵戦車を壊滅』させることにあった。めいめいが蛸つぼを地面に掘り、それに潜み戦車がやってきたら、爆弾をいだいて戦車に体あたりする方法である。銃一つ満足なものがないのだから、戦車などあろうはずがない。それは付近の農家から徴発された荷車が代用された。上等兵らが草叢の向うからその荷車にむしろ旗なぞをつけ、異様な声をサイレンのように発しながら、やってくるのが、『敵戦車』なのであった。我々はその時バッタのごとく『蛸つぼ』より飛出し爆弾と称するものをいだいて飛びこむわけである。すべてが悲しいほど滑稽であった。」(『学徒出陣の記録』)

全部が全部こうであったとは、もちろんいわない。だが、〝本土決戦による必勝の信念〟を呼号していた大日本帝国陸軍の指導者たちが、いかに無責任な連中であったかは、右の事実からも理解されよう。こうした兵隊を何百万人集めようと、近代戦においては烏合の衆にすぎず、人柱の役にも立たなかったであろう。陸軍の参謀たちは一億国民を道連れに、自分たちの死に華を咲かせることを望んでいたのか。

さまざまな八月十五日体験

太平洋戦争こそ日本人が経験した史上最大の国民体験であった。男子四人に一人が出征(敗戦時の兵力七二〇万、戦死傷二八〇万人)、二世帯に一人以上が兵士を送りだした。これはドイツ並の高率である。そして三〇〇万人の日本人が死んだ。五世帯に一人が死に、少なくとも二〇〇〇万人をこえる人びとが悲嘆の涙にくれた。一五〇〇万人が罹災して家を失い、五〇〇万人もの人が失業した。三五〇万人の学徒が動員され、三〇〇万人の女子が工場に働きに出た。まさに民族の大移動であり、大苦難であり、そして大劇変であった。

このような国民的な大戦争の幕切れが八月十五日だったのである。

「八・一五」という言葉で象徴される日本の敗戦を、私たちは本土の陸海軍部隊にいた学徒出身の若者として以上のように受けとめてきた。しかし、この受けとめ方は特殊なものであり、敗戦当時、十五、六歳前後であった人びととはかなりな違いがあったと思う。また、学童疎開で家を離れていた十歳前後の国民学校生徒たちともちがっていたであろう。ただ、当時においては一般的に年少であればあるほど皇国教育が徹底していたし、戦争理念にたいする純粋な気持をもちつづけていたと思われる。

とくに学徒動員にであい、軍需工場や軍機関で自分のすべてを投げうって働いた人びとは、祖国のために自分に打ち克って働きぬいたという純粋な満足感をすら抱いているであろう。戦争への客観的な評価はどうあろうと、一人の人間が公事のために私心を捨てて献身しつくしたということは、その人にとってはきわめて強い自律性に発した行動だったからである。私はそうした日本人はかなりの数いたと思う。そしてこの純粋さをつきつめ、この純粋さを誇りとして居直り、これをかえって支配者に要求することを通じて、かれらの責任への批判の契機をつかみ、これを軸にして自己を転回させた人も少なくない。

敗戦時をふりかえって、「わが青春に悔なし」といえた人には、抵抗をつづけた人たちのほかに、たしかにこういう人も交っていた。そうした型の一人であろう。女子挺身隊員として九州の航空補給廠につとめ、特攻機へのガソリン配給の手配に奔走した若き遠藤トシ子は、「八・一五」を「まさに青天のヘキレキ」と受けとめ、「命をかけて尽くしてきた長い長い挺身隊の任務が、いま終るのだと思うと、一度に溢れでる涙をどうすることもできませんでした」と記している。

　うら若き乙女のいのち　みいくさに
　　捧げていまも　悔ゆることなく

　この歌心は「みいくさ」の意義をたたえるというのではなく、命をかけて自分の仕事をやり抜いた人間のもつ献身の感動であったと思う（『毎日グラフ』別冊『一億人の昭和50年史』一九七五年一月）。

　これは沖縄戦の最後までつづけられた「ひめゆり部隊」や「鉄血勤皇隊」などの純烈な行為とも共通しあい、また幾多の激戦場で発揮された日本軍将兵や住民の自己犠牲的な英雄譚とも共通している。日本人が太平洋戦争を語るとき、しばしば戦争否定の言葉のかげに、今なお秘められた感情として、民族的なものへの献身や勇敢だった戦死者たちへの熱い共感を湛えていることを見逃すことはできない。私はこの心情を内側から理解し、汲みえなかったこれまでの進歩的な史学の叙述は落第であったと思う。（たとえば沖縄戦は沖縄人民の視点からすれば、外国帝国主義軍隊の侵攻にたいする郷土防衛戦争的な性格をも持っていたものと評価しなくてはならない。）

　だが、八・一五はそうした心情的、主体的認識だけで終ってよいものであろうか。個人史においては、どれほど自発的で、主体的に高い精神価値をもつ行為であっても、その行為がもたらした他への影響や意味は、決してその個人の主観的善意に添うとはかぎらない。戦争とか革命とかという激動期においては、この懸隔（ズレ）はなおさらである。あるときは個人の善意が他のグループへの迫害に変っていることさえしばしばある。

　こうした個人的なものと全体的なもの、主観的なものと客観的なもの、内在的なものと超越的なものとの矛盾や齟齬（そご）や二律背反や関連を認識し、自己を相対化してとらえる眼を獲得することこそ歴史を学ぶ意味なのではないか。そこで私は、八・一五をシンボルとする日本敗戦という重大事態にたいして、いったいそのとき、人びとはどのように異なった（自分とは異質な）見方をしていたかを、まず承知しておく必要があると思う。歴史とはこれらのさまざまな評価や情念や視点（可能性を見る――）を組み合わせることであると同時に、さらにそれらを越えてある方向にむかおうとする非情な趨勢を見定めることであるにちがいない。

　一九三三年（昭和八年）、共産主義運動に参加したかどで治安維持法によって投獄され、出獄後は文筆を絶って市井に隠栖（いんせい）していた老経済学者河上肇は、栄養失調で病死する直前、この日の感激を次のようにうたっている。

　あなうれし　とにもかくにも生きのびて
　　戦やめるけふの日にあふ

いざわれも　病の床をはひいでて
　晴れゆく空の光仰がむ（『河上肇日記』）

また府中刑務所や網走刑務所に拘禁されていた日本共産党の指導者たち（徳田球一、志賀義雄、宮本顕治ら）は、敗戦を「解放」としてとらえ、ただちに活動の自由を要求し、出獄後の政治闘争の準備や討議をはじめている。当時府中に拘禁されていた山辺健太郎は次のような趣旨の証言をしている。

八月十五日から様子はがらりと変った。まず、カギをはずさせ、部屋の出入りを自由にさせ、夜など集まって党の再建や国民への訴え（アピール）などを準備した。しかし、政治犯釈放（十月十日の出獄）前に、面会に来たのは朝鮮人や外国人ジャーナリストたちだった。すぐには日本人は怖がってこない。朝鮮人が最初に政治犯釈放の運動をやってくれた。それから、カナダの歴史家ハーバート・ノーマンやフランスの新聞特派員ギランなどがきてくれた。「人民に訴う」は徳田球一が起草して、すでに府中刑務所の中で活版刷りのものを用意していた、と。（『季刊現代史』第3号、一九七三年十一月。最近私がロベール・ギランに聞いたところによると、府中刑務所訪問を最初に企画したのはギランで、ノーマンはやや遅れて、別の機会に行ったのであろうという。ギランは『ル・モンド』の記者で戦争中、日本に軟禁されていた。）

また一九三五年（昭和十年）『世界文化』を創刊して、人民戦線の思想を紹介した哲学者の久野収は、「敗戦の思想史的意味」を次のように書いている。

「一九三七年、つかまって取調べにあっているとき、いちばん論理的にまいったのは、みんな喜んで大陸戦線に行っているではないか。それなのにケチをつけるのはけしからんという向う側の言い分だった。……それには反駁のしようがなくて、もうこっちの負けだという感じを受けた。このような状態で過していたから、敗戦があのような形ででてきたのは予想の外であった。相模湾かどこかへ敵前上陸をしてきて、天皇を中心とした日本政府が追いつめられなければ敗戦にはならないだろうと思っていた。僕は日本は滅ぶと思っていた。正直にいえは国民にわるいけれども、こんな阿呆な国民はいないと思っていたので、滅んでもしかたがないと思っていた。

……敗戦の状況のなかで、軍隊と労働者はどうであったか。軍隊と労働者がどこかで結合して新しい状況を生み出すのだが（ドイツ革命やロシア革命の時のように）、実際には、兵隊は武器を捨て、配給物をもらって帰ってくる状況をみて、ああだめだと思った。そのため僕は戦後割合に醒めた立場に立った。革命の可能性が信じられなかった。二・一ストの前後、みんな赤く火照っていたけれども、僕は感染しなかった。それは武器をおいて兵隊が帰ってきたことがショックだった。」（前掲『季刊現代史』）

これとほぼ同じ視点は正木ひろしにも見られる。

一九四五年二月、清沢冽から「弁護士で稀に見る闘士だ。昨年、拷問事件に関連して警察ブロック相手に喧嘩した。警察の方では凡ゆる方法をもって圧迫したが、これと敢然戦っている人だ。……日本には憲法もなければ、法治国家でもない。ギャングの国である。警察でどんなことをされても仕方がないそうだ。正木君がそういうのである。正木君は死ぬつもりで闘っているという。さもあろう。正木君は、また東条前首相に対し、堂々と悪口——正当な批判をした恐らくは唯一の人であろう」と讃えられた。その正木ひろしは、敗戦をつぎのように評している。

「日本は降伏した　神の審判は、厳かに下ったのである　敗北してなお生存を続けているのは宏大無辺なる神の恩寵である　神が日本民族絶滅の一歩手前に　一度反省の機会を与えたのである　もしこの恩寵を理解し得なかったならば　ただちに、恐るべき最終の審判！　民族絶滅へと移行するであろう　罪悪の国、日本！　遠き野蛮未開の時代は知らず　中世以後において、日本ほど、愚昧にしてかつ悪徳の国があったろうか。」(「敗戦日本」『近きより』一九四五年九月)

「武装を解除された日本は、将来道義一本で建て直す以外に方法は無いという。誠にしかり。しかる時は、先づ第一に日本を今日の悲境に陥れたる張本人天皇の責任の追求を完全にすることを前提とす。われらは軍閥の命令によって戦争に従事したるものにあらず。天皇の名によってこれを遂行したるのみ。その責任を不問に付して、何の正義、何の道義ぞや。」(『近きより』一九四五年十二月)

これと対極的な位置を占めるのが、敗戦直後にあいついで集団自殺した民間右翼の志士たちの受けとめ方であったろう。日本の支配者が自分の戦争指導の失敗の責任を棚にあげて、あいかわらず権力の座にいすわったまま、敗戦の責任を一億国民全部にかぶせようという態度を示したとき、かれらは鋭く反撥した。

「汝等死ね。何ぞ死なざる。汝らが瀆戦敗戦の全犯罪の責任を負って、恥を知る者は割腹し、生命惜しき者は隠居して、日本の指導的地位を清新なる人材にゆずる時、漸くにして『日本維新』の希望生じ来る。しからば敗戦も降伏も必らずしも亡国を意味しない。汝等死ね。死なずんば退け。何ぞ速に退かざる――」（「尊攘義軍玉砕顛末」）

しかし、戦後、敗戦責任を感じて、あるいは戦犯の追求を怖れて、自決した将官クラスの指導者は、陸軍三〇名（阿南惟幾、杉山元、田中静壱、柴五郎、本庄繁、吉本貞一大将ら）、海軍四名（大西滝治郎中将ら）にすぎなかった。

尊攘義軍の志士たちは八月十五日、木戸幸一内大臣を実弟の邸に襲撃したが失敗。その後愛宕山に七日間たてこもっていたが、全員自決した（一二名）。その翌日、八月二十三日には皇居前の祝田十字路の松林で明朗会の一三人が天皇に罪を詫びて自決。さらに一日おいて八月二十五日未明、渋谷の代々木練兵場のすみ、大欅の下で大東塾の同志十四人が切腹して死んだ。「清く捧ぐる吾等十四柱の皇魂、誓って無窮に皇城を守らむ」。

大東塾の塾長影山正治は中国の戦線にあった。正治の父、影山庄平（六十歳）が塾を代表して一人腹を切ってお詫びすると主張したのだが、塾生がこれを許さず、結局全員がみずからの至らざることを神と天子にお詫びしつつ、祈りをこめて死に、祖国再建の人柱に立とうと誓い決行したという。私はそれから二十年後、この事件を『草むす屍』（石崎一正作）に劇化し上演した劇団「新演」の諸君とともに大東塾を訪れ、影山正治らの主張を聞いたが、その魂魄や操志が終始一貫しているのには感銘したものである。

他方、学童疎開で富山県の福光（ふくみつ）にいた国民学校三年生中根美宝子が、絵日記に綴ったつぎの一文も当時の少国民の視点を示すひとつの典型であろう。

「八月十六日

今日は朝食の時宮地先生が（から）悲しい悲しい所の情報をお聞きした。たうとう日本はソレンアメリカイギリスぢゅうけいにたいして無条件降服をしなければならなくなったのである。それは原子爆弾のためだ。八月十四日陛下は『今まで苦しい事もつらい事もがまんばってきたがあの原子爆弾でやられては日本人はみんな殺されたりしんだりしてしまふ。かはいいしん民を一人も殺されたりするのはかはいさうだ。ちんの事はどんなになってもかまはない』とおせ（ほ）られた。さうして今まで白い手袋をはめていらっしゃったのがお取りになって声をたててお泣きになったさうだ。私たちも声を立てて泣いた。にくき米英今に見ろ。きっとかたきをとってやるぞ。私は今までよりもっと〳〵しっかりしていかなければならないと思った。それから（大東亜戦争終結の大詔を拝して）といふだいで感さう文を書いた。」（中根美宝子『疎開学童の日記』）

八・一五が天皇の御仁慈によるものであったかどうかは、章を改めて徹底的に検討し直さなければならないが、天皇側近の木戸幸一や近衛文麿が終戦工作をおこなった目的は、決して国民の人命保全にあったのではないことだけを附言しておこう。近衛は米英にたいする降伏そのものよりも、敗戦にともなう共産革命の方がはるかに怖しいといい、だから国体を守るために一日も早い降伏が必要だと主張していた。一九四五年二月に天皇に提出した近衛上奏文には、くりかえしそのことが力説されている。戦争をこれ以上つづけたら、国民の生命がほとんど失われてしまうということなど、かれらには関心外の問題だった。

日本の指導者は原子爆弾が投下された後でも、じつは「国体」（かれらの支配システムの根幹である天皇制）が護持されるかどうかの方を最重要視していたのであって、ヒロシマやナガサキ市民のことを考えていたわけではなかった。ところが純情愚昧な国民は、これほどひどい背信と戦禍に痛めつけられていながらも、痛めつけた「張本人」のいる皇居の二重橋前の玉砂利にひれ伏して、自分たちの努力が足りなかった罪を嗚咽しつつ謝罪していたのである。

一九四五年八月六日、ヒロシマで原子爆弾を浴びた私と同年の東大法学部学生鈴木実は、八月二十五日午後九時、つぎの遺言状をしたためた三十分後に大野陸軍病院で息をひきとった。かれは陸軍少尉、まだ満二十一歳になっていなかった。

「父母上様、親不孝者ノ自分デシタガドウカ御許シクダサイ。コレカラ自分ハ親ニ孝養ヲ尽ソウト思ッテイマシタガツイニ斃レマシタ。自分ハ貧シイ中ヨリ第八高等学校、東京帝大ヘ進マセテ頂キ常ニ感謝シテ参リマシタ。自分ハ学生時代カライロイロ父母上様ニ御心配ヲカケマシテコレカラ孝行スル時代ニハイラントスル時斃レルノガ残念デス。（中略）父母上様ハ晨（あした）ニ月ヲ仰ギ夕べニ星ヲ戴（いただ）キコツコツト御働キニナッテ自分ヲ大学ヘマデ進マセテクダサレ本当ニ父母上様ニ苦労バカリカケテ何ノ御恩返シモデキズニ死ンデイク自分ハ残念デ御詫ビノ申シヨウガアリマセン。シカシ父母上様、自分ノ身ハ死シテモ魂ハ必ズ仏前ニテ父母上様ヤ姉上様妹達ヲ常ニ見護（みまも）ッテイマス。魂トナッテ父母上様ニ孝養ヲ尽クシタイト思ッテイマス。ドウカ父母上様、姉上様、妹達ヨ泣カナイデクダサイ。魂トナッテ常ニ皆ト一緒ニ働キ皆ト一緒ニ食事ヲシ皆ト共ニ笑イ皆ト悲シミヲ共ニシマス。コレカラ秋ニハイリ百虫ノ声ヲ聞クニツケ、冬トモナリテ落葉ノ寂シイ林ヲ見ルニツケテモ決シテ泣カナイデクダサイ。ソシテイカナル事態ニ遭遇スルモ身体ニ十分注意シテ断固トシテ事ニ当タリイツマデモイツマデモ達者デオ暮ラシクダサイ。父母上様、去ル六日ノ原子爆弾ハ非常ニ威力ノアルモノデシタ。自分ハソノタメニ顔面、背中、左腕ヲ火傷（やけど）イタシマシタ。シカシ軍医殿ヲ始メ看護婦サン、友人達ノ心ヨリナル手厚イ看護ノ中ニ最期ヲ遂ゲル自分ハコノ上モナイ幸福デアリマス。

昭和二十年八月二十五日二十一時　　鈴木　実

父母上様　」（『きけわだつみのこえ』）

敗戦まぎわにつぎつぎと死んでいった特攻隊員のことを痛哭の想いで考えながら、日本人の死後の世界や「魂のゆくへ」や生と死の往来などを『先祖の話』に書き記していた柳田国男が、もし、この鈴木君の遺言状をよんでいたら、どんなにか共感し、涙をこぼしたことであろう。

岩手県和賀郡和賀町横川目（旧横川目村）の通称北どおり部落（九三戸）は、この戦争で三二名の戦死者を出し、一一人の女が戦争未亡人として残された。その人たちの告白『あの人は帰ってこなかった』はその後の彼女たちの運命を怖れずには読み通すことができない。

「その晩は、一晩中寝ないで泣いたったマス。神様も仏様も有るもんでねェと思ったったナス。……なんべん家を出るべ、と思ったかわからねェナス。トミは今もいうナス。『かっちゃ、泣いて家出て行くのさ、オレも泣きながら暗いところ追っかけて走って行ったっけナ』って。」「ほんとに考えてみると、何して生まれて来たか、わからねェ一生だったたンス」「〝なにしてオレばかり残して死んだ〟って、ホトケに泣いてくどいたこともあったナス」

こういう告白がえんえんとつづくのである。

日本大空襲で罹災した一五〇〇万人以上の国民はどんな気持でこの敗戦を迎えたであろ

うか。それは言葉に尽せぬ想いであったろう。先にも述べた名古屋の大空襲で、軍需工場に二人の息子を学徒動員で出しており、瞬時に二人とも失ってしまった武田徳三郎さん夫婦は、その後必死になって遺体をさがすが、ついに肉のかけら服のはぎれさえ見つからなかった。夜昼なく狂気のように焼あとを走りまわって、なおも探しつづける夫妻。

「『泣いたらあかん。お国のために死んだあれらが浮かばれんだで』徳三郎さんが泣くと志津子さんが励まし、志津子さんが泣くと徳三郎さんがしかった。五日目ごろから体の力が抜け、八十キロあった徳三郎さんの体重は五十キロに減った。……『死のう』と思う毎日だった。二人で八事(やごと)電車に飛込もうとハダシで土手に立った。だが『ワシらが死んだら、あれのとむらいをする者がのうなる。初七日までは、四十九日までは』と語りあっては一日一日ずつ生きのびてきた。――

八月十五日。天皇陛下の玉音放送があった。『一億玉砕』とばかり信じていた。『耐えがたきを耐え、しのびがたきをしのび――』だが、四球のラジオから流れる玉音はザァザァという雑音のなかで無条件降伏を伝えた。みんな『戦争は終った』『日本は負けた』とさまざまな思いでラジオを聞いていたが、武田さんは違った。『そんなバカな！　手をあげてやめられる戦争なら、なぜもっと早く止めてくれなんだ。陛下さま、ワシの息子らはこれで犬死になってしもうたがや――』徳三郎さんは、泣きくずれた。」（毎日新聞社編『名古屋大空襲』）

私はこの部分を天皇に読んでもらいたいと思う。「手をあげてやめられる戦争なら、なぜもっと早く止めてくれなんだ！」この悲痛な叫びは、ポツダム宣言の受諾をめぐって天皇制の存続を条件にぐずぐず日を延ばしていたあいだにも五十万人以上の民衆を殺し、徳三郎さん夫妻のような、もはや永久に救われることのない運命を負った庶民を無数に生みだしてしまったのである。

冷厳な目で見れば、徳三郎さんの叫びは、太平洋戦争がもたされていたもう一つの性格、永久戦争的な性格――日本という「民族運命共同体」が、総力をあげて強大な敵米英の攻略から自らを守り、ついにはアジアを「解放」しようとねがった――その国民の深い信念の実在を示している。だからこそこの戦争は「途中で止められる戦争」ではなかった。島の岸頭においつめられたサイパンや硫黄島の兵士たちも、半死半生の沖縄のひめゆり部隊も、勤労動員された女子挺身隊員も、それを信じて、途中で止められない戦争を信じて、歯を喰いしばっても戦ったのである。その日本国民の必死の善意をかれらはもてあそんだ。この一点だけでも日本の指導者らの罪は万死に値するのである。

それを思えば、生残った沖縄の住民と広島、長崎の四〇万市民の心の奥深い傷にだれが手を触れることができよう。

目の前で米兵の掃射にわが子を殺されながら、自分ひとり生きのびてしまった母親が、どうしてその情景をくわしく他人に語ることができよう。沖縄戦では、四五万の住民の三分の一にあたる一五万の一般市民が、三人に一人が艦砲射撃と空爆の〃鉄の暴風〃の中で斃されたのである。島を北から南へ逃げあるくうち、家族全員を失い、ひとりぼっちになってしまった人たち。「原爆体験——それは私の一番思いだしたくないことです」と、固く口をつぐんできた人たち、その庶民の心は同じである。

市民の描いた原爆画展（著者撮影）

ところが、近年その人びとがせきを切ったように語りはじめた。三十年の沈黙を破って、まず沖縄の民衆が口をひらき、ついで広島の生き残りの被災者が一期一会の絵筆をとって、その日のことを表現しはじめた。一九七四年（昭和四十九年）八月六日、私は広島の平和記念館に展示された八〇〇余点の〃市民の原爆画展〃を見て歩いて、涙があふれて止めようがなかった。

そのある絵は爆風で五センチも目玉が飛びだした人たちを大写しに描き、ある絵は嬰児を抱き怒髪天をついたまま空をにらみ、仁王立ちになって焼死した母親を赤一色でぬりあげていた。小さな用水おけに数十体の遺体がさかさまに突き刺さったように立っている絵。手のつめの先まではがれたナマ皮をぶらさげて幽霊のように行列してくる人びと。

凄惨なる事実伝えむに術もなし

地獄の絵図にも無しと僧云う　（杉田高二詠）

いかなる記録フィルムも原爆小説も芸術画も、これらの民衆の叫喚にも似た圧倒的な表現力のまえには精彩を失うであろう。そして、それらすべての画面に共通していることは、余白部分を訴えと説明文で埋めつくしていることであり、最後を「合掌」の二字で結んでいることであった。広島・長崎の人びとが最もいいたくなかったはずの記憶を、なぜ、この時になって表出する気になったのであろうか。

私は、日本政府や日本国民の核感覚風化と、米・英・中・仏・ソ・印などの核実験、エジプト、イスラエル、トルコ、韓国などへの歯止めを失った核拡散の事態に、もうこれ以上黙っていることはできないという、あの人びとの痛覚につらぬかれた思想のためではないかと思う。

それはともあれ、この人びとにとっては、一九四五年八月六日とは、「二度とくりかえしたくない」呪いの日であり、「決して思いだしたくない、永久に忘却のかなたに捨て去りたい」地獄の日々であることに変りはない。

以上は日本人のさまざまな敗戦反応であるが、それとは別に、「八・一五」を解放と受けとめ、感激し、狂喜した他国民のグループがあった。それは朝鮮人民であり中国人民であり、また東南アジア各地で抗日レジスタンスを戦ってきた人民であった。「八・一五」はこの人びとにとっては日本帝国主義からの解放記念日であり、また民族独立への希望をつかんだ喜びの日でもあった。

私は一九六七年、レニングラードにあって八月十五日を迎えたことがある。その日、ソ連は国家的な祝日で、市民たちは三々五々市の郊外にある「勝利公園」に集まって、しっかりと戦勝と平和の味をかみしめているように思われた。インドのデリーでも、レッドフォート（赤い砦）という古城前の広場で数万の群衆が歓呼していた。八・一五はインドの独立記念日だったのである。そして、この喜びの波はジャカルタにもシンガポールにもハノイにもマニラにも台北にもソウルにも拡がっていた。八・一五はアジアにとって自由と解放の一大祝祭日だったのである。

当時の朝鮮の状況を一通信はつぎのように伝えている。

「うしなわれた母国語を自由にかたりうるこのよろこび。うばわれた苗字をとりもどすことのできたこの感激。朝鮮のひとびとを侮辱し、蔑視し、思うぞんぶんさく取し、朝鮮の文化を破壊した日本の支配者などをおいだすことのできるこの痛快さよ！　牢屋のとびらは民衆の手によってひらかれた。役所や官庁や兵営や学校は、人民に襲撃され、あるいは接収、あるいは管理された。うしなわれた祖国の旗、太極旗が朝鮮の津々浦々を熱情的にいろどった。朝鮮の山や川までも生気にみちてきたのだ。朝鮮の人民はいまやいきるよろこびに胸をたかならしている。……」(『前衛』一九四五年創刊号)

「マンセー(万歳)」「朝鮮独立万歳」の声は街々に家々にあふれ、長いあいだ禁じられていた朝鮮語の愛国歌が、どこの集まりでも唱われた。

この熱狂が日本人への無差別な報復行為として暴発しないように、八月十五日に発足した朝鮮建国準備委員会はくりかえし民衆に自重と忍耐を訴えた。その結果、怖れられていたような日本人大虐殺(関東大震災のときの朝鮮人大虐殺の仕返しのような事件)は起らず、混乱の中にも平穏に帰国作業が進められた。それにもかかわらず「かれら(日本人)は植民地朝鮮からの引揚げの苦労だけを大げさに考え、失った特権を惜しみ、残念がっただけで、朝鮮人民に対する謝罪の気持も、惨めな自分たちの姿への悟りも、かけらさえ持たなかったように見えた」(高峻石『朝鮮一九四五—一九五〇』)という。

それだけではない。戦時中、中国や朝鮮からまるでアフリカの奴隷狩りのようなやり方で強制連行し、日本各地の土木工事現場や鉱山労働に使役した一〇〇万人からの人びとを、日本人は冷酷にとり扱った。その種の朝鮮人労働者だけで六六万人を越えると報告されている。

しかもその人びとは日本内地ばかりか、遠く南太平洋の島々にまで運ばれ、その孤島の防禦陣地づくりに酷使されたため、マキン・タラワ両島をはじめ、サイパン島、硫黄島などがつぎつぎと「玉砕」するにつれ、多数の朝鮮人もまた、その犠牲になった。かれらは米軍の占領と同時に、山中の洞窟や穴の中から解放されたが、玉砕したはずの島から数十人、数百人と出た捕虜の中に多くの朝鮮人労務者がふくまれていたことは、この戦争を内から弾劾する資格が、かれらにあることを示している。

中国人強制連行の実態については、まだ、ほんの一部分が明らかにされているにすぎない。一九四二年（昭和十七年）、東条内閣の決定をうけて、最初に陸軍部隊によって拉致され、日本本土に強制連行された中国人民は四万一七六二人であったというが、戦後、中国に送還された人員は三万七三七人というから約一万一〇〇〇名が途中で死亡したり、行方不明になったりした（日本残留者は九九人のみ）計算になる。ところが、日本の一三五の事業所に配当されたこれらの人びとは、苛酷な重労働と飢えと撲る蹴るの侮辱や弾圧によって、判明しただけでも六八六二人が殺されている。その最大の事件が花岡暴動で、九八二人の中国人中、じつに四一八人がここで虐殺されたのである（石飛仁『中国人強制連行の記録』）。

これらの報告を読むと、中国の日本占領地区で殺傷された一般民衆一三五万人（一九三七年～一九四三年）の家族の運命とあわせて、日本人の犯罪のおびただしさに慄然たらざるをえない。

大日本帝国にとってはこれらの人びとは使い棄ての「棄民」同然であったろう。日本のため遠く樺太に連行されて労役中、とつぜんソ連軍に抑留されて極寒のサハリンに釘づけにされたまま敗戦の日を迎え、さらに三十年、望郷の念止みがたく、今なお〝帰還〟を訴えつづけている数万の（当初四万人といわれた）朝鮮人の運命も同様であろう。また、満州の曠野に死骸のまま打ち棄てられてきた満蒙開拓農民などの一般邦人一七、八万人（うち婦女子約一二、三万人）、関東軍戦死者四万六〇〇〇人（昭和三十八年現在、厚生省調）の怨霊はどこをさまよっているのか。それはさらにいっそう大規模な形で、中国大陸に、ビルマの渓谷に、比島の山中に、ニューギニアの奥地に、南海の孤島に、遺棄されてきた数十万人の白骨とともに今なお祖国を呪いつづけているであろう。

「八・一五」とはまことに無慚（むざん）なさまざまな体験と自責と怨念と愛憎とのブラック・クロス（暗黒の十字路）である。そして今なおそうでありつづけている。

こうしたこの時点での人間の諸経験を集約してはじめて、私たちは、自分がこの全体史の中でどんな生き方をしたグループに属する人間であったかを〝歴史的〟に知りうる。

昭和史はまことに重い。とくに一九四五年という年の重さは、軽佻な批評家どもがなんといおうと、三十年後の今日においてなお、越えることのできない圧倒的な重量感でわれわれに迫っている。

ある常民の足跡

昭和五十年をつくった人びと

昭和史には、大別して三つの世代にそれぞれ違う歴史があると考えられている。一九二〇年代生れの、いわゆる戦中派世代は、その三つの中の一つにすぎない。したがって、以上の歴史叙述も、この中間世代の経験をベースにしている以上、世代的な制約やある種の評価の偏りはまぬがれえない。そこで、ここは太平洋戦争の終末点「八・一五」でひとまずペンをおいて、こんどは私たちより一時代前の人びとが、どんな同時代史を歩んだかをふりかえりたい。

かれらは昭和の初年に、すでに二十歳代に達していた、一九〇〇年前後に生れた人びとである（一八九七年、明治三十年から一九〇七年、明治四十年までに生れた者が昭和初年に二十代を構成する）。かれらは名実ともに昭和時代の担い手となり、また指導者となった。そして、日本の社会の多くの分野で、最近までその人びとは指導的存在であった。

今ここに『昭和五〇年をつくった七〇〇人』（「文藝春秋デラックス増刊」一九七五年春）という本があり、各界の花形を網羅しているが、その一人ひとりの経歴を検討してゆくと、圧倒的に一八八〇～九〇年代生れの人が多い（この世代は「明治人」に属し、ほとんどが物故者である）。つぎに多いのが、右の昭和初年に二十代だった世代（今の七十歳代の人びと）

で、物故者四〇人を加えて全体で一四〇余人をかぞえる。参考までに、今なお国民の記憶に残っているこの世代の旗手（チャンピオン）ともいうべき人たちを紹介しておこう。

政界では、三木武夫、福田赳夫、佐藤栄作、池田勇人、河野一郎、藤山愛一郎、浅沼稲次郎、それに接する線に岸信介（一八九六〜）と宮本顕治（一九〇八〜）がいる。かれらの半数以上が今なお「現役」であることが、これによってわかるであろう。

財界では、木川田一隆、永野重雄、本田宗一郎、小林中、吉田秀雄らで、まだ「明治人」が相当な力をもっているのが実情である（経団連の石坂泰三は一八八六年、土光敏夫は九六年生れ）。

学界では、今なお意気さかんというべく、美濃部亮吉、向坂逸郎、中野好夫、清水幾太郎、中山伊知郎、西堀栄三郎、湯川秀樹、羽仁五郎、桑原武夫、今西錦司、朝永振一郎、武見太郎など多士済々である。故人となった野呂栄太郎、石田英一郎などが同世代なのにずいぶん離れた存在のように感じられる。

芸能界には物故者が多いが、それでも忘れられないのは大河内伝次郎、阪東妻三郎、辰巳柳太郎、島田正吾、中村翫右衛門、広沢虎造、柳家金語楼、古川緑波、水谷八重子、田中絹代、山本安英、東海林太郎、淡谷のり子などで、今なお活躍中の人も少なくない。

文士では、先に逝った芥川龍之介、小林多喜二、堀辰雄、横光利一、宮本百合子、火野葦平、林芙美子、高見順、尾崎士郎、大宅壮一、亀井勝一郎、大仏次郎、伊藤整などのほかは、石川達三、石坂洋次郎、井上靖、井伏鱒二、中野重治、丹羽文雄、舟橋聖一、円地文子、小林秀雄、臼井吉見、今日出海など、この世代の文学者として筆力の衰えをみせていない。

この他に、昭和史に光彩を添えた正木ひろし、加藤唐九郎、溝口健二、五所平之助、古賀政男、棟方志功などもこの世代の人であり、いかにかれらが各方面に大きな影響をあたえたかがわかる。

昭和五十年史はこういう人びとを素材にしても十分に書くことができる。なぜならばこの人びとは、めいめいが単独の伝記を書かれてもよいほどに興味深い人生内容をもった人物だからである。また半面、大衆のアイドルでもあったからである。そして、これらのエリートたちを十分に配置した現代史が、これから何人もの人によって書かれるであろう。そのこと自体は結構であり、私も一読者として歓迎し、期待したい。

だが、私はここでは、そうした人びとではない、違った人びとを主役として歴史を書きたい。各界の旗手ともなるような人は、ほとんどが自己顕示欲の強烈な、中央指向型の人であろうが、私は、そうではない黙々と社会の底辺に生きた常民的な人びとを通して、一時代の歴史を書くことはできないかと考える。これから述べる一人の人間の物語も、そうした意味での私のささやかな民衆史の試みである。一九〇〇年代に生れた一庶民が、この激動の半世紀をいかに精いっぱい生きぬいてきたか、その足跡をかれの内部生命と状況と

によって、一地域の民衆の昭和史を描き出してみたい。そうすること
によって、誰もが自分や自分の周囲に生き生きとした血の通った歴史を再発見できるよう
にしてみたい。それが私の願いである。

ほろびゆく常民

高度経済成長がはじまったこの二十年ほどのあいだに、外観的には日本が一変してしま
ったことは内外の識者のひとしく認めるところである。国土の外観ばかりではない、社会
の基部も底なだれのように崩れたと私は思う。それは明治百年の変化を十年間に圧縮した
ような激しさであった。それは〝革命〟なき革命であった。たしかにこの十数年の間に、
数百年の歴史をもつ村の多くが亡(ほろ)び、常民が亡び、古い生活様式や共同体が亡んだからで
ある。

想いかえせば三十年前、敗戦の後、解体した天皇の軍隊から故郷にもどってきた私たち
は、つくづくとあたりを眺めまわし、「国敗れてもなお山河あり」と呟いたものだ。それ
が今は、国は栄ゆれど山河も村も破れてないのだ。そのためであろうか。この五、六年来、
柳田国男ブームがつづき、私たちの分野でも民衆史や民衆思想史研究の気運が高まってい
る。

柳田学の対象は常民である。その常民が死に絶えつつあるというので、あるいは人びとは懐しんでいるのであろうか。もしそうだとするなら、それは感傷であろう。私は曳かれ者の小唄は聞きたくない。亡びゆくものはしかたがないのだ。むしろ、それに代る新しい共同体や新しい常民が、どのようにして創られつつあるか、その方向に関心をふりむけたい。

常民とはなにか。庶民でも平民でも人民でもない、柳田国男らによる造語だが、かれらはそこに次のような内容を託そうとしていた。常民とは山人などとは違う里人であり、通常は農耕や漁労に従事し、里に定住して漂泊などはしないもの。そして祖先から子孫にわたる「家」の永続をわがい、その生命の連鎖と自然との共生と愛慕の交換とを喜びとして生きてきた。目に一丁字なくとも事理を明らかに解し、判断力に富むが、文字をあやつって表現する能力はない。だが、民族の内部生活の歴史を胸に保管し、固有信仰を保持し、それらを人生行事や生活の知恵とともに説話伝承として次代の人びとに伝える文化的役割を果してきた。常民とはそうした民衆の性質をさすのであり、また、そうした生活のしかたを通じて歴史を基底から動かしてきた。

常民を実態的なものとみるとき、かれらの場は地域共同体である。そこでは、かれらはつねに「官」にたいする「民」であり、政治にたいしては一定の距離を保つ。いわば食足り心満ちれば、鼓腹撃壌（こふくげきじょう）して「帝力われにおいて何かあらんや」と唄う自治境の民である。

そうした原理的な意味も、この「常民」の概念にはこめられてよいと私は思う。

日本の中世末期、十五、六世紀には村落共同体が成立し、その後幾度かの時代による変容をへながらも、二十世紀の前半まで理念的には、こうした常民は存在していた。しかし、現実にはこれは〝幻視の楽園〟で、明治以降、資本制と地主制の支配下で村落共同体と住民は差別と抑圧のうちにゆがみ、常民の精神も崩れつつあった。そして、さらに最近の二十年、大資本の直接の制圧下に、根底から全面的な解体と変容を余儀なくされている。

これから述べるのは、この常民を愛し、常民とたたかって、惨澹たる失敗と挫折をかさねた人の精神史である。かれは自分の生れた土地の不毛性を呪いながら、終始そこに踏みとどまり、日本の民衆の愚かさと格闘して生きた現代の常民である。

かれはひとりの農家の子。農学校以外にとくべつな学歴もなく、村びとの慣習的な世界に育ったが、その常民の半面の狭隘な性格に絶望し、それに打ち克つべく自己自身とその地域を改造しようと、あらゆる実験を試みた。十六歳、自我にめざめてから五十年、一日も厭世の想いからまぬがれることがなかったという。かれは、じっさいに三度も自殺をはかっている。

かれは自分の内部に常民である部分と常民でない部分との裂け目を自覚し、その悩みを柳田国男のように〝学問の平安〟の中に静視することができず、かえって、一日早く目ざめたものの責務とそれを果しえない罪障感にまみれて苦闘したのである。この人を狂気とののしり、愚者と嘲った地域の民衆は、この人がかれらに代ってその疾患を苦しんでいたことに気づかなかった。私はかれが終始口にしていた「実験的生涯」のその度重なる失敗の跡から、古き常民像をこえた日本の新しい展望がどのようにひらかれるかを見たいと思っている。

「村の母」の世界

一九〇二年（明治三十五年）三月十三日、桑畑と麦畑が街道に沿ってつづく細長い台地の村にその人は生れた。そこは都心から五〇キロほど離れた東京府下南多摩郡川口村楢原（ならはら）という古村であった。橋本家はその村の旧家で、農業のほか養蚕、撚屋（よりや）、土木請負業なども兼業していた。父の喜市は三多摩壮士の流れを汲む〝川口壮士〟に推されて、かれの少年時代に郡会議員になって地方議会に出たりしているが、母は家にあってすぐれた民衆教育をかれに施した。母の春子がどんなに〝よくできた人〟であったかは、これから記す多くの逸話に示されている。

彼女は満十九歳で嫁入り、まず姑と夫を助けて家業を復興しようと大車輪の活躍をする。夫の恋愛をかばい、他人の夫婦げんかを裁き、貧しい人びとを助け、暴漢を追い払い、夫に代って人力車で道路工事を指揮したりするという朗らかな婦人だった。だが、自分の功は誇らず、誰にたいしても「有難うございます」というのが口癖で、縁談を結ぶこと七十組。村びとから「橋本のおかみさん」「女弁護士」「女世間師」と親しまれていたという。この母を橋本義夫は「良妻賢母」に失格した「良妻損母」とも「村母」ともいっている。要するに彼女はわが子のためだけの母ではなかった。「村の母」だったというのである。

「母は陽気で大の人好きだから、囲炉裏(いろり)はもとより土間(どま)のあがりはな、玄関、縁側、座敷、茶の間、奥、いたるところ客で溢れていたものです。ここは作代、日傭取(ひようとり)、土方、手伝など、すべて働く人々のくつろぐ場所でした。……怪談、昔ばなし、噂ばなし、自慢ばなし、いろいろな人々が特有の言葉で、ことに方言丸出しで、囲炉裏会議をやっていました。」（橋本義夫『伽羅の木のある家』一九五九年十一月）

かれはこういう雰囲気の中で「常民」の人の良さを骨身にしみて知りながら育った。また、その家は、かれにとっては地方を流れあるく底辺の民の気質や精神を知る恰好の学校でもあった。

たとえば、かれが子供のころ、近所の古寺にめくらの瞽女(ごぜ)が子供をつれて住みついた。すると母はその親子のために毎日衣食を運んでやったり、その子を家につれてきて自分でお風呂に入れたりした。また、一九〇八年（明治四十一年）の秋、隣村の被差別部落民の青年たちが子供の悪口に激昂し、竹槍をもって橋本家に押しよせたとき、春子は顔色ひとつ変えず群衆の中にわって入り、青年たちを説得しておとなしく帰している。七歳の義夫少年はガタガタ慄えながらこうした情景を見、母の態度に感動し、その母から実物教育を受けた。その自覚は重要である。「母はどんな人でも差別したり、さげすむことを嫌う人であった」と……。

南多摩郡の川口村や元八王子村というのは、明治十年代に自由民権運動のもっとも盛んな地方であった。また、カトリック信仰と結んだ部落解放運動がいち早く生起した地域でもあった。しかも、それらが自由民権運動に合流したため、他の地方とちがって差別への反抗が民権思想に裏打ちされ、水平社の運動をまたずに早くからもりあがっていた。橋本少年が心にきざんだ原体験は、こうした明治の革命の歴史的伝統をひくものであり、じっさいにかれが「閉鎖的でお人良し的常民像」を内側から越えるときの本質的な契機となった。

かれはこう述懐している。私が囲炉裏端(いろりばた)で聞いた物語は快いものばかりではなかった。村の困民党の指導者が困窮した村民のために一身を犠牲にし、そのため子孫も不幸になったのに、村びとはそれを茶化して世間の笑い話にしていた。少年ながら私は湧きあがる怒りを押えることができなかった。成人したら必ずこの人びとのために報いたい、と。

かれの家はまた、もう一つの放浪者型の民衆像〝世間師〟の社交場でもあった。「西行(さいぎょう)」という名の渡世人、やくざ、請負師、バクチ打ち、土方、引退した巡査、旅役者、行商人、流れ職人、泥棒、乞食、壮士、瞽女など、来訪者はひきもきらなかった。そうした底辺民衆を飽きることなく迎え送りして世話した母の社交性に、かれは文句をいいつつも、瞠目し敬服していたというのである。

地主制下の部落共同体のもっていた閉鎖性（うち者・よそ者意識）、財産や身分による上下の差別意識、一身一家の利害だけを考えて嫉妬し競争しあう陰湿な社会心理、そうしたものを内側から笑い飛ばしてみせるもう一つの健康な常民性が、この「村の母」を通じて橋本義夫のなかに引き継がれていた。そのことにかれがはっきりと気づくのは、一九三九年（昭和十四年）、母春子が六十七歳でこの世を去ったとき、いや、それから十五年後に、かれが小冊子『村の母』を深い感謝をこめて著したときであろう。

「私はあの方から着物の半襟を破って貰った。はいている足袋をぬいで貰った。」（おいつさん談）

「締めている帯をといて人にやった。」（井出トシ談）

「憎まれる者を進んで見舞った。工夫が暴行したとき責任をもってくれた。」（清水巡査談）

「自分の着物を質屋にあずけて他人を助けた。」（小池某談）

「嵐になるとその最中に村の弱い家を見廻る。」（兵助さん談）

「細谷という人の未亡人は借金があり、毎月十円ずつ返済していたが、母の写真の前にぬかずいて、『どうも有難うございました。何とも申しわけありません』『私のような人

間でも分けへだてなく親切にして下さいまして』と声をあげて泣きおがんでいた。」（『村の母』採集メモより）

ふつう家庭婦人の間で「よく出来た人」という言葉が使われるが、それは橋本春子のような人間を指すのであろう。そういわれている人の特徴を、かれは次のように分析的にまとめている。

一、何時でも他人に親切である（優しかりしが強かりき）。
二、人好きで、明るい。
三、賢明であっても、それを表面に出したがらない（言葉尠からざりしが黙すべきを知れり）。
四、忍耐づよく、物ごとを善意に解釈する（働きたれど常に感謝しぬ）。
五、信頼されると快く引き受け、恩を売らない（世の多くの人々を愛して生を終る）。
六、良人とか他人に自分の功を帰す（難き事は進みて為せしが誇らざりき）。
七、概観できるが、要点によく気づき、細かい心遣いがある（美を好みたれど溺れず）。

これらの箴言は、そのままかれの「御母讃」の碑銘にもなった（かれは自分の母を普遍化しようと努めた）。その除幕式にかれは大声を放って泣いたという……。

早くからのかれの深い理解者で地元の考古学者の椚国男に、「焔の人」という詩がある。橋本義夫の半生を描いた長いものだが、いまその青年期からの部分をここに引用させていただく。
——こどもは冬の夜
炉端で困民党事件で獄死したおぢいさん達の　話を聞き憤りにふるえた

こどもはいつしか青年となった
そして焔は大正デモクラシーの波を浴びてかがやきを増し
眉毛の濃い青年はするどい眸を　キラキラと未来に向けた
青年は楢原村に図書館を建てる計画をたてた
仲間をつくり読書をすすめ　この地方の教育文化運動にも飛込んでいった

昭和四年　青年は八王子の街にでて書店を開き
ペスタロッチの　〝揺籃(ゆりかご)を動かすものは世界を動かす〟　の言葉から「揺籃社(ようらんしゃ)」と名づけた
そして岩波茂雄に傾倒して　ここを三多摩地方の文化センターとした
青年の心には　まずトルストイや内村鑑三によって　つよい愛の心がきざまれた
つづいてダーウィンによって　自然科学の世界にみちびかれ　発生史的な見方を身に

つけた
そしてさらにヒューマニズムから　社会主義に接近し
郷土を舞台に　さまざまな実践活動にうちこんだ
部落問題・婦人問題　教育科学運動・平和運動と　焰はひろがって郷土の自然まで研究した

青年橋本義夫は　深まりゆく戦争の中で壮年期を迎えた
天皇制・軍国主義が荒れ狂い　さまざまな進歩的運動が挫折してゆく中でも　焰を消さず
昭和十六年　この土地に人材が出ないことを憂えて　多摩郷土研究会をつくった

十八年には日米の戦力を分析して　敗戦の結論をだし
早期終戦を願って　東条首相直訴計画を立てたりした
またきびしい抵抗の言葉を書いては　店内の書棚に貼りだした

そして翌十九年十二月七日　揺籃社は特高警察に踏みこまれ
多摩の勇者橋本義夫は　治安維持法違反で　早稲田署につながれた

昭和二十年　敗戦の予告はみごとに的中した
たび重なるB29の空襲に　東京はみるみる焼野原と化して　火は獄窓にまで迫った
――そのとき橋本義夫は　うろたえ騒ぐ囚人たちの中で　ひとり平然と笑っていたという

八月二日未明　ついに八王子も襲われ　街はあとかたもなく焼きつくされた
そして十三日後　〝焔の人〟はつらぬき通して　新しい時代を迎えたのである。
（椚国男「焔の人」一九六八年）

この敗戦までのかれの昭和史の足跡をもう少しくわしく調べてみよう。

恐慌下の農民自治運動

かれが地方議員の父や社交家の母をもちながら、内向的な人間になっていった第一の原因は、十五、六歳のころからひどいども
りとなり、ほとんど人前では喋れないという痛切な苦しみと絶望が十代、二十代につづいたことにあった。そのため、外にむかうアンビションはほとんど失われ、しだいに文学や宗教書などを好む厭世青年に変っていった。それ

でも時代が大正デモクラシーの全盛期であったため、かれも白樺派人道主義やトルストイや賀川豊彦、有島武郎らから強い影響をうけることができた。(有島は一九二〇年に八王子の公民大学に招かれて北沢新次郎らとともに講演している。）

一九二三年（大正十二年）、関東大震災のおり、国民が朝鮮人や部落民を虐待差別したり、有島武郎が自殺したりするのを見て、かれはいっそう厭世感を強め、自殺を企てている。だが、宗教によって、人間はただの「個」的存在ではないのだということを教えられ、このときは辛くも回心した。翌一九二四年、かれは八王子の有声館で行われた賀川豊彦の講演を聞いて感激する。（三月十六日、八王子の薫心会が主催した講演会には聴衆一二〇〇人をかぞえたという。）

このころから、かれは読書を通じて内村鑑三の影響を強く受け、地方文化運動を起し、村の青年たちのために「教育の家」をはじめた。ちょうど花巻で宮沢賢治が生家を出て羅須地人協会をはじめた（そこで『農民芸術概論綱要』を書いた）のと期を一にしている。

そして、一九二六年（大正十五年）、橋本義夫は下中弥三郎らの農民自治会の運動に参加する。私はたまたま渋谷定輔の『農民哀史』を読んでいて、つぎの記事にぶつかり驚いたものである。

「大正十五年五月三日　私が軍隊に入った日の担当者であった岸清次伍長に紹介されたという、橋本義夫君から手紙が来た。

『〝自治農民〟偉いものが生れた。生るべくして生れた。僕は誰か作るだろうと思っていた。僕は非常にうれしい。砂上楼閣の倒壊するときは来た。都会文明という幽霊を倒すときは来た。ありがとう。僕等は感謝する。ぜひ貴兄にご面会したい。貴兄のお宅を訪問します。僕もある種の貧しい運動をやっている関係上、一市三郡にわたって同志を少し集められるかも知れません。またいずれ……』と」。

渋谷定輔は埼玉県入間郡南畑村の貧農の子で、橋本義夫よりは三歳下の当時二十一歳。半年前の一九二五年十二月に神田の平凡社で行われた農民自治会創立委員会に参加し、直ちに南畑農民自治会を組織、機関誌『農民自治』創刊号を世に送り出したばかりであった。かれは橋本義夫の手紙を読み終って感激し、「返事を書き、強い握手をさしのべた。橋本君の手紙にはつぎのようなリーフレットが同封してあった。」

「青年は先駆者だ！　知識や、良心や、愛で充てる青年諸君に訴う。〈土百姓のくせに〉〈無学のくせに〉〈貧乏人のくせに〉〈女のくせに〉〈ジャップのくせに〉と罵られて怒る人は、他人を侮蔑してはならない。牛馬を殺す人を侮蔑するなら、殺人道具を持っている人はより侮蔑されねばならない。皮の製造にいそしむ人がいやしければ、人糞尿を取扱う百姓はより下等でなければならない。手工業によって生きる人の血統が穢れているなら、刀を二本腰に差した血統はより劣等だ。青年よ！　若き婦人よ！　科学と道徳と愛を基調として因襲と戦へ！」

ここに溢れている激情はなにか。同じ日本人民でありながら被差別部落民を侮蔑するものにたいする満身の怒りであろう。都会人が百姓を侮蔑し、百姓が皮剝ぎ手工業者を侮蔑する、その人民内部の矛盾、その差別根性にたいして、かれは腹にすえかねる怒りを叩きつけている。

ここに私はいわゆる大正青年の人道主義を見るのではない。ここに私は「村の母」から教えられた人間差別を許さない立派な精神を見るのである。すでに形骸化しつつあった常民の狭隘性を内部から打ち破った新しい常民の資質を見るのである。日本の民衆内部に巣喰う因襲と戦え。それはこの手紙とともに同封されてあった橋本義夫のつぎの短言にも鳴りひびいている。

「ヒノエウマが如何に多くの若き婦人を自殺せしめ、或は堕落せしむるかは新聞で君は知っているだろう。何の科学的根拠で九十万の同胞を苦しめるのだ。何の基礎あって彼女らに死刑の宣告を与へるのだ。考へよ！　この馬鹿らしき迷信を打破せよ！　此の馬鹿らしき迷信を！」（丙午迷信打破同盟会、『農民哀史』）

橋本義夫の文体はすでにそのころ、できあがっていた。その鋭角的な弾劾の口吻は、かれが師と仰いだ内村鑑三のそれに酷似している。かれらに共通するものは真の認識者のもつ深い罪障感と、不正を許せぬ抑えに抑えた痛憤と、なによりも炸薬(さくやく)をふくんだそのはげしい文体にあった。しかもそれを二十四歳のこのときから七十三歳の今日まで矯(た)めることがなかったのだから驚く。

それから三日後の五月六日、早くも橋本は農民自治会の委員会に出席している。かれはその会場を上高井戸の江渡狄嶺の家だったといっているが、渋谷定輔は、その近くにあった玉川上水べりの大西伍一宅であったと記録している。

来会者は橋本をいれて十四名。平凡社社長の下中弥三郎や明治の社会主義者石川三四郎、中西伊之助、農業問題研究家の犬田卯、その妻するゑ、それに江渡、大西、渋谷らの顔ぶれであった。橋本義夫は、犬田夫人（後の『橋のない川』の作者住井するゑ）がモダンなすばらしい美人であったということと、渋谷定輔が紺のめくら縞の野良着姿のまま出席していたということを鮮明に記憶している。この日、渋谷は下中からかれの詩集が『野良に叫ぶ』という書名にきまり、すぐ出ると聞かされて喜んでいる。

農民自治会は自治主義に基く都市の労働組合や差別とたたかう全国水平社と連帯し、無産政党とは手を切り、小作貧農の組合を中核として真の農民自治を獲得せんというものであった。そのためには地主的土地所有制の廃止が先決だとされていた。

五月十七日、橋本は神田のキリスト教青年会館での農民自治会委員会に出席。さらに、七月十七日、かれが中心となって南多摩郡忠生村に農民自治会の支部を組織し、中西伊之助と渋谷定輔をよんで発会式を行っている。「会員二十人、あたかも一村を占領したかの気炎でした。橋本義夫君の活躍による発会。日に日に戦線が拡大して行きます」と『農民哀史』は記している。

この年もおしつまった十二月二十五日、大正は昭和と改元、あくる一九二七年は、金融恐慌がはじまった年であった。その春かれは農民自治会の第一次東京声明に名を連ねたが、それ以後のかれの関心は激化してゆく小作争議にではなく、もっぱら地方の青年教育の方向に向けられていった。郷里の楢原村に農村図書館の設立をくわだて、さらにその力を、揺籃社にまで発展させ、とうとう村の青年たちと八王子市内に地方文化センターともいうべき書店を経営するにいたったことは椚国男が詩にうたったとおりである。一九三〇年代、かれは思想弾圧に屈せず、野呂栄太郎や羽仁五郎らを助け、『日本資本主義発達史講座』などを刊行しつづける岩波茂雄に傾倒し、その岩波の図書から独学で知識を吸収しつつ広い世界に出ていったのである。

ようらん社と教科研

一九二九年(昭和四年)、橋本義夫二十七歳、結婚。八王子の歯科医須田松兵衛とめぐりあい生涯の親交を結ぶ。須田は「五臓園(ごぞうえん)」といわれる旧家の当主、理想家肌の人で揺籃社の常連となり、橋本を愛してやまなかった。

一九三一年(昭和六年)、長男行雄死す。この春、元八王子小学校を四十六年ぶりに退職した平井鉄太郎と交わる。橋本はこのすぐれた〝常民の教育者〟に傾倒する。同じころ牧野富太郎がしばしば多摩丘陵を訪れ、カンアオイの新種を発見し、タマノカンアオイと命名している。満州事変勃発。

一九三四年、次男鋼二生れる。三二年の満州国建設につづいて、国内では軍国主義体制が強化され、三三年、国際連盟脱退、滝川教授追放事件なども起る。いっぽう八月、関東地方に初の防空演習が実施され、それを嘲笑した『信濃毎日新聞』主筆の桐生悠々は軍の圧力をうけて社を追われている。

一九三五年（昭和十年）、橋本義夫三十三歳。二度目の自殺の危機がかれを襲う。厭世と絶望の感情が高まり、大島行の船上や夜の日本海の岸壁に立って死を想ったという。「あるべからざることがあり、あるべきことがない。」

こうした現実への深い絶望は、重苦しい逆行時代にたいするはげしい怒りのためでもあろうが、かれの痼疾（こしつ）や人間関係の苦悩にも深く根ざしていたにちがいない。二年前の一九三三年には郷土の歌人大熊長次郎が三十二歳で自殺している。

それはとにかく、この時のかれの危険状態は八ヵ月間ほどつづいた。たまたま、三木清の『歴史哲学』を読んでいて、「理由なしには何物も存在しない」というライプニッツの言葉にぶつかり、電撃のような感動をうける。そして、これを転機に科学に「開眼」し、危機をまぬがれたという。「あるべからざることがある」には理由がある。それは人間の好悪、善悪の価値を越えてある。なにゆえにか。それ以来、かれの科学的な探求心はいっそう高まる。独学で、苦労をかさね、自然科学の方法論や唯物史観の理解に自分を傾ける。

「私の読書は苦しまぎれに、溺れるものが藁をもつかむように夢中でやったものでした。ですから殆んど探求的読書で、余裕のある批判的読書ではありません。何でも原則的に探求したくなり、実験的にやってみないと信用できなかったのです」とのちに述懐している。

こうした揺籃社主人の精神的動揺にもかかわらず、店の方は岩波書店の特別の販売網にも入り隆々と発展し、堅実な学術書をそろえて三多摩に並ぶものがない書店になっていた。ところが、主人の方は商売には熱がなく、およそ商人道をはずれた文化運動や宗教研究に凝る。志ある客とはすぐに同志となる。お世辞が嫌い、ウソが嫌いで、ソロバン嫌い、ベストセラーが嫌い、赤本が嫌いで、そんな本は売りたがらない。事によってはお客ともずいぶん喧嘩をする。

当時の橋本義夫の写真を見ると、丸首シャツに着物の着流しで、頭は丸刈り、眼は烱々と鋭く、下唇を突き出して、意志的にかみしめており、いかにも喧嘩っ早そうな感じがする。本人は魚一尾、虫一匹殺せないほどの臆病少年だったというのに、これはどうしたことかと思わせる。

そのころ、八王子で小学校の教員をしていた田中紀子は、「揺籃社のおじさんは読書家で、博識で、話好きで、誠実で、親切で」私は常連でしたが、と前置きして、つぎのように述べている。

「学校が退けると私は必ず揺籃社へ寄った。そしてここで私は随分立読みをさせてもらった。……橋本さんは何時間立読みをしても決して文句を言わないどころか、椅子まで出してくれた。だから自然に揺籃社に足が向いた。」

「揺籃社はまた一種のサロンでもあった。ここで私は数人の友人を得た。歯医者の須田松兵衛、恩方（おんがた）の詩人の松井翠（すい）次郎、八王子少年院長の太田秀穂等といった人々である。この人達は筋が一本通っていて、それぞれ個性的な生き方をしていた。……ある時、同僚の一人が、『揺籃社の橋本さんと、校医の須田さんと、詩人の松井さんの三人は八王子の三奇人といわれる人達だから交際しないがいい』といった。『なぜ？』と反問すると、『あの人達は一文にもならない事に夢中になる連中で、常識外れだから』と言った。」

（『ふだんぎ』三十号）

しかし、一文にもならないことに夢中になる事態が、その後またひとつ生れた。教科研（教育科学研究会）の運動である。その主役は揺籃社の店主と松井翠次郎であった。

当時の松井は詩人というより恩方村を源流とする八王子公会堂グループの指導者で、南多摩郡連合青年団と郡連合教育会の二つの書記をかねて自由に走りまわれるという地方運動の中枢的位置をしめていた。その松井が一九三七年（昭和十二年）に出版した『農村生活の実態』や三九年に編集した『多摩の教育』は教育界から注目され、この書がキッカケとなって城戸幡太郎ら教科研のグループが恩方村を訪れることになる。

プロレタリア教育運動の挫折後、岩波書店の雑誌『教育』(その編集長留岡清男)などを拠点にして湧き起った新しい教育科学運動は、戦時下での〝良心の灯〟としてたちまち全国に受けいれられていったが、その原理の実験地として適当な地域が求められていた。なぜならこの運動は、学校教育と社会生活の緊密な関連を重視し、教育の問題は地域を中心として計画し、地域の中で解決されなければならない、したがって、そうした学校は郷土の教育開発や科学的な生活経営にも役立てられなければならない、と主張されていたからである。こうした戦前の伝統があったからこそ戦後の「社会科」教育が急速に展開できたといえる。

一九三七年、日中戦争がはじまった年の暮近く、東京から教育科学研究会の一行が八王子駅頭に下り立った。城戸幡太郎、留岡清男、宗像誠也、今野武雄、菅忠道らの十三人ほどで、出迎えたのは松井、橋本、須田の〝三奇人〟のほか太田秀穂、市川英作、岡崎視学らの教育関係者十二、三人であった。一行は市内を見学し、新見解を述べ、八王子勢を燃え立たせて去ったが、一九三八、三九年には恩方地区を教科研の実験地域と決定して二十人ほどを送りこみ、農繁期託児所の奉仕を行ったり、学校給食の運動を試みたりした。

このときの恩方村でのホスト役が松井翠次郎と村の名士菱山栄一であった。この年、菱山は東京で開かれた「世界教育会議」で「部落共同体」という報告を発表する。いっぽう、そのころの松井は長髪、面長の秀麗な青年で、腰に煮しめたような木綿の手拭いをさげ、労を惜しまず献身的に奔走し、よく教科研の運動をたすけた。その松井翠次郎が橋本義夫と相談して設立したのが教科研南多摩支部だったという（一九三九年）。

それ以来、毎月、八王子で例会が開かれ、一九四〇年（昭和十五年）にはこの地方を舞台にした文化映画「村の学校図書館」が制作された。橋本はこれら一連の実践を通して、郷土の先人の業績にも目を向け、すぐれた報告論文「八王子に於ける教育運動―薫心会の活動記録」を岩波書店の『教育』（一九三九年十月号）に発表した。（橋本義夫「地方の教育運動――昭和戦前の八王子と周辺――」地方研究資料第三十六集、一九五九年四月）

橋本義夫の論文が掲載された同じ『教育』に、秋田高等小学校訓導の佐々木昂が、「秋田の北方教育運動」の経過について書いている。「北方教育は北方的環境に根抵を置く綴方研究誌であり、あくまでも観念性を排除して具象的な現実の中に正路を開拓することを使命とす」と。『北方教育』が創刊されたのは、一九三〇年（昭和五年）のことであった。

それいらい、「教育におけるリアリズム」の探求や、「調べて書く綴方」（滑川道夫）を提唱し、地道な活動をつづけ、一九三三年の夏、秋田魁新報社の講堂で、夏季講習会（会員三百人）を開くまでに発展した。そのとき、山形の青年教師国分一太郎や岩手の及川晃、新潟の池田和夫らの同志の人びとと結ばれている。

北方教育運動が、東北の全土に野火のごとくひろがっていったきっかけは、こうした会合による思想の交流にあった。翌三四年六月、秋田の有志は、岩手の会員二百七十名と花巻に会して、情熱的に語りあい、岩手支部を創立。だが、このとき宮沢賢治はすでに花巻に死んでいた。

岩手に恐しい冷害が襲ったのはその直後である。『北方教育』のグループは、この悲惨な現実を眼前にして、ついに北日本国語教育聯盟を結成し、全東北の教師たちに訴えるにいたった。その悲愴な宣言が『教育北日本』の巻頭に掲げられた次の一文である(一九三五年一月)。

「我等は単純に観念的な地域区として、乃至は封建的部落根性の為に北日本を区画せんとするものではない。

それは明かな事実として、植民地以外この北日本ほど文化的に置き去りを喰ってゐる地域は外にあるまい。又封建の鉄の如き圧制がそのまま現在の生産様式に、そしてその意識状態に規制を生々しく存続してゐるところはあるまい。

しかも加ふるに冷酷な自然現象の循環、此の暗澹として濁流にあへぐ北日本の地域こそ我等のひとしき『生活台』であり、我等がこの『生活台』に正しく姿勢することによってのみ教育が真に教育として輝かしい指導性を把握する所以であることを確信し、且つその故にこそ我等は我等の北日本が組織的に積極的に起ち上る以外全日本への貢献の道なきことを深く認識したのである。

『生活台』への正しい姿勢は観照的に、傍観的に子供の生活事実を観察し記述することを意味するのではない。我等は濁流に押し流されてゆく裸な子供の前に立って今こそ何等為すところなきリベラリズムを揚棄し、野生的な彼等の意慾に立脚し、積極的に目的的に生活統制を速かに為し遂げねばならぬ。

　それ故我等は先づ北日本の国語地帯を足場とし昨年十一月宮城、山形、福島、岩手、秋田の同志を糾合して『北日本国語教育聯盟』を結成した。

　更に我等は執拗に、漸次北日本の教育全野に向って驀進すると同時に、全日本に対して働きかける計画を有す。

　我等はかく北日本国語教育聯盟結成について宣言す。」

　これを読むと、かれらが「生活台」という言葉で表現したかった内容が、苛酷な東北農村の半封建的な抑圧の現実への認識や、地域教育、「郷土教育の開発」を試みようとした教育科学研究会の思想とも通じていることがわかる。北方教育運動や教科研の運動は、すぐれた人材と成果を残し、日中戦争の激化とともに弾圧されて歴史の伏流としておしこめられていったが、この地下水なくして、戦後の「山びこ学校」の出現も新教育の開花もありえなかったのである。

　橋本義夫らはこうした時代の流れの中に立っていた。だがその〝葦〟は激しく風に揺れていた。

戦時下の抵抗

教科研が解散されたのは一九四一年（昭和十六年）の五月のことである。そこで橋本義夫ら揺籃社グループは、直ちに偽装的な名称の「多摩郷土研究会」を発足させ、地方開発の実験的運動をそのまま継続している。当時はすでに大政翼賛会のもと政党も組合もいっさいの民主的組織は解散させられ、戦時体制が強化されて、思想弾圧は個人の良心をおびやかすところまで迫っていた。こうした中でかれらは友情を深め、結束をかためてたがいに相手を支えあったのである。

八王子きっての医薬の旧家の主人で歯医者の須田松兵衛は、若い顔に禿げあがった頭をふりつつ優しい長身をいつも揺籃社に運んでいた。「この人は橋本君が好きで好きで、三百六十五日、一日でも橋本君の顔を見ねば寝られぬ」といわれた人で、元旦から大晦日まで日参し、一日に三回も店にきていたことがあった。

その須田松兵衛はまた大の反戦論者で、平井鉄太郎の家をしばしば訪問しては、敗戦の必至を論じていた。当の平井鉄太郎も、「須田松兵衛早朝に訪るが例なり。君は平和愛好の念厚く、戦争を悪の最大なるものと語り居れり」と日記に記している。須田は敗戦の翌年、不幸にして急逝するが、「明治天皇聖蹟記念碑」が戦災で焼け崩れたとき、その残った部分に「心に太陽を持て」と書きつけたのはかれであった。のちに留岡清男は「街の反戦論者の死」なる一文を草してかれを哀悼している（『新しい教室』一九四八年十二月号）。

平井鉄太郎は一九四一年、すでに満七十歳。自由民権、部落解放、農村教育、カトリック運動など幾多の風雪にみがかれ、気骨稜々として動かぬ明治の老教師であった。この人の父は貧農で、まったくの文盲、「目に一丁字なき常民」であったが、その父の人生にたいする敢闘精神と進取の気象を鉄太郎はうけついだ。また明治維新の変革精神をかれの恩師掘内賢之助（松代藩の没落士族で、維新後、多摩に土着、小学教員となって平井らを育成した）から継承し、さらに自由民権、部落解放の反骨を在地の先覚山口重兵衛に親炙して学び、人となったのである。

この人が元八王子小学校で三十余年校長として親しまれ、薄給をさいて万巻の蔵書をあつめ、村民に遺産として（村営図書館として）贈ろうとつとめていたということ。あるいは町の聖者といわれたメイラン神父（在住四十五年）についてカトリックに入信し、人類愛を実践した逸話など人びとのあいだに今なお語りつがれている。その退職後の老教師が、国家非常の時にさいして、官憲から危険視されていた教育科学運動や多摩郷土研究会の運動に参加したのは、松井、須田、橋本らの熱誠に動かされたからばかりでなく、平井先生なりの時勢にたいする必死の抵抗であったことが遺稿によって知られるのである。

言論の自由なき世はうばたまの

心の闇の牢獄とぞ思ふ
戦へば必ず勝つと自惚れて
いくさを好む馬鹿な軍人
我が力かへり見もせでひたすらに
強き言葉を民は喜ぶ

「兵は兇器なり」と喝破していた平井鉄太郎は、こうした抵抗の歌をすでに一九三三、三四年（昭和八、九年）ごろから作っていた。つとに自己の茅屋を「三楽舎」と名づけ、

一、天主と共に居ることを楽しみとす
二、材を養ふことを楽しみとす
三、耕余、書を友とすることを楽しみとす

として悠々自適してきたかれが、軍国主義の潮流を黙視できず、つぎのような言葉を残していることは民衆思想史上、貴重である。

「人間窮極の願望は平和世界の開拓」
「科学精神とは自然に忠実であること、これ第一。日本の現実に忠実であること、これ第二。世界の動きに忠実であること、これ第三。肚を練るとは鉄の如き科学的精神をもって現実の動きに対する正確な認識と、自他の実力に対する正確な評価の上に立つこと。」（一九三九年平井稿。橋本義夫「平井鉄太郎先生伝」『多摩文化』一九六四年第十四号）

地方の底辺には、こうした顧みられることはないが剛直な常民が、地の塩のように存在していたのだということこそ日本の救いである。内村鑑三の精神の継承者として絶対非戦論を持していた橋本義夫が、この明治人に傾倒したのは当然であろう。

かれは足しげく平井家を訪れ、日米戦争勃発の直前まで平井先生を立てて無医村解消運動や婦人啓蒙運動などに奔走したが（市川房枝、帯刀貞代らが、元八王子の寺に来て地元の婦人たちと懇談したのもこの一九四一年である）、開戦となって会が解散されるや、こんどは彼我の国力を分析して日本の敗戦を予測し、国民の被害を中途にくいとめようと、その方策に苦心したのである。

多摩御陵に参拝に来た東条英機の車を止めて東条を説得しようと計画したこと（一九四三年）、揺籃社の店内に激しい抵抗の文句を貼り出したりしたこと、反戦論者のクラブに店を使ってその影響を青年にひろめようとしたことなどが摘発され、ついに一九四四年（昭和十九年）十二月七日（尾崎秀実らが処刑された一ヵ月後）、橋本義夫は特高警察に逮捕され、早稲田署に連行された。それから五ヵ月間、空襲下の留置場にあって、かれがどのような言語に絶する苦しみを耐えたかは、戦後に草された『監禁の記録――小さな実験』（一九五九年三月）が伝えている。

慣れた犯罪者は留置場に長く置かれることをもっとも恐れたという。留置場より刑務所の方がはるかに楽だったからだ。世間から「ブタ箱」といわれていた通り、戦時下の留置場生活は、想像以上の不潔、粗食、苛酷な拘禁ぶりで、それは生きながらの地獄であった。かれはそれによく耐えた。耐えたばかりではない。持前の探求心で、雑居房内の最底辺の人びとと親しみ、心の奥に分け入り、そこに悪人がいないことを発見した。かれはどん底の人びとに友愛を感じ、日本の敗北を信じつづけ、権力への抵抗の意志を捨てなかった。

三月十日の東京大空襲では炎と熱風の中で十数万の市民が死傷し、下町が全滅した。爆裂音は留置場をゆるがし、猛火は夜になっても止まなかった。一同顔色を失う中を、かれはひとり笑っていたという。

四月十五日の大空襲では、都心をはじめ牛込、四谷、池袋、本郷、新宿一帯が燃えおち、火焔は強風にあおられて早稲田署の一町近くまで迫った。ところが、風向きが変り、危く難をまぬがれた。さすがに狼狽した警察署はこのあと、かれを檻から釈放する。

「軽くて身がフワフワして宙に浮ぶ気持、うしろにつき人(びと)がいない。広い広い自由な天地！　広い広い。解放！」とかれは叫ぶ。

だが、その喜びも束の間、一九四五年八月二日、B29の大編隊は八王子地方を襲い、みるまに全市を火の海にし、伽羅(きゃら)の木のある橋本義夫の生家も、揺籃社も、須田松兵衛の医院も、松井翠次郎の公会堂も、平井鉄太郎の三楽舎も、その心血六十年の万巻の書も、美濃部亮吉の疎開家屋も、ことごとく灰燼に帰してしまったのである。

橋本義夫は茫然として屍臭のただよう廃墟をさまよい歩いた。偶然、東京都の医師としてそこに居あわせた村野廉一は、大混乱の市中を死体の移送や重傷者の手当に奔走したが、このとき、かれの指揮にしたがって献身的に働いてくれたのは、家財をもって右往左往する一般市民ではなく、ほとんど八王子遊廓の遊女たちであったという（故村野廉一談）。そのような遊女たちを日本国家は、二ヵ月後にはふたたび「良家の子女を守るために」特殊慰安婦に編成し、進駐軍のいけにえにと供したのである。

敗戦直後の八月十八日、橋本義夫は平井先生の紹介状をもった小柄な精悍な一人の男の訪問をうける。見れば「私の教へ子にて、年来政治に趣味を持ち、実践運動を成したることも有之人にて、元八王子村出身者にて岡村保雄と申者」云々と記されてある。（岡村は部落解放運動、労働運動家。後に橋本のすすめで自伝『七十五年―わが道草』を書く。）

かれは平井先生を案じて家に駈けつける。見れば焼トタンのバラックに毛布をたらして、その奥に先生は端然と坐っておられる。そしてひとことも、ついに愚痴をこぼすことなく、かえって新しい決意をこう草されていたという。

「無条件降伏の五字は、日本運命の岐路に立つことになった。方向未だ確かならず、封建政治の残滓しぶとく存在し、頑固守旧、国家の前途をあやまる輩多数なり。憐むべし、敗亡の民族よ、潔く更生の努力につとめよ」

「七十六の老年を迎へ、茲に、新たなる初齢一歳と改め、出発を覚悟仕り候」

「社会改造は急務中の急務にて候」

敗戦後、廃墟の町に復員してきて、当時あてどなき彷徨と無明の日々をすごしていた私などは、この底辺のしぶとい常民の変革者たちの存在に、ただ瞠目するばかりである。

廃墟から――多摩自由大学

敗戦は民衆運動の昂揚の画期点となったといわれる。だが、今からふりかえってみると、なかなか単純ではない。たしかに一九四六、四七年ごろ、戦後民主化のはしりとして日本全国に地方の青年を対象とした文化運動や啓蒙運動がいたるところに起った。しかし、それらは決して敗戦のための断絶によってまったく新しく生起したというより、戦中からの潜在エネルギーの継続、噴出という要素が強かった。それは考えてみれば当然なことである。

近代天皇制下にはぐくまれた日本国民の古い価値観が、一夜にして解体し、こんどは民衆自身が一朝にして戦後の新しい創造主体に生れかわるなどということは期待する方がおかしい。日本人民は中国人民のようにみずからの手で帝国主義、軍国主義にとどめを刺し、民主革命をやりとげたのではない。むしろその反対で、軍国日本の挫折をみずからの人生の挫折として苦しみ、そこから立直るために、一時放心と虚脱の状態をすごさなければならなかったものなのである。

そのため戦後文化運動の第一のにない手は、そうした虚脱をまぬがれえた戦時下の抵抗者や共産主義者、自由主義者など、いわゆる「アカ」とよばれた人や知識人であった。しかも、かれらの大部分は戦時中の自分たちの戦争責任や、転向などの政治責任をきびしく自省することなく、知識の面での優越著として民衆のまえに姿をあらわした。したがって、この運動は上から下への呼びかけによる啓蒙型に終始し、政党や労働組合などの活動が活発化するまでの幕間つなぎの役割を果すにとどまった。そしてそれが終ると、短時日のうちにブームのように消えていった。

そうはいっても、一九四六、四七年の啓蒙型の文化運動がまったく無意味だったとか、講師をつとめた知識人が誠実でも有能でもなかったとか、ということは正しくない。それどころかかれらは〝解放の時代〟を迎えて、喜び勇んで地方の民衆のまえに姿をあらわし、熱弁をふるって啓蒙の大役を果したのである。

いま、椚国男編『八王子の文化活動百年史年表』から関連の項目をひろってみよう。

一九四六年（昭和二十一年）、橋本義夫は細谷俊夫らを講師に招いて浅川小学校で〝近代教育史〟を学習（一月から三回）。松井翠次郎、小島宏平は「多摩青年文化協会」を結成し（三月）、元八王子隣保館で、〝文化講座〟を開く（五月、講師新島繁、有沢広巳、古谷綱武）。同会は「多摩自由懇話会」と改弥し、〝多摩自由大学〟を開催（十一月から翌月春にかけて、講師伊豆公夫、古在由重、福島要一、美濃部亮吉、鈴木安蔵、堀真琴ら）。

八王子市内でも〝文化講座〟開催（講師石母田正、高橋磌一）。八王子の中野町青年会（会長中村甲太郎）は各政党の代表（石橋湛山、田辺忠男、松岡駒吉、徳田球一）を呼んで〝立会演説会〟を開く。須崎慎一、早川須佐雄らも「話を聞く会」を結成して竹山道雄、藤田圭雄らを招く。

一九四七年、恩方村に「あけぼの婦人会」が結成され（四月）、丸岡秀子、羽仁説子、帯刀貞代、菱山辰一らを招いて講演会を開く。多摩自由懇話会、第二回「多摩自由大学」を開催（十一～十二月、講師大内力、松岡洋子ら）。

私はこの年表の記載事項を、最近発見した当時の原資料によって補うことができる。当時の『多摩自由大学ニュース』やガリ版刷りのビラ類は、この二年間における元八王子村での文化運動に、つぎのような多彩な知識人が労を惜しまず講演に訪れたことを記録している。

清水安三、有沢広巳、美濃部亮吉、鈴木茂三郎、平野義太郎、鈴木安蔵、新島繁、玉城肇、帯刀貞代、深谷進、古島敏雄、福島要一、清水幾太郎、今野武雄、岩上順一、伊豆公夫、本田喜代治、古谷綱武、堀真琴、羽仁説子、大内力、中村哲、松岡洋子、山田坂仁、井汲卓一

そして、これほどの豪華キャストではなくとも、全国の各地方で同様な集会が開かれたことは、挙証の余地がないほどである。ある種の異常な学習熱が国民をとらえていたとい

える。「多摩自由大学」の聴講申込者は第一回のとき、四六一名。そのうち一二二名を元八王子村で占めていたことは驚きに値する。年齢別に見ると、二十歳以下が七九名、二十代二三八名であるから、聴衆の大部分は新しい時代の原理を真剣に学ぼうとしていた青年大衆だったのである。

今、二十七、八年前の昔をふりかえって、あのころの文化運動、民主化運動の参加者や活動家がその後どのような転落の（栄進の）道をたどったかをたしかめることは有益である。いったいだれがこの三十年の歳月の試練に耐ええたか。軽業師のように軽佻な思想や身のこなしで、わずかばかりの名利とひきかえに、おのれを風化させてしまった「指導者たち」のなんと多いことよ。この三十年の歴史のリトマス試験紙の上に置いて、なお光を失わない人、そこに私は現代の思想を見る。現代の常民として生きのびうる資質を見る。常民は風化への抵抗素をもつ。だが、現代の常民はその培養基をさえ越えて新しい生を拓かねばならない。

橋本義夫は敗戦後の一九四七年、厭世感がつのり、深刻な自殺の危機に陥っていた。かれの廃墟は混乱していた外面の社会ばかりではなかった。おのれの内にも希望はなかった。世は民主化、近代化、平和運動の全盛時代。だが、かれは時流に便乗して、それらの革新運動の尻馬に乗る気は起らなかった。戦後になってからはいっさい社会主義の本は手にとらず、もっぱら日本の哲学や宗教や道徳などの古典に道を求め、はじめて道元や石田梅巌や二宮尊徳らの著作を熟読したという。とにかくかれはこのころ自殺をはかって、数ヵ月も危いところをさまよっていた。ある時など、死のうと決心してカミソリをもち自分の首に手をやるのだが、メチニコフと同様、いつのまにか自殺者としての自分を観察していることに気づいて、仕損じたという。

なぜ、そこまで追いこまれたのだろうか。敗戦直後の一九四五年十月、八王子地方において、もっとも早く青年教育運動に立ち上ったのは橋本義夫であった。かれは祖国が飢えと混乱で破滅に瀕しているとき、同胞あい喰(は)む醜い争いを止めるよう説き、真の人間愛や愛国心を説いて奔走したが、結局なにひとつ成しえず惨憺たる失敗に終ったらしい。

しかし、そうしたことだけで人は死への道を選ぶだろうか。戦火によってかれの自立の根拠は失われ（揺籃社は焼失した）、親友須田松兵衛に先立たれ、怖しい孤独と無力感におちいった。くわえて、時を得顔の軽薄分子の跳梁、大衆への失望、それらがかれの宿痾ともいうべき劣等感や厭世感を昂じさせて、かれを死へと誘惑したのであろう。

かれはそのころ、何日も部屋に閉じこもっている。

「どこへも出ない　三日過ぎた　休養の故ではない　書くためではない　考えるためでもない　外が私を　招かないのだ」と。

そうしたある日、かれはぼんやりと窓外の植込みを見ている。すると、突然生物の変異のことが想い浮び、人類の歴史もこうした変種によって発展するのだと閃(ひらめ)いた。それからダーウィンの『進化論』などにヒントを得て、「天才研究」に向ったという。この場合のかれの天才とは、二千人か四千人かのうちに、一人くらいは必ずいるという民衆の独創的才能者、埋れた〝民衆の天才〟のことであって、いわゆる、英雄史観などでもちあげられる選ばれた少数者（エリート）の意味ではない。

かれはこの天才の生成の要件や能力や分布などの特徴を研究して、この埋れた才能を計画的に発掘し、これを合理的に配置し、社会の創造面にたくみに利用することによって、日本の戦後復興に大いに役立てることができると真剣に考えたのである。

〝民衆の天才〟の発掘と応用、この大きな創造力を「人間資源」として活用したら、敗戦によって無一物になった日本もかならずや前途に光明をもたらし得るであろう。そう思ったらかれは矢も楯もたまらず、数年間をこの研究に没頭していった。

だが、かれの天才研究は認められず、まったく世に知られず、一九五〇年代にはじまった猛烈な軍需インフレ、経済成長の潮流の中に消えていった。そうはいえ、この研究は、他方でかれを個人的な人生の危機から救う役割を果した（橋本義夫『天才』一九五七年）。

一九四六年（昭和二十一年）の須田医師の死につづいて、四九年にはメイラン神父の死、五〇年には太田秀穂の死、五一年には平井鉄太郎の死と、かれが傾倒し愛惜してやまなかった多摩の宝石のような人びとが、あいついで死んでいった。かれは深い悲しみに包まれた。だが、この〝天才〟の喪失を、新たな〝民衆の天才〟の発掘によって補強しようと、かれは執念を燃やした。（そこには、歴史を創るものは民衆それ自身ではない。民衆と共に生きる〝民衆の天才たち〟、私の言葉でいえば民衆の〝小リーダーたち〟こそが歴史の真の創造者なのだ、という歴史認識があったのである。）

一九五〇年（昭和二十五年）、朝鮮戦争による軍需景気と経済復興の気運が高まると、もはや人びとは教育重視策や人材資源論に耳を傾けようとはしなくなった。敗戦日本の前途は、ただ経済最優先主義によってのみ開かれるという「国論」に統一され誘導されていった。橋本義夫はこの時勢の急変に苦笑し、時代遅れになった研究を止めて、自分にできる身近なところから地道に実践するしかないと心にきめるのであった。

一九四八年（昭和二十三年）かれは日記にこう書きつけている。

「吾等もガンヂーに続いて愛の血を流すこと。日本もガンヂーを要す。ガンヂーを生もう。」（一月三十一日）

「神の前に無条件降伏した。身が軽く、空中に自分が浮んでいるようであった。全く歓喜そのものだった。いくら動いても疲れを知らなかった。」（三月八日）

こうしてかれの人生の第三の危機は、かれに新しく「神の愛」を、「地方」を発見させた。その「地方発見」の多くのたたかいが、『地方史研究方法稿』や幾多の「建碑運動」などに結実するのである。

沙漠に樹を――民衆史蹟の発掘

ひろい　禿山(はげやま)に
木を植えている男がいる
乞食の様な姿で
唯一人
疲れきっているらしく
休み　休み　植えている
枯れている　木が　みえる
いじけた　木も見える
だが　男は木を植えている

ひろい　禿山に
木を植えている男がいる
しわだらけの顔
落ちくぼんだ頬

みんなが　指さしてあざけっている
この男は　その声を知っている
だが　ひとごとの　ような顔だ
苦渋の顔の中に
光りが　放射している

一九五四年（昭和二十九年）五月三日、橋本義夫はこうノートの端に書きつけた。その日、かれは横山村の「万葉歌碑」の除幕式から帰ってきた。俗悪な現世主義ばかり横行する土地に、何か味のある、うるおいの湧くものを造りだしたい。そういうかれの夢が、万葉集の東歌と結びついてふくらんだのだろう。

赤駒を山野(やまぬ)に放ち捕(と)りかにて
多麻(たま)の横山歩(か)しゆかやらむ

その南多摩郡横山村が町村合併の波の中に消え去ろうとしていた。かれは建碑計画を立てると、ひとりで奉加帳をもって三多摩をあるきだした。二月の季節風の強い日、立川の某家に立寄ると「おまえは碑を食いものにしているのだろう」と罵られる。

ある市会議員は『万葉集』という名前すら知らなかった。「某都議は、朝こい、夜こい、昼間こい、十八回位注文通りにいったが結局一銭も出さなかった。」

二日後にかれは川口村の青年の訪問をうけ、北村透谷の歿後六十年祭をおこなうことを決め、夜半まで奔走している。八王子に合併されるまえの川口村とは、透谷が三多摩放浪時代に「希望(ホープ)の故郷」「幻境」といって愛した自由民権ゆかりの地である。かれもまた川口の楢原部落の生れだから、この村を透谷を通じて全日本に繫(つな)げたいとねがったらしい。しかし、そうして企てた透谷碑が、よもや地元の村民の悪罵と妨碍によって挫折させられ、建立まで三年半もかかるとは、さすがのかれにも予想できなかった。

当初、かれは川口村で透谷祭りを行うため、「川口音頭」の作曲をはじめ、創作舞踊「透谷の生涯」や「幻境の図」の制作まで依頼し、八分通りでき上ったところで、市長の「北村透谷なんて関係ないよ」という嘲弄や地元ボスの攻撃にあって挫折させられた。さらに三年経って、隣接の丘に碑を建てるところまでこぎつけると、こんどはその除幕式の直前に横槍を入れられ、折角の碑面の文字を削らされ、「幻境の碑」を「造化の碑」に変えさせられた。このときの想いを、かれはつぎのように記録している。

「石屋の庭に足かけ三年　丘の上に建てゝ一年四ケ月
賛成者名簿三度つくり　趣意書と案内状プログラム二度刷り　碑は二回彫らされ
幻境の碑から　造化の碑に変った。
沙漠に木を植えるのは、如何に困難であるか！　殆んど、筆舌につくし難いものがあった。
多数の人に非ずして、少数の熱心な人々の援助によって、ようやく除幕の日を迎えた。

いくつもこうしたものをつくってはみたが、こんな困難はいままでになかった。」

この人の建碑運動は単なる名所製造運動ではない。敗戦直後、一時的な解放感に酔った地方文化運動のブームが過ぎ去ったあとで（この期間、かれは時流に背をむけ、沈潜していた）、着実に大地に根ざした真の地方文化とはなにかを追い求めることであった。その第一歩が、その地域に埋れている伝統の掘起しであった。埋れている人間の現代への再生であった。そのことをかれはこう言っている。

「社会のためにつくし、然も酬いられず、然も惨澹たる生活を送り、埋もれて果てる人が相当に多い。この人に対しては、社会が負債をもっていることになるのだ。然し、催促もないし、利息もない負債である。これらの人々に対しては、気のついた人が、債務を負い負債の支払いに当るべきである。地方文化研究会の主要な仕事の一つは、この最後のものである。」

この地方文化研究会とは一九五〇年（昭和二十五年）ごろ、同志の郷土史家村田光彦、松岡喬一、清水成夫や岡村保雄、足利正明、野口英司らによって支援されたものであった。野の史家村田光彦には柳田国男の学統がのびていた。

だが、この運動の主役橋本義夫には一九五二年に独力で考案された「古代中世地方史研究法」という方法論があった。これは文書資料以外のものを体系的に考察、配列して、生きた民衆の歴史の全体像を復原し解読しようとするすぐれた科学的方法論であるが、私はこの小冊子を一読して、柳田の「民間伝承論」や「郷土生活の研究方法」を想い浮べないではいられなかった。しかも、この『地方史研究方法稿』は、柳田国男の著作を読まず、専門史家の助力もうけずに、ほとんど参考書なしで（当時かれは戦災によってすべてを失い、貧乏のどん底で本を買う金もなかったという）、書き上げられたと知って、私は驚く。

ここにその小冊子の内容を紹介する余地はないが、それは中央史家にたいする、また郷土史を科学に引きあげるための烈々たる批判精神に燃えていた。このような創造的な試論が長く埋れたままにされてきたことを私は惜しむ。

それはともあれ、かれの建碑運動は、この精神と方法との実験でもあった。一九五二年、「宗兵衛麦（そうべえむぎ）」で有名な品種改良家河井宗兵衛の努力を讃える「麦の碑」をかれの故郷の村（川口村）に建て、さらに翌年、陸稲（りくとう）品種「平山」の創始者林丈太郎の「おかぼ碑」を平山村に建てている。かれも農家の生れである。

ある日、かれが丈太郎の生家を訪ねると、雨もりのする物置にその表彰状が放置されているし、村びとに尋ねてもその墓がどこにあるかわからない。この恩人が死んでわずか三十年、これではあまりひどすぎる、「よし、碑をつくってやろう」と、かれは心に決めたという。それからは例によって東奔西走。平山から丘をこえて由木（ゆぎ）村に出る急坂で、かれは発作を起して昏倒したり、台風でたった一本しかない洋傘をこわして、買えずに困窮したり、ようやく除幕式にこぎつける。

「その日、平山では大釜で酒を暖め、大酒宴が催された。あんまり大酒宴だったので帳尻があわなくなったらしい。私が石屋さんに話し参万円もする根府川石の碑をたった壱万五千円でやってもらい、その上石屋さんが酒三升も出してくれた。たった壱万五千円の碑代に何万円もの大酒宴をするというのは全くナンセンスである。相当に努力したつもりだが、村人は誰も『御苦労様でした』とはいわなかった。その代りに、『橋本さん四千五百円出して下さい』といった。私はあきれて二の句が出なかった」と。

この年、一九五三年（昭和二十八年）、朝鮮戦線では最後の死闘が演じられ、中央の学界では民族問題が論じられていたころ、橋本義夫らは「困民党七十年祭」を企画し、一月二十五日、ついにそれを実現した。

会場は獄死した指導者小池虎馬之介（こまのすけ）の旧宅があった八王子の喜福寺。その前日、かれは自分でリヤカーをひっぱり、「民衆史蹟困民党首・屋敷跡」と大書した標柱二本を会場に運んだ。七十年祭は地方の催しとしては盛会であり、橋本義夫は「おぢいさんたちへの手紙」という次のような祭文を読みあげて、会衆に深い感銘をあたえた。

「（前略）警察に着いて嘆願すると、官憲はおぢいさん達を捕え『兇徒聚集（しゅうしゅう）罪』で監獄（ろうや）に押し込み、塩野のおぢいさんは六年半。小池のおぢいさんは尚つながれて四年後に牢屋で亡くなってしまいました。おぢいさん達は多くの財を失い、家は倒れ、子孫達にも不幸が長く続きました。それなのに感謝する人は無く、かえって冷笑さえ浴びました。そして落ち目を白眼視し、茶化した事ばかりが、まことしやかに伝えられました。

かくて、おぢいさん達の骨は枯れ、ささやかな墓は藪の中に埋もれ、あるいは墓石すらも建たず、泥足にふみにじられ、つばを吐きかけられ、忘れられた七十年間の歳月がつづきました。

塩野のおぢいさん　小池のおぢいさん

おぢいさん達は長い長い世の冷酷な仕打ちによくも耐えられましたなあ。おぢいさん達の義挙を炉辺で聞いた少年の私ですら、湧きあがる怒りを押える事ができませんでした。『自由民権』を看板に騒いだ連中は、世に出て偉くなり、尊敬されました。然るにおぢいさん達の老いの身を忘れ、下心なく多くの農民のために真底つくした事が、埋れ朽ち果てるとは、私にはどうしても解せぬことでした。これで万事終るなら、この世に真実も正義も有りません。

敗戦後、おぢいさん達の義挙が世の鑑である！　との判定を、公言しうる時になりました。

七十年後の今日、おぢいさん達に勝利の日がようやく訪れました。

塩野のおぢいさんバンザイ！

小池のおぢいさんバンザイ！

この多くの人々の声を聞き、眼で見られておいでてでしょう。

安らかにお眠り下さい。」

つづいて「困民党史蹟決定宣言」が高らかに発せられ、国や自治体による指定ではない、人民自身による「民衆史蹟」指定の標柱が、日本ではじめてかれの故郷の村に樹てられたのである。このことの意義は大きい。こうした天皇制下の圧殺の森から伝統を復興しようとした試みに、地元の保守層が部落を動かし陰険な妨碍をくわえたことはいうまでもない。

さらに翌一九五四年（昭和二十九年）には、「困民党首領塩野倉之助碑」を川口村の安養寺の庭に建て、さらに郷土のすぐれた教育者平井鉄太郎の碑、同じく埋れていた地方の心学者磯間良甫の碑を松岡喬一らとともに建立している。

また、一九五五年に旧元八王子村の被差別部落解放の指導者山上卓樹たちを、同志の岡村保雄とともにとりあげ、「近代先覚の碑」として顕彰する準備をはじめたりしている。最近、マスコミにも登場した鑓水商人たちの「絹の道碑」の構想が成ったのもこの年である。

これらの建碑運動はいずれも波瀾曲折をへて一九五七年（昭和三十二年）にほとんどが終了する。この年は「絹の道碑」「透谷碑」「近代先覚の碑」があいついで除幕され、最後に今次太平洋戦争の犠牲者となった英人「コックスの碑」の除幕式が十二月八日の記念日に行われて終った。時あたかも「神武景気」が進行し、宇宙空間にはじめて人工衛星が飛行していたのである。

数年来の奔走で赤貧洗うがごとくなった橋本義夫は、このとき深い疲労の中にだれの所有でもない空を仰いで、「ああ、いつの日かあの雲の碑を建て、あのように死にたい」と独白していた。

この地方の英語教師ポール・コックスは、在日六十年で多摩に骨を埋めたメイラン神父とともに、八王子地方文化の恩人であったが、強制送還になり、途中インド洋上で死んだ。橋本義夫はその話を松岡喬一から聞いて電撃に打たれ、これが実現のために五年の歳月を費やしたという。

かれのこうしたときの心の呟き。

「やらなければならない、やらなければだれもやらない。日を送ってしまえば失われてしまう。気のつかない人間たちには責任がないが、気のついている私には責任がある。このままで放置すれば罪悪である。」

このような人間を偏執者、奇人、土着主義者、閉鎖的な常民などと、笑うことができるか。

「コックス先生がむくいられればよい。そのために努力したのだ。御苦労さまといってくれた人は一人だった。『支那そばでも食べて下さい』といって二百円もらった。これが私への人様からの御礼の全部であった。趣意書にも名を出さず、表面に名を出さなかったが、努力はしたつもりである。もうこれでおしまい。私にはこれが『告別の碑』であろう。」

コックス碑の慰労会に、かれは三百円の会費がなくて出席できなかった。しかし、翌年、懸案だった『メイラン神父』の第三集を地方史家沼謙吉に助けられて出し終えたときには、次のように会を催している。

「五月十四日、神父の肖像写真もくばり、お礼のあいさつも終ったので慰労会を催した。主催者は私、招待者も私一人、会場は支那そばや、会費五十円也、そこで支那そば一ぱい、これで自分に自分で『御苦労様』といって終った。」

橋本義夫は日本の女性、とくに母という愛の無名戦士を讃えることを思って、そのころ奇抜な「御母讃(おかあさん)の碑」という建碑をしたが、その除幕の当日、郷党社会からのあまりにひどいボイコットと迫害にあって、ついに大勢のまえで男泣きに泣いている。「私が人様の前で声をあげて泣いたのはこれが最初で……参会者に会わす顔がなく、私は甲の原へ逃れて散歩していた」という。

(ここまで書いてきて、橋本義夫のもっとも苦しい時期に、蔭にあって、勤労しつつ、息子を大学へやり、夫を支えつづけてきた妻のあったことを、私たちは敬虔に銘記しなければならないと思う。)

数年にわたるこうした建碑運動を通して、かれは自分を挫折させたものが何であったかを、次のように反省し、総括している。

第一に反対現象は必ず近親者から現われる。それは身内の人間として支出をまぬがれなくなるという心配——私欲から発している。

第二に無前例のことは反対される。伝統や習慣にない新しいことは警戒されるのだ。その上、地方にはボスがいて縄ばりを荒されることを怖れる。

第三に被タブー的な人間（たとえば部落解放者、困民党）などを讃えることに反対する。一般人は権力者、強力者には従順である。

第四に地位の低い人や経済力のない人間が企てると反対が大きい。それは上からくる迫害ばかりでなく、同位置に近い人から反対が出る。競争心と嫉妬心が原因である。

第五に芸術関係のようなものは（たとえば万葉歌碑）、直接の利害関係がなく、第一何だか分らないので反対をまぬがれ易い。

こうした総括には明治以降の農村社会がつくりだした否定的な性格への苦い認識と、地主支配下の共同体の抑圧への批判がこめられていると思う。

経済成長に背を向けて——無残な丘

かれが地方文化運動に奔走していたこの一九五〇年代というのは、今から考えてみると、日本が朝鮮戦争やアメリカの冷戦戦略などを利用して敗戦の痛手から復興した時期にあたっていた。とくに国をあげて経済価値を最優先させる方針をえらび、その目標にむかって急速な技術革新を進めつつあったときであった。その中心舞台に大都市と工業地帯がなった。そのため、一九五〇年代の半ばには神武景気に賑わう中心舞台と、貧困の中に置き去りにされた地方社会や底辺社会との間に、はなはだしい経済上の格差、いわゆる二重構造が生れていた。

橋本義夫はこのとき、置き去りにされた側に立って、その地方社会の発展策をいろいろと考えている。その一つが教育に最重点投資を求めた人材育成による地方の復興方針であり（〝人間こそが最大の文化財だ。人にはものを産み出す力がある〟『苗床型教育――一地域に於ける教育計画』小冊子・一九六〇年二月）、もう一つが丘陵の人文的な開発構想であった。

多摩地方は丘陵が多くて、当時の日本の技術ではこれが障害物になって発展が妨げられていた。

「丘陵は近代が未だ消化するに至らず、多くの問題が残されております。」そこで、この丘陵を人文的に開発し、東京人らを「丘へ招待」するためには、観光的・文化的施設を丘陵の上につくり、これを尾根伝いの道で結ぶ。

「東京の下町は橋、山の手は坂、丘陵地方は丘が風物です。建築の形、色、線等々、すべて丘と調和し、これを生かさなければならない。」

「丘陵は夢だ。親しみのある憧憬の場だ。『丘陵住宅』を創作し、モデルハウスを要所に建てることだ。この建築になによりも必要なことは、遠望的に設計されねばならない。」

丘には万葉以来のよき地名を残そう。よき地名は土地の財産である。丘、峠、坂、原、橋、道などにすべて美しい名称をつけよう。案内書なども古代と近代、科学と芸術を巧妙に按配し、新鮮なものにしなければならない。また、「万葉歌碑」にくわえて、正倉院様式の白堊（はくあ）の「多摩丘陵博物館」をつくろう。「丘の祭典」を催し、丘と丘とに大合唱をひびかせ、映画「丘陵」などもつくろう。それらはすべてマスコミにのるように、はじめから計画されていなければならない……。

消えゆく多摩の丘を散策する橋本義夫
（金井郁夫撮影）

冬枯れの雑木林のならぶ丘の上にひとり腰をおろして、かれの夢は際限なくひろがっていった。幸福な多摩の丘と人の蜜月時代よ！　その正しいが甘い夢を日本資本主義が情け容赦もなく粉砕してしまうのを見るまで、わずか十年の歳月も要さなかったのである。

宮沢賢治に「農民芸術概論綱要」（一九二六年）がある。それは農村のユートピア化を計画した長詩であったが、橋本義夫には「多摩丘陵開発協会・事業一覧」（一九五四年）という構想文がある。いまとなってはもう二度と恢復することのできない美しい日本の丘陵の記念のために、その一部を抜萃（ばっすい）しておこう。専門の建築家でも都市工学や環境学者でもない無名の民衆の中に、一九五四年という早い時期に、こういう近代的で、しかも芸術的な地域開発の計画を真剣に考えていた人間が存在していたということを忘れないために——。

丘陵開発計画——如何にして近代化できるか？
丘陵住宅建築——傾斜地を住宅とし、丘陵建築で創作す。
丘陵地給水及び交通研究——給水と交通との難点を克服する方法。
丘陵産業研究——科学技術的に土地を産業と結ぶ。
丘陵植林——平地は樹木が漸減する。丘陵及び山地にのみ森林が残る。これを計画的に残す。
丘陵博物館——多摩丘陵及び一般丘陵地の自然・歴史・文化等過去現在将来等を収む。
丘陵美学——丘陵は尾根に立つと素晴しい、尾根によい道路をつくれ、文・画・詩・写真その他にこれをとらへよ。
丘陵文化研究——未研究、未開拓のこと多し、趣味道楽に止まらず、開発の資料とせよ。
丘陵開発教育——開発のための専門教育。

文化映画「丘陵」
写真集「丘陵」
丘の祭典、都人を招く。「由比(ゆひ)の御牧(おまき)祭」も加ふ。
名所・名物・土産——試作・考案・実行
雲の碑——丘の上に建て、雲を讃ふ。
案内書・絵ハガキ。詩歌・民謡・舞踊。
丘陵開発功労者の表彰。

だが、こうした夢はあまりにもはかなかった。この構想が発表されて七、八年後には、すでに都会で異常繁殖を遂げたブルドーザーの大群が丘陵めがけて地響き立てて殺到してきたのである。万葉の防人の涙を吸った黒々とした大地はショベル・カーで突き崩され、かれが逍遥した丘は無残に頭をえぐられ、雑木林はなぎ倒され、緑の蛇紋岩(じゃもんがん)の岩肌は爆砕されて、みるみるうちに仕分けされ、売り飛ばされていった。

丘陵は谷戸(やと)と丘と里の生態系を保持しえてはじめて生きた丘陵といえる。多摩ニュータウンのように丘をくずし谷を埋め、緑や表土をはぎとり、赤粘土の巨大な原始平面にひき戻してしまった上で、コンクリート・ジャングルを林立させるという方式では、もはや人文的な開発とはいえない。それは経済効率しか考えない下等な感覚で、人間生活にたいする冒瀆である。

それからわずかに十余年、多摩丘陵は日本住宅公団、東京都開発公社、大手私鉄資本や宅地造成業者らの手によって有史以来の大破壊にさらされた。今では万葉歌碑にうたわれた「多摩の横山」などカケラも残っていない。私も同志の人たちといくつかの会を結成して（一九六七年「多摩の文化と自然を守る会」、一九七四年「八王子自然保護連絡協議会」）、全力をふるってこの大勢に抵抗したが、われに数百倍する資本と行政一体の権力のまえには如何ともすることができなかった。これが日本中でみられたいわゆる「高度」経済成長――国土「改造」時代の悲劇だったのである。

このとき橋本義夫は、消えゆく丘をふりかえりふりかえり、悲痛な挽歌を残している。

丘君はブルドーザーで削られ
赤ちゃけた　肌が
無惨にも露出している
雑木林君は伐り倒されて
禿げてゆく
土地ブローカーが悪鬼の如くに
醜く荒れ狂う
わが友　丘君
わが友　雑木林君

君たちともお別れだ
君たちとの別れがつらい
だが美しい君達の姿は
まぶたに　残っている
私も君達と一緒に
消えてゆきたい（一九六二年六月二十八日、「丘君、雑木林君」。詩集『雲の碑』より）

そして、沈黙数年ののち、一九六八年（昭和四十三年）、六十六歳に達したかれは、自己の人生の最後の成否を賭けた新常民の運動（ふだん記の運動）にと没入していったのである（この二節で引用した文は、すべて橋本義夫『沙漠に樹を——戦後地方文化運動記録』一九六〇年二月、限定百部の小冊子によっている。）

「平凡人の文章」

大人の、庶民の自己表現運動、「みんなの文章運動」ともいうべき「ふだん記の運動」が本格的にはじまったのは一九六八年（昭和四十三年）である。だが、じつはその前に十年間ほどの「ふだんぎ前史」ともいうべき実験時代があった。かれは五十歳になって文章を書きはじめた経験からして、すべての庶民が平明な文を書きうる方法、つまり「平凡人の文章法」があることを識った。それいらいかれは多くの人にそれをすすめ、試みた。

過去、文は一部少数者の占有物であり、支配者の道具であった。明治になって多くの国民が、読む能力をえて「文盲」状態から脱したというが、それはまだ「半盲」に達したにすぎない。現代の民衆が「目に一丁字なくとも事理を解する」というような情ない状態にとどまっていてはいけない。「文を民衆の手にとり戻せ、真の文盲を日本からなくそう、そのためには万人に文を書かしめよう。」そうでなくて、どうやってこの情報化時代に自分を保ち、「民の魂」を後世に伝えてゆくことができよう。かれの警告は〝語り〟による民間伝承の時代がとうに終っていることを告げるものでもあった。

情報化社会がきたといっても、巨大なマスコミはうるさいほど特定のグループや個人をとりあげるにすぎない。そして大部分の人は黙殺されている。善良な大多数の庶民は、いちばん堅い木のベンチに腰かけて黙って有名人の話を聞いて拍手する。いつまでもこんなことであってよいのか。民衆が真に自分たちの社会の主人公になるためには、新しい常民としての質を獲得しなければならぬ。その第一は自己を表現する力である。

「少数の文章貴族に対して多数の文章平民を！」

橋本義夫はみずからその民衆的な文の模範をつぎつぎと示しながら、周辺の人びとに熱心にこの表現運動に参加することをすすめた。一九五八年（昭和三十三年）、かれはそのひらがなばかりの趣意書の中で、はじめて「ふだんぎの会」という名前をつかった。

「とくべつなごく少ない人たちが世の中に表立ち、家庭の人や普通の人たちはかくれて生きるのが今の世のさまです。ふだん世の中にあまり出ない人たち、この人たちをめぐる家の人をもくわえて、楽しい生々とした集りをしたい。それには〝ふだんぎ〟であつまり、なんでも考え、しゃべり、書き、いろいろやってゆきたい。」

「〝ふだんぎ〟でつきあいたい。〝ふだんぎ〟ではなしたい。〝ふだんぎ〟でものをかきたい。」

それからじっさいにかれはおびただしい文を書いた。驚くような速さで〝なりふりかまわぬ〟短文を書きまくった。いまそれらの文に目を通してみると、実用でないものはなにひとつない。かれの著作した六十余種をこえる小冊子、一千篇をこえる短文、それらはすべてかれが他の人びとに発した信号であり、行動へのよびかけであり、実験の提案であり、企画書であり、記録であり、告発であった。

かれは五十代に入ってから、ほとんど祈りのような詩を書きだした。それもいわゆる暇人の道楽ではない。言葉のきらびやかさや修辞をもてあそぶ、いわゆる詩人のたわごとではない。かれが民衆のリーダーたちの記念碑設立の運動をはじめたとき、もっとも短い文で大勢の人を打たなければならないという必要に迫られ、苦しまぎれに搾りだした語句であった。しかもほとんどの場合が捨て身であった。そのせいか、かれの詩は多く「末期の眼」で射抜かれている。先の「丘君、雑木林君」などは絶唱である。生活に密着していながらなおかつそれを越えようとする。こうしたやり方を、かれは常民の文章道という。そしてその経験則を一九六〇年（昭和三十五年）に『平凡人の文章』という小冊子にまとめ、さらに六八年に改訂して『みんなの文章』に理論化した。こう書けば坦々とした道のように受けとられるかもしれない。しかし、その十年がまたかれにとっては茨の道だったのである。

橋本義夫は六十五歳を越えていた。戦後十八年間、晩年のエネルギーを傾け、一銭にもならぬ文を毎日毎日書きつづけ（その発表機関は多摩のローカル紙のみ）、積り積った〝ボタ山の上に咲いた一輪の野の花〟、それがこの小冊子だった。この『平凡人の文章』を刷って、かれが一軒一軒配布してあるいたとき、知友からはほとんどなんの反響も返ってこなかった。十年間の血の出るような実験の結果がこれであった。しかし、かれは絶望に耐え信念を崩さない。八年後にふたたびひどい貧乏の中で、三〇〇部刷り直し、友人、知人に惜し気なく配り終った。そのあと、かれは「いつ死んでもいいと思った」。

「『みんなの文章』をすでに三分の二は配ってしまった。さて幾人が読んだ？　多分五人位は読んだろう……。独学十八年、表現のまずさや推敲の不足はあっても、ねらいと実験とは、まちがっているとは思わない。」かならずや、この「ふだん記」の方法によって、誰でもが文が書けるようになるにちがいない。これまで、お人よし的な常民は狭いところではバカにされ、利用されて終った。〝だが、文を書けば「文は人なり」で、広い土地、長い時代、世を動かす〟〝お人よしに文を書かせたい〟。

かれはその間じゅう、かれとともにこの実験に加わった数人の中堅婦人の文を、『多摩婦人文集—十周年記念』（一九六七年十一月）にまとめて、その第一期を終えた。

この一九五八年（昭和三十三年）から六七年までの十年間というのは、戦後日本にとってはもっともはなばなしい高度経済成長の時代であった。技術革新、燃料革命（エネルギー）、神武—岩戸景気をへて所得倍増政策をかかげた自民党政府は、東京オリンピックを成功させ、ベトナム戦争、中国文化大革命を尻目に、一路経済大国へと突進していた。それはおびただしい車洪水とビル・ラッシュ、高速道路網、いざなぎ景気、「万博」による力の誇示まで、あたかも順風満帆の勢いであった。それがはっきりと頭打ちをみせたのは七〇年代に入ってからである。国内にはコンピュータやテレビが大普及し、日本中のすみずみにまで、一瞬のうちに中央の情報がとどく「情報化社会の時代」が到来していた。

橋本義夫はこの間、しばらくは小康状態をえていたように見える。かれを理解する友人がしだいに輪をひろげ、好意と友情をもってかれに接しはじめていた。このころから井上郷太郎、椚国男、金井郁夫、田中紀子、沼謙吉ら若々しい多摩のすぐれた人間たちがかれと親交を結び、多年〝文化不毛の地〟といわれた八王子に、一大文化運動を展開してきたからである。〝選手交替！〟かれはひそかにそう思ったにちがいない。

とくに一九五九年（昭和三十四年）に多摩文化研究会が発足し、鈴木竜二を主幹にして、幅広い内容をもつ雑誌『多摩文化』がぞくぞくと刊行されはじめるや、若い教育者、研究者たちも翕然（きゅうぜん）とこれにあつまり、地方史研究や伝統芸能の復興も、郷土資料館の設立運動や人間交流も、年一年と盛況を増すにいたった。

橋本義夫はこの運動に積極的に協力し、「八王子地方に未曽有のルネッサンス時代来る」と喜んだ。かれの蒔いた種があちらでもこちらでも若い芽を出しはじめたのだ。そして鈴木竜二、持田治郎ら友人の後援で、かれの代表作のいくつかがこの期間に公刊されたのである。

鈴木竜二こそ戦後の八王子地方文化の昂揚に大きな画期をつくった「真人材」である。「経済力と、才能と、熱心と、この三つをもった文化人がいたら、どの位効率が高いか。鈴木氏の存在は多摩地方の文化上、まさに〝百万の味方を得た〟というべきである。」そうかれは評した（『地方の人びと』第二巻、一九六六年七月）。

それからわずかに四年、鈴木竜二は忽焉（こつえん）と逝ったが、かれが興した運動は持田治郎をはじめ、沼謙吉や中村甲太郎ら今なお多くの同志たちによって継承発展させられている。

全国ふだんぎの運動

橋本義夫は「八王子地方に未曽有のルネッサンスが来た」と喜びながらも、まだなにかが足りないことを感じて、厭世感から脱けだしえないでいた。「ふだんぎの会」十周年の決算として平井マリ、橋本譜佐ら五人の珍しく立派な造本の『多摩婦人文集』を出したときにも、かれはこれでひとまず終りと思っていたらしい。ところがその出版記念会の席に招待者としてよばれた家庭婦人四宮さつきと大野弘子の新人と話しているうちに、かれには再出発の意欲が勃然と湧いてきたらしい。

そうだ！　この運動を起すためには、それにふさわしい会誌を出そう。たとえどんなに小さなものでも、自分たちの力で毎月出して、つづけることだ。すでに原則がわかり、目標がはっきりしているのに、万人を動かせないわけはない。あとはただ説得と忍耐、そして人の流れの生れるのを辛抱強く待つことだ。待つことの苦手な橋本義夫が、この時だけは遠くをにらんで、おのれをおさえ、待ったのである。

『ふだんぎ』創刊号は一ヵ月後の一九六八年（昭和四十三年）一月十五日に出た。それはわずか三四ページのガリ版刷り、五十部である。ガリ切りは四宮さつきが引き受けた。印刷と製本は町の郵便局長大野聖二・弘子夫妻が受けもった。そして橋本義夫は執筆の勧誘と配本のために古自転車に乗って走りまわった。この大野、四宮、橋本トリオが「ふだんぎ」の中心となり、深い信頼感を支えに初期の苦難の時代を乗り切ったのである。

創刊号が出たとき、かれは四宮さつきや大野弘子にむかって、真顔で、「いまにこれが博物館に並ぶようにしてみせます」と宣言した。二人は驚いて、内心、「先生の大ぶろしきではないか」と思ったという。そのころの実質的な投稿者は七、八人で、第七号までは大野聖二の手刷り、題字は母堂が書かれ、経費もほとんど大野一家が負担していた。やがて働き手に金井ゆき子があらたに加わり、一九六九年の暮の二十七日など、朝九時から夜七時までかかって十二号を刷りあげたと、四宮さつきは回想している。

四宮さつきという人は、戦時中満州で働き、日本の大陸政策に翻弄され、戦後は北海道に開拓者として移住し、富良野(ふらの)の原野で五人の子供を育てながら十二年の風雪に耐えた苦労人であり、『ながれの中に』(「ふだん記本」15、一九七一年六月刊)というみごとな人生記録を生みだしている。そのたくましい生き方からきた芯の強さと開放的な明朗性は、文字通り「ふだんぎ運動」の陽性なエネルギーとなって橋本の志の実現を助けたといえる。

『ふだんぎ』は十七号からタイプ印刷に変った(やがてその印刷は町の清水工房の手に移り、この一家もあげて熱烈な同志となる)。参加者もはじめの一〇人ほどから五〇余人にふえた。草創期の有志の献身はたいへんなものであった。そのことをかれはこう記録している。

「『ふだんぎ』一号から十六号まで計千二百二十八頁。厚さ十一センチ。ガリ版印刷。一頁に四百字詰原稿で二枚半要すると、合計原稿用紙三千七十枚を手で写し、原紙を切ったことになる。そのうち七十枚程は二、三の人が手伝ったとしても、三千枚は家庭主婦四宮さつき氏の奉仕によった。数字にすれば百二十万字をガリガリやったことになる。これがまさに〝手づくり〟の事実の積み上げによる無言の言葉だと思う。社会的に力なき私達は事実を積み上げよう。みんなに必要なことは必ず生長するだろう。」

橋本義夫は庶民がよろこんで、自分から進んで文を書き出す秘法を発見していた。よろこんで書く。そのためには、まず文にたいする劣等感をとり除いてやることが大事だった。「ふだんぎ」は新人優先、競争はぜったいにさせない。「ふだんぎ」の大道は拙速を尊ぶこと。平民、無名人が名文だの模範文だのを手本にするなどまったくナンセンスなのである。古い概念をこわして真実を述べよう！

「模範に束縛されても平民、無名人。そんなものが無くても平民、無名人。どうせ上りっこないし、下りっこないという低所にいるのだから、くだらぬ模範などする必要がない。平民、無名人として自分の思うこと感じることそのまま、自分の方法で書けばいい。」

「不幸、失敗、困難、自責の事を書けば、だれも嘲るものはいない。」

「万人が万人の文を身につけるのに一番手取り早い方法は、ハガキをうんと書くことだ。感じが動いたらすぐ書く。形式的でなく、云いたい事を自由に書く。人を得ようとすれば、まず五本出せ、十本出せ。」

「『ふだんぎ』は新人の私信をのせることから始めよう。」

かれはこうした趣旨を倦まず、くり返し説いた。そして、マス目にではなく包み紙の裏に、鉛筆書きしてくる常民の話し言葉のままの文を読んで、新鮮に驚き、率直によろこび、必ずほめることを忘れなかったのである。

「手紙もろくに書いたことのない人たちの文が、なぜこうも面白いのだろう。なぜ面白いのだろう！」かれは人前でも小躍りせんばかり喜んだという。

この真摯な態度と確信をもった勧奨こそが、人びとに喜びをあたえ、劣等感を忘れさせ、進んで書く自発性をよび起こしたのである。かれがその方法をまとめた小冊子『ふだん記について』(『平凡人の文章』の改訂三版、一九七〇年)は示唆にみちている。なによりも庶民に自信をとりもどさせる心の根拠を示している。「ふだんぎの運動」はこの橋本の教典を中心にしていっそう前進した。

大野聖二さんよ
この窓の下の土を何と思いますか？
地球ですぜ！
八王子でも　日本でもある前に
先づ地球の表面ですぜ！
天体の中に浮ぶ
惑星の一つですぜ！

橋本義夫は「ふだん記の運動」の限界も役割もよく承知していた。あるときこんなことも書いている。「『ふだんぎ』は云わば苗床(なえどこ)のようなものである。伸びたら、各地に各方面に移植され、そこで生長し、花咲き、実り、さらにそれが蒔かれて拡がるのがほんとうである。苗床は狭い方が管理が容易だが、苗床ではみのらない。」

かれはおそらくこの運動がこの地方以外の人びとに認められ、やがて日本全国に花ひらくことを望んでいたのだ。

一九七〇年（昭和四十五年）二月十四日、『朝日新聞』全国版のコラム「標的」につぎのような紹介文がのった。

「『つん留の話』（八王子市追分町一〇の六大野聖二方、ふだんぎグループ刊）というガリ版手製の本が出た。ある鳶のかしらが書いたものだ。一人の宮大工の棟梁が、文盲でつんぼの留吉という弟子を、木柄作りの名人に育てあげるという、幸田露伴好みの短編で、ジーンとくる実話だ。かしらの尾股惣司氏は、近所の郵便局長にすすめられて、なれない指に万年筆をはさんだというのだが、それにしても鳶職に文章を書かせ、それを本にして出す〝ふだんぎグループ〟というのはなんだろう。……二年前に生れて、いまでは仲間は町のあらゆる職業の人にひろがった……」

この尾股惣司の文はかれの自作の童画や図版をも入れて、すばらしい書物（『ある鳶職の記録』一三八ページ。「ふだん記本」25、一九七二年十一月。これは二年後に『鳶職のうた』と題して丸の内出版から刊行された）となった。橋本義夫はその出版に力をつくし、「これこそほんとうの無形文化財だ。尾股さんの記録は日本のある面で貴重な存在として残るだろう」といって歓喜した。四宮さつきはまた、この職人の話し言葉のもつ面白さを殺させまいとして、ある章など七回も書き直しを求めたという。文章の素人が〝ふだんぎの法則〟を頼りにして素人の文を指導できたのである。それはともあれ、この「標的」の反響は大きかった。

「二月十四日、それが『朝日新聞』の学芸欄に載り、その結果事務局（グループ）の私共へ連日お便りが全国各地から殺到し、先生は当時毎日私共へご出勤なさる有様だった。その第一便の来た十八日の夕方、応接間の椅子におすわりになった先生は、ご自分に言いきかせるように、『いいです、やります、やらなければ』と何度も何度も云われた。その時、窓の外には夕べの灯がつきはじめていた」と大野弘子は記している（『ふだんぎ』二十号）。

織細な日本の女らしい感性とやわらかな親和力をもった大野弘子は、同志の金井ゆき子とともに名裏方として会の支えであった。その彼女は『ふだんぎ』が三十号に達したとき、その人脈のひろがりをつぎのように述懐している。

「手刷りの素朴な第一号から、今に至るまで、誌上を通し、また現実に会ったひとびとを思う時、無数に近いようなさまざまの出会いが浮ぶ。〝ふだんぎ〟のおかげで出会ったひとびと。さわやかで、思いやりの深い札幌の細川キクエさん、苦労の蔭などもみえぬ、また女丈夫などとは思えぬふくよかなやさしさに包まれた福島の金沢志奈さん……富良野の皆さんからは、『まだストーヴが離せません』とのたよりの頃、鹿児島のエリヵの皆さんからは『もう扇風機を出しました』のたよりが届く。北海道から鹿児島までが、現在は名瀬市まで伸び、先日上京された基八重さんにもおめにかかった。

櫓の音や、海鳴りのきこえて来るような長崎県『浜ゆう』の海端（うみはた）俊子さんのたより、丘の中の町に居っぱなしの私たちは、さまざまの暮しぶりにいつも励まされる。」

速射砲のような速さで手紙の返事をかくこのグループは、たちまち全国の同志の人びとと深い魂の交わりをもつようになった。新しい常民の資格は、その土地に在ってその土地を愛しながら、なお、その土地の良し悪しを知り、地域を越える意識と開放性をもったことにある。『ふだんぎ』はこれを境に確実に上げ潮の時代に入り、八王子地方以外からの投稿者を育て、これを全国の会員として一人一冊の文集をまとめさせるところまで結実させていった。

金沢志奈の『久慈川上流』（「ふだん記本」13、一九七一年）、福島県東白川郡、吉成ウメの『八十歳を越えて』（「ふだん記本」20、一九七三年）、千葉県市原市の白鳥謹爾の『こどもと共に』（「ふだん記本」26、一九七三年）、北海道、細川きくえの『どさんこ――小樽を故郷として』（「ふだん記本」28、一九七三年）、五島列島福江島の海端俊子の『海は私の絵本』（「ふだん記新書」3、一九七四年）等々、一九七一年（昭和四十六年）からのわずか四年間だけで〝ふだん記本シリーズ〟はじつに三十六冊に達したのである。

一九七〇年には機関誌『ふだんぎ』のほかに、会員のあいだの連絡をはかる『ふだん記通信』も発行され、名前も〝ふだん記全国グループ〟と改称される。そしてその秋、六十余人の未知の執筆者たちが一堂に会して感激の対面をしている。（この対面は毎年秋、全国の友の「逢う日、話す日」のつどいとして、今では百名をこす大集会にと発展している。）

また、こういう大集会とは別に、折にふれて地域の小集会をひらいているが、なかでも注目されるのは「ふだん記日待」の催しであろう。橋本義夫がいかに伝統的な常民の智恵の体得者であり、新しい人間関係の創造者であるかは、つぎの『ふだん記通信』の記事をみれば疑うことはできないであろう。

「『お日待』は夕方六時から九時半まで。二十人未満。もちろん〝ふだん着〟。飲食用意は芋の煮ころがし、その他煮付、あへ、おしんこ、赤飯、おにぎり、酒少々。集会者はメモ、鉛筆その他持参。机はまとめ、一つにし中空にしない。席は抽籤、とくに司会者なく、発言者が次の人を指名し、全体に行き渡る。そのときチャリを入れてよい。経費頭わり。世話人は新人がすぐ馴染むようにするのを心掛ける。」

この「お日待」には部落の者だけという閉鎖性がない。志を同じくするグループの寄合いとして、地縁性を越えながら地方の伝統を大事にしている。一九七一年の旧正月のある日、かれがこうした形式を復活させた背景には、つぎのような歴史的認識があったのである。

「明治以来欧米を先進と称えて何でも輸入した。式、会議、集会等も一部宗教的伝統以外は殆んど欧米式になった。だが友人、家族、親族といったものの集まりまで浸蝕し、情がわかぬ様になった。我々の頭に浮ぶのは、全国の村々部落に『お日待』といい、生活を共にした村人たちが夜食事を共にし歓談し、幸を願う年中行事があった。幕府領主の命令でもなく、明治大正の政府の指令でもなく、庶民村々の必要性からかくも普及し、何百年も続いた。この普及と持続の中に或る地域の庶民の情的必要性を満すものが有るとにらんだ。

ふだん記は、みんなの文章である。女友達が十数人集る時、この『お日待』形式をとり入れてみたらと思い、去る二月十五日、八王子元本郷善竜寺に近くの文友に集まって貰い、実験した。ところが急の催しであったに関わらず、情の通って、実があって、楽しい会合となり、一同驚く程であった。」

こうした智恵をかれが活かしえたのは、母の教訓が大きかったものといわなくてはならない。橋本型の常民像をつくりだした源泉は、しばしばかれが自認しているように、キリスト教にあったというより、私には「村の母」の中にこそあったと思われる。かれはその意味で伝統の子なのである。ただ伝統の保守主義者なのではなく、伝統の革新的再生者であった。かれが尊敬して止まなかった内村鑑三でさえ、かれが平井鉄太郎に注いだ敬愛以上のものを受けてはいない。

かれがその生涯において、もっとも熱情を注いで探求したことは、地方に、底辺に、野に、埋れている人民のすぐれた師たちを掘り起し、顕彰し、現代によみがえらせ、その力を借りて未来を拓こうとした仕事ではなかったのか。たしかに西洋から学んだキリスト教精神と科学的方法は、そのかれの事業を大いに助けた。そのことはきわめて重要である。その意義を私は否定しようとは思わない。だが、それにもかかわらず、かれの行動力の源泉と、五十年かけて成し遂げようとしてきたことの内容は、私には、西欧原理による日本の「近代化」だったのではなく、日本の民衆の伝統の革新的な再創造であったと認められるのである。

〝赤いガンジよ、ミミンズよ〟

エリカは目立たない花だ。だが、荒地には強く、冬でも小さな花を保ちつづける。その薄紫色の花びらは一つ一つより、集まったときにいっそう美しい。そのエリカのように、一人一人の美を誇示するのではなく、新しいグループとしての美を発揮しようと、九州の南端のある町で文集『エリカ』が発行されたのは一九六四年（昭和三十九年）の春であった。

ところは鹿児島県日置郡東市来町の湯田婦人学級。その学級生四〇余人が短文を寄せあってガリ版刷りの第一号が生れた。それから『エリカ』は上床絹子をリーダーに毎年一冊ずつ出して、一九七三年（昭和四十八年）には十周年を迎えている。その記念号は八四ページの謄写印刷で、五一人の寄稿者があるが、多くは中年婦人である。

いま、この十年を会誌によってふりかえってみると、着実に新しい人間関係をひろげているることがわかる。一九六八年（昭和四十三年）には『朝日新聞』の「ひととき」欄を通じて、宇佐市の「みそじの学級」との連帯が成っている。また、一九七〇年には「ふだんぎ」グループと連絡がとれ、おたがいに激励の手紙や短文を会誌上に載せあっている。

ふだん着は　祖母のめでにし唐ざんの
　縞にも似たり　なつかしき文（永野千枝貴、『エリカ』第七号）

『エリカ』八号はまた、「八月十五日」と題した次のような詩をも掲載している。

汚れたモンペとドタ靴をはいて　私は啜りあげていた
戦争になぜ敗けた　日本の男の意気地なし　女をこんなに不幸にするなんて
ハルピンのキタイスカヤの夕ぐれは　戦いに勝って浮かれた　ソ聯の若い男女の
　うずだった
仄かに漂う香料と　リズムをもった語らいは　そのまま私の未来であったはず
のびたヒゲと、疲れた顔と　肩幅の狭い日本の男を
いまいましくて、私は冷たく眺めたのであった……
月日は流れ、いま昭和四十六年
キタイスカヤならぬ神社の境内にいて　歴史を生きる大木をあおぎつつ

人間の幸せとはと思惟する
あのときの疲れた男の悲しみは　そのまま女の悲しみではなかったか
そして静かに思うこと　たとえもし勝った戦争であるにせよ　人が死ぬのは私は
　いやだ
どのようなバラ色の幸せを　あげようといわれても　たたかいは　私はいやだ
生毛の生えたピンクの赤ちゃん　羽をふるわせて水浴びして可憐な小鳥
人間を信じて生きる犬やネコ　私はみんなと共に生きたい
でも　もしふたたび　たたかいに　いこうと男がいうときは
私は力のかぎり男の胸にだきついて　いってはいや、いやと泣き叫ぶ
それでも男がきかぬときは　私はみんなと手をつなぎ　通せんぼうをする決意

(向湯田部落、小川治子)

民衆の中に眠っている戦争体険を掘り起し、記録しようと、〃山脈(やまなみ)の会〃が信州戸隠高原で全国サークルの初顔合せの会をひらいたのは一九五九年(昭和三十四年)の八月であったが(そしてその記録は白鳥邦夫の『無名の日本人』によってひろく知られるようになったが)、『エリカ』のような小さな婦人グループの間にも、同じ質の声があげられていたのである。

一九六〇年代の〃高度〃経済成長政策は農漁村から大量の青年労働者を奪い去り、いっ

ぽう農村や漁場を荒廃させ、農・漁民の生活を決定的な危機におとしいれた。長崎県五島列島のひとつ、玉之浦も例外ではない。この村の漁業協同組合の中村一馬組合長が、この事態に重大憂慮を述べ、生活防衛のために婦人たちによびかけたのが『浜ゆう』の誕生のきっかけであった。

「私共は身の廻りを幾らかでも楽しい所とする為に、自分の生活を振り返り、気持を静める時を持とう。このことをありのままの言葉で原稿用紙にぶつけてみよう。これが玉之浦漁協婦人部員による『浜ゆう』の発行です。漁村は貧しく、多忙で、知識的には低いかもしれない。しかし、私共は私共なりに考へ、表現する権利と自由を持っている筈です。」（一九六八年七月、第一号序文）

この組合のよびかけにたいして、婦人部長の柿森久枝と編集担当の浜本静枝が、「漁村婦人はその自立を図り、時代の流れに取り残されないために学ばねばなりません。」「何事も団結です、団結なくて何物にも打勝つ事は不可能です」とこたえている。運動としては、

一、「かっちゃ九時運動」（「母ちゃん、九時になったら休みましょう」「父ちゃんも人の家を訪問しても九時前には帰りましょう」当時の漁民の労働時間は一日十六時間に達していた）

二、働くお母さんの綴方運動（思ったことは素朴に、ありのままに、方言で）

三、因襲打破運動（船祝の簡素化など）

『浜ゆう』の第一号は、わずかガリ版八枚綴りからはじまった。初めのころは浜本編集者

が率先垂範で、さかんに書きまくって人前で〝恥をかいて〟みせた。これは『ふだんぎ』の場合も同様である。

『浜ゆう』の第四号には、過疎化現象によって「沿岸漁村の婦人労働」がいかに激増したかが述べられている（岩崎繁野）。これまで妻たちの仕事でなかったものまでが、彼女らの肩にかかってきた。出港の準備、船の整備、網の繕い、餌の用意、水揚の手伝いまで女がやるようになり、果ては夫といっしょに乗船して出漁するという事態にまでなった。

夫とともにはじめて一本釣の漁場に出た苦しみと感激とを、山下照子は「漁師妻」（第二号）に切々と述べているし、大村千賀も夕べの海にエビの網曳きにいったみずみずしい経験を記している。それらの文章には、危険な海で激しい労働を分ちあっている勤労者夫婦の温かい想いやりと、平等な男女の感情が溢れていて読む人の胸を打つ。

一九七一年（昭和四十六年）、『浜ゆう』は三周年を迎えているが、その歩みをふり返って、リーダーの大村千賀はつぎのようにいう。

「三年前は漁がなければ、どうして漁師の娘になったのだろう、五島に来たのだろう、と生活の苦ばかり悔んで、『子供は漁師にはなさんぞ』と思った私でした。しかし『浜ゆう』を書くようになって」から変った。

一、しっかりした地域社会を作ることに努めなければならないということに気づいた。

二、緑の島、青い海、大自然の中で働いて生きる素晴らしさを知った。

三、閉鎖性をぬけでて、広い広い世界へ出てゆく見方をつかんだ、と。

こうした辺境の勤労者たちの生活記録に交って、『浜ゆう』にはひっそりと海端俊子の詩が掲載されていた。彼女は幼い時に父母を失い、五島にもらわれてきて、泣き通しの少女時代を送り、惨たる苦労をかさね、豊かならぬ漁師に嫁ぎ、いまは七人の子と姑をかかえ、日夜働きづめに働いている三十七歳の主婦である。その境遇の人にこの詩がある。

露ぬれの草の中の
赤いガンジ(かに)よ、ミミンズ(みみず)よ
どうして私の邪魔ばすい
とぎたての鎌は見えんのか
つめたい草の根っ子で
うろうろしていて
事故にあっても
その小さな命は　返してやらえんよ
ポプラの花の下のところに
さっさと逃げて　かくれとれ
大声で泣けるし　欲しかと云える
（『浜ゆう』十二号）

イタブ取りに行くし　グミ取って食べる
子どんは良かね
どんな御馳走より　桑の実が好き　イゲ(の)いちごも好き
おご(怒)られてん　叩かれてん　「お母さん」とすぐ云うと
子どんは良かね
風呂に入って遊んでいるし　テレビはつけて眠ってしまう
親のいる子はビクビクせんで　朝がくるまでよく眠る——
こんな子どんの時がなかった

芋すんで麦まき帰る背の子にも
母と同じのほほかむりさせ　(『浜ゆう』十八号)

橋本義夫は、ほんとうの民衆の詩とはこういうものだ、この人は生れながらの詩人だと直感した。それからというもの手紙によって彼女をはげまし、彼女から最良の資質を抽き出そうとつとめた。海端俊子もまた、この慈父のような人に、半生のどん底ともいうべき茨の道のあとを告白した。そしてその手記は、珠玉のような二十三の詩篇とあわせて、『海は私の絵本』(「ふだん記新書」3)にまとめられた。

その本を作りながら、かれがなんといったか。「不幸な不幸な生れの貧しい女性にも一度位幸運が訪れたっていいだろう」と、「それが私の願いです」と。

だが、かれは感情に溺れはしなかった。身辺の人には、「海端さんの詩集を出したのは、その周辺に拡げるためではない。富良野を動かすためだ」と言い放ったという。

かれの目標は全国にあった。八王子の『ふだんぎ』はその苗床にすぎなかった。その抱負についてては、すでにこう述べられていた。

「鹿児島湯田の『エリカ』。五島玉之浦の『浜ゆう』。福島塙の『奥久慈』。北海道『富良野の人々』。それに多摩の『ふだんぎ』。その他全国に散在する未知なグループが多いだろう。その何れもが無名の家庭婦人達が主体をなし、大地から生えた植物群落に似ている。

中央、高名、外来、といった物にのみ文化価値ありと考え馴らされている連中から見れば何とも思わないだろう。だが国民生活段階の高さは、みんなの希望と必要が自然に起り、みんなのエネルギーが集中胎動しているのだ。我々はこの現象を高く評価し、エネルギーをよき建設に向けたいものと思っている。このため全国の文章団体が交り、お互がその発展と生長をはかり、同時に、その文化的歴史的価値を築きたいものである。」

（一九七一年二月）

民衆自身のことば

橋本の文章運動のまえには、じつは前史があった。一九五一年（昭和二十六年）、戦前の生活綴方運動の伝統をうけついだ国分一太郎の『新しい綴方教室』や無着成恭の『山びこ学校』が、ひろく教育界や読書人に迎えられたときから、子供の生活綴方運動は大人の、とくに勤労婦人の生活記録運動へと発展していった。

その大きな刺戟となったのが、一九五二年八月に岐阜県中津川で開かれた作文教育全国協議会の大集会であった（鶴見和子『生活記録運動のなかで』一九六三年）。そこには北海道から九州まで一三〇〇名の教師が集まり、無着らの現場報告を聞いて熱っぽい討論が行われた。この会にオブザーバーとして出席していた鶴見和子は、そのナマナマしい発想法に感動し、以後数年間、生活記録運動にとりくむことになる。

呉羽紡（くれは）の『機械の中の青春』（一九五三年）、繊維労組生活綴方委員会編の『明日のある娘ら』（一九五四年）、全銀連の『銀行員の詩集』（一九五一年〜）、鶴見和子ら生活を綴る会の『エンピツをにぎる主婦』（一九五四年）、熊本市教員組合婦人部編の『さわらび』（一九五四年）、『朝日新聞』「ひととき」欄の『女の眼と心』（一九五四年）、壺井栄編の『野の草のように――母の地図』（一九五五年）などがぞくぞくとして出版された。

『人生手帖』や『葦』という投稿雑誌がひろい読者を獲得したのもこのころであった。しかし、この運動は不幸なことに、左右両面からのせっかちな批判を浴びて、一九五六年（昭和三十一年）ごろを境に急速に退潮した。こんな綴り方運動は「実感ベッタリ主義」で、先進的な労働組合運動や革命の役に立たない、ただの「仲良しクラブ」にすぎず、「旧秩序の安全弁」になるだけだ、といったような超越的な批判が多かった。

これにたいして文化運動のリーダーたちにも十分に反論できる理論が欠けていた。その上、労働組合の全般的な変質によって文化運動自体が存立の根拠を失い、生活記録運動もたちまち退潮していった。だが、ブームは消えても、民衆の自己表現への渇望がまったく失われてしまうわけはなかった。いったん目ざめた自意識は再発の機会を待ち、地下水となって底辺に伏流する。橋本義夫はその歴史の水脈を独自なしかたで掘りあてたのである。

一九七五年五月、いま私の机上には三十八号までの機関誌『ふだんぎ』と、ふだんぎグループ刊行の個人文集五〇余冊が山のように積み上げられている。

いずれも色とりどりの表紙で、本文は一〇〇頁から二〇〇頁に及ぶものばかりだ。内容もさまざまで、思いつめた遺書のようなタイプや心情告白型のものもあれば、懐かしのふるさと型、風物詩型のものもある。しかし、だいたいは自分のきびしい生活体験を記録した伝記型の個性的な文集が多い。筆者もじつに多様で、旋盤工、鳶、八百屋の主人、家庭主婦、学校教師、農夫、元看護婦、電気商、会社員、肉屋、運転手、染職人から高尾山の大僧正まで、いわゆる専門文筆家を除いたあらゆる階層に及んでいる。

私がそれらを通読して感ずることは、そこに共通している生活態度の真摯さと人柄の善良性である。六十六歳の金沢志奈は「私は心の袋を縫糸で堅く結びつけ、死ぬまでほどかず墓地の中まで持ってゆく考えでしたが、其結び目の糸を解いてゆく考えになりました」と告白し、「生涯に唯一度の文章であれば……嘘のない、隠し立てのない、真実に近い文章にしたいと思います」（『久慈川上流』）と水垢離をとるほどの決意で臨んでいる。

また、若い主婦高野清子は脳性麻痺の子供をかかえて、劇務の中を走り回りながら鉛筆と紙をはなさず、必死に生活とたたかっている自分とその周囲を、ほとんど裸形のまま的確に描いている（『道はるかなれど』）。

岡村保雄は『七十五年――わが道草』に、元八王子村に生れ、平井鉄太郎先生の薫陶をうけ、上京した後、下町のどん底の中で、社会解放運動家としてたたかいぬいた人生記録を若々しい文章で綴っている。これは編者の橋本義夫から「無法松（富島松五郎）を地で行ったような人です」と評された。

また、最近「絹の道」で知られる鑓水の自作農小泉栄一は、多摩ニュータウンの心ない造成によって、見る見るうちに破壊されてゆく古村の姿を、『多摩の丘かげ』に愛惜の想いをこめて記録している。

福島県の山間部で材木商にとつぎ、四十三歳で未亡人になったあと、家業を支えて昭和時代を苦闘しぬいてきた主婦が、八十二歳ではじめてペンをとってまとめた『八十歳を越えて』（吉成ウメ）。また、東京のサラリーマンの若い妻であった足立原美枝子が一九三八年（昭和十三年）、山深い夫の実家に旧家の嫁として入り、きびしいシュウトメの教えと愛の鞭のもとで、日本の刀自というものの偉さを骨身にしみて見直した『相州八菅山―姑のこと』などは、橋本義夫の『村の母』とともに日本女性史に残る名篇だと思う。

その他、金井郁夫の多摩の動物研究と多年の中学教師の経験から得た『観察・実験・思考』。多摩における中里介山の面影をつたえる設楽政治の『高尾山麓夜話』。町の機械工秦英一の飾り気のない朴訥な生活をえがいた『ある小市民の記録』。高尾山薬王院主になるまでの山本秀順師の小僧時代からの人生記録『道とあしあと』。

十二の歳に家を出て、でっち奉公に入り、自分の店をもつまでの苦労話や失敗談を、明るく屈託なくのびやかに書いた小金井巽の『小っちゃな八百屋』。祖父、父、娘と三代にわたって捺染加工の職人として、福井、大阪西成、八王子と染織工場を流れ歩きながら、結婚に破れ、長男をひきとって女ひとり、十八年の生活の苦闘のすえ、ついに技術への誇りを支えに自立するにいたった朝井絹江の『染職人』。柳田国男の『遠野物語』もかくやと思われる関東の農民説話を、炉辺の百姓言葉でみごとに再現した老農沢田鶴吉の『寺田の百姓』など、ふだんぎグループならでは産みだしえない底辺の民衆記録であると私は思う。その他四十篇をかぞえる個人文集のしめす民衆の思想表現の紹介は、残念ながら今ここでは省略せざるをえない。

以上、ある地方の庶民の足跡を通して、この半世紀の歴史をふりかえってみたのであるが、ここにあらわれた現代の常民の性格とは何かを、もう一度ふりかえってみよう。

一、新しい常民とは情報化社会、民主社会に対応して自己主張、自己表現の可能な民でなくてはならない。「ふだんぎ」流にいえば、邪魔にさえならなければよい、という存在ではなく、「半盲」を克服した主体的人間であるということ。

二、柳田学が認めるように民族（民俗）の魂を〝語り〟によって伝承する能力を持つばかりでなく、〝文〟によっても後世に継承するものでなくてはならない。

三、また、常民としての永生への願いも、祖先尊重や〝家〟永続の次元にとどまるものではなく、個が個の生命や地域を越えて、全体（国民―人類）に繋がるところに求められなくてはならない。つまり、人間としての本質的な共同性への志向を人類的な連帯のなかで充たすものでなくてはならない。

四、そのためにも既成概念を破って、社会や自己のありのままの姿を、また、その関係の真実を、科学的に見分けてゆく力をもたねばならない。そうした新しい常民としての能力は「ふだんぎ」などの表現運動によっても獲得されるであろう。

五、新しい常民は伝統的な生活の知恵を活用しながらも、古い共同体観念の排他性、差別性、閉鎖性をのりこえなければならない。日本の庶民の口から人類とか世界とかいう言葉が日常に飛びだすような状態を招来させなければならない。

橋本義夫は自分を傷つけ迫害しぬいた明治以来の伝統共同体と、七十余年、傷だらけになって徹底的に格闘した。かれを取り囲んだ地方社会の非人間性の根をかれは看(み)破り、その守旧性を改めようとして幾度挫かれても懲りることなく、その実験をくりかえした。それはかれがその郷党社会から逃走せずに生きる必要以上のものだった。こうして柳田学の認識対象だった地方社会は、かれによって内側から科学的照射を浴びせられ、告発され、弾劾されるにいたった。新しい常民像はそうしたかれの痛苦にみちた体験の中から一体一体彫り出されたものである。いかにもかれは農学校の出身者らしく、〝精神の篤農家〟のような風貌を見せていた。

ある夜、私はかれの家を訪ねて語りあった。

「橋本さん、あなたのやってこられた仕事は世界の第一線の人びとの実験と並んでいるようですよ」と。私が北米や西欧で見た若者たちは、新しい人間社会(コミュニティ)を創ろうとつぎのような原則をかかげて実験していた。

①われらは競争をしない。

②われらはいっさい差別をしない。

③われらは閉鎖しない。
④われらは人と人との関係の中心に金を据えない。
⑤われらは人間疎外を強いるいっさいのものとたたかう。
これを聞いていた橋本義夫は喜色を満面に浮べていった。

「ふだんぎの原則と同じです。ふだんぎのグループも、競争しない、差別をみとめない、新人に拍手する（新人優先）。年功序列をみとめない、劣等感をあたえない。あらゆる職業、身分の人と共に楽しむ。そういう要素を内包した文化を創りたいのです」と。

事実、かれの会は、あれだけの出版活動をやりながら、会費は一文もとっていない。会費制で人間を縛ることを嫌い、運営はいっさい自発的な寄附金でまかなっている。かれはこれを「喜捨」とよぶ。「ふだんぎ」に集まる多くの人びとは、現代日本の文明沙漠の中に、こうしたオアシスのような「場」を見出して心底から喜んでいるのだ。

去年の一月、かれは会誌で「ふだんぎ」グループも未来に向って離陸しようと呼びかけた。

人類史的規模における危機をむかえて、われわれの日本はいま、模範国をもたない、実験の最前線に立っているのだ。そして、この難局にたいして、明治以来の官僚やエリート共はなす術を知らないでいる。

「つんぼさじきを半永久的に温めていた一般国民も、ここらで板じきの腰かけから出て、知力、実力を発揚すべきであろう。『ふだんぎ』は万人自身の言論を目標としてきたが、この大きな情勢下には地平線上に出るべき時であろう。」(一九七四年一月十三日)
そして、『ふだんぎ』は新しい情勢を受けて立ち、すべての方面で新機軸を開拓するために、実験的態度をとる。今より良いことを探求し、世の中の役に立つように心掛ける」と宣言した。

一九七四年(昭和四十九年)九月二十一日、第六回「ふだんぎ全国グループ」のつどい「逢う日、話す日」が八王子の商工会館で開かれた。この日、各地からつどう者百二十余人。「最後の御奉公ですから」と、みんなの制止をおしきって橋本義夫はみずから司会役をつとめ、ほとんど全員に談話の機会をあたえた。

かれがその日に語ったことばは未来への啓示に富んでいる。

「日本の今日の昏迷は深く、厚い。輸入すべき先進文化もない。この解決には私たちが諸実験をして道を探るより他にない。何でも試みよう。文でも手紙でも、何でも新しいことを試みよう。」

「私の精神の根拠は〝自己疎外〟しないということにあった。会とかグループは全体から自己疎外する癖がある。このためすべて成長が止り、歴史から隔離する悲喜劇となる。文友諸君、自己疎外を戒めよう。」

この日のことが『朝日新聞』読書欄（九月三十日）にくわしく報道されるや、全国から問合せが殺到し、三ヵ月経ってもなお止まず、その来信の綴りは厚さ三〇センチをこえたという。橋本義夫はその応答に没頭し、一〇〇人に近い新しい交友を全国に得て、ガリ版の速報『ふだん記運動』を発送した。さらに、一九七五年には、機関誌のほか月に二冊のわりの個人文集の刊行にとりくんでいる。

無一文、徒手空拳、老齢、しかもなおこの旺盛な活動の秘密はなにか！　かれは今日もその刷りたての会誌を、一軒々々手ずから配付してあるく。ここ二十年、このことだけは他人に委せず自分ひとりでつづけてきた。古自転車のペダルを踏んで、かれの姿は、炎熱の日も酷寒の日も街にあらわれる。

橋本義夫、七十三歳。この人は生涯そのものが昭和五十年を真摯に生きぬいた作品であった。むかしも今も変ることなく、学歴なく、経歴なく、免状なく、位階なく、財産なく、尋常な家庭人としての幸福とてなかった。この人にしてなおこの創造がある。

「現代の常民性」、そのみごとな祖型は田中正造のなかにあったと私は思う。田中正造の中に明治型の一つの理想像として完成されていたと思う。橋本義夫のタイプは、その伝統の大正デモクラシー期を通過した一バリエーションにすぎない。

そして、そのような存在は、私たちがよく自分の周囲を見渡せばどこにでも発見できるはずだ。さらに、より新しい現代型は、私たちの身近なところに遍在し自立している。

天草で生れ、水俣でたたかっている石牟礼道子のような存在。追われる坑夫や棄民の語り部として、筑豊の廃坑長屋に蟠居し、現代を告発しつづける上野英信や森崎和江のような存在。東北の一角から日本の荒廃を凝視しつづける真壁仁、むのたけじ、佐藤藤三郎のような存在。それらの人ほど著名ではなくとも、質的には少しも劣らぬ敬服すべき人物は関東をはじめ、北陸、山陰、東海、四国から沖縄、北海道にいたる全国に見出しうる。また、東京、大阪、横浜、名古屋、神戸などの大都会の〝世話やきさん〟の中に見出しうる。職場の中にも見出しうる。こうした人たちはまぎれもない新しい型の常民のリーダーである。そして、その人たちの心眼の奥に映じた民衆原像こそ、ほんとうの日本現代史の主体であろう。それは富士周辺や不知火や陸奥小川原や志布志や三里塚や瀬戸内や沖縄などの母たち、師父たち、若者たちの姿に隠顕している。

私はこうした数百、数千の日本の常民の小リーダーが、地方に、底辺に〝地の塩〟のように頑固にがんばりぬいているのを知るがゆえに、この国に希望を失わぬ。日夜、虚無に襲われようと、希望を失わぬ。

昭和史の天皇像

さまざまなイメージ

この半世紀の歴史をなぜ昭和五十年史というのか。なぜ天皇の年号という、普遍性をもたない言葉を使用するのか。私にはこの天皇の半世紀は特別な意味があるように思われる。日本歴史上、最長の在位記録をもち、しかも、大化の改新を遂行した天智天皇よりも、建武中興——南北朝の争乱に翻弄された後醍醐天皇よりも、明治維新——文明開化を実現した明治天皇よりも、いっそうはげしい波瀾万丈をくぐりぬけたのはこの天皇ではないだろうか。

この天皇裕仁(ひろひと)こそ、日本がアジアの一小国から大陸制覇にのりだし、さらに南進論を実行し、太平洋海域を征服し、ついには日本史上初の敗戦——外国軍隊による占領を体験しながら、ふたたび国力をもりかえし、今日、未曽有の経済成長をなしとげたという疾風怒濤の時代を、茫洋として生き長らえてきた驚くべき人物だからである。

一九七五年の現在でも日本国民の大多数は、なんらかの形でこの人に関心を抱き、親愛な人、神聖な人という印象を抱いている(とくに高年齢層の過半がそうである)。この存在を抜きにして日本の現代史を語ることはできない。この天皇以上に強い永続的な影響を日本国民にあたえた個人は現代日本の歴史には存在しないからである。

いったい天皇裕仁は名君なのか凡器なのか、平和愛好者なのか戦争好きなのか、誠実の人なのか無責任人間なのか、陰謀家なのか根からの善人なのか、指導者なのか側近のロボットなのか、正体不明なところに依然として多くの人びとをひきつける大きな魅力がある。

この天皇に関する評価ほど甲論乙駁、左右あい対立し、世代間であい分れているものも少なかろう。天皇は人間としての個人意志だけでなく、〝皇祖皇宗〟という先祖の霊や側近奉仕者の意志をも、つねに合わせもった複合人格であるため、右に記されるような性格を兼ねそなえた一個の茫洋として頭脳明晰な、単純にして複雑な〝万華鏡〟のような存在であったのではないだろうか。そのことは、これから述べるかれの半世紀におよぶ足跡がおのずと明らかにするであろう。

日本の敗戦直後、それまでは絶対のタブーであった天皇にたいする国民の率直な批判があらわれるようになった。「大体、日本の制度が悪いのや。天皇陛下といふものがあるからこんなことになるのや。一層のこと鉄砲で射ち殺してしまへばよい。」（一九四五年九月、大阪府南河内郡、男、五十二歳）。いや、そうではない。今、国民がこうしていられるのは、天皇陛下の終戦の御聖断のおかげだ。「国民に対する御聖徳から、敗れたと雖（いえど）も斯様（かよう）にして居られる事は全く上御一人の大御心の宏大なることに感泣せずにゐられない」（一九四五年九月二日、福岡県山門郡、自作農）という者まで、その中間に大多数の国民は迷っていた。

そのため天皇陛下はどうするのだろう？　そういう素朴な疑問と期待とがつぎのような声となってあらわれた。まだ米軍が進駐してくるまえ、「天皇退位せよ」という叫び以上に、私たちはこんなささやきを聞いたのだ。

「天皇陛下は自害された。」（一九四五年八月二十日ころ、鳥取市）

「天皇は皇太子殿下に譲位されて沖縄に行幸された。国民は飽迄(あくまで)抗戦すべきだ。」（八月二十日ころ、鳥取市）

「兎角(とにかく)現在の青壮年の居る間は駄目だ。国体の尊厳を忘れねば、何年経っても日本は駄目だ……」（八月二十一日、滋賀、住友伸銅所次長、四十九歳）

「八日市の部隊よりの情報では天皇陛下は琉球に流され女は全部上陸軍の妾になり混血児をつくる。男はアフリカ或はニューギニヤに送られ奴隷に使ふ由であるから速に村民大会を開催して国民の反抗心を昂揚せねばならない。」（八月二十一日、滋賀、国民学校長）

「天皇陛下は今次の降伏で御心労の余り御崩御になったそうだ。」（八月二十二日、滋賀、日野高女生徒四名。——以上の引用は現代史の全編「官憲資料にみる民心の動向」『季刊現代史』三号所載、一九七三年十一月）

天皇の自害、天皇の譲位、天皇の配流、天皇の病死……民衆は永年神聖視してきたこの人にたいする優しい心遣いから、このような形でやんわりと天皇に最高指導者としての責任をとることを期待していたのであろう。一面ではきびしく天皇の戦争責任を糾弾する声と、他面では心優しく天皇をかばい、包みこもうとする声と、こうした対立する民の声を代表する二大文章が敗戦直後の一九四六年（昭和二十一年）にあらわれている。

一つは亀井勝一郎の感謝と敬慕の情にあふれた「陛下に捧ぐる書翰」であり、もう一つは正木ひろしの「更生日本に告ぐ」という痛烈な天皇告発の論説であった。しかし、その内容の吟味は歴史的事実を検討した後にまわそう。そしてむしろここでは、それから二十年後にあらわれたこの二大対立の国際版ともいうべき二人の外国人による天皇ヒロヒト論の紹介からはじめた方がよいと思う。

外国人の二つの評価

一人は一九六六年（昭和四十一年）に『天皇ヒロヒト』を上梓したイギリスのレナード・モズレー（Leonard Moseley, 一九一三〜）であり、かれはこの著書で天皇の一貫した平和愛好意志とその努力を力説した。モズレーによって描き出された天皇ヒロヒト像とは、イギリスびいきの心優しい平和愛好の文化人であり、明治大帝の遺訓をよく守った模範的な立憲君主であり、周囲の軍閥や一部狂信主義者たちの圧迫によって、事志とちがってしまった悲劇の名君であったという、宮内庁を泣かせるような日本人好みの〝穏健〟なものであった。そしてこの基本理解は、もちろんモズレーの創見ではなく、極東国際軍事裁判によ

っても ほぼ承認された「公式」の評価であり、今日、天皇裕仁が平和国家日本の象徴として存在することを、国の内外から許される根拠になったものである。

モズレーは自著をこう紹介している。

「本書は、天皇を、全く予期しなかったこの歴史的瞬間（敗戦、引用者註）に導くまでの、いろいろの事件やいきさつを描いた物語であり、戦争と征服に熱中しつつあった国の天皇の地位におかれながら、実は優しく、内省的で、学究的で、しかも平和を愛したひとりの文化人の物語である。そして、また狂信的軍人と宮廷の陰謀をものともせず、天皇が、いかに勇気をふるい、機略を用いて陰謀者どもの裏をかき、戦争を終結させたかという物語でもある。」（『天皇ヒロヒト』高田市太郎訳）

これにたいしてもう一人は、一九七一年に（日本語版は一九七二年）『天皇の陰謀』なる大著を刊行したアメリカのデイヴィッド・バーガミニ（David Bergamini, 一九二八～）である。バーガミニは天皇の戦争責任をきびしく追及する。しかし、かれは共産主義者なのではない。かれ自身語るように欧米流の合理主義者として、歴史の真実のまわりに幾重にもはりめぐらされた「防護壁を貫通して、（国家意志の）決定形成の真実を刺し貫く」ことを試みようとした。そうした弁明通り、この大著のモチーフはおそろしく明確であり、その演繹的追及法は合理的、あまりにも合理的である。（日本の民衆はかれの歴史叙述では、モッブ＝群衆、愚衆として一括されている。）

バーガミニによると、こんどの戦争は想うだに醜悪な「天皇の秘密閥」によるアジア征服の大陰謀の結果であったという。書名どおりの「天皇の陰謀」を実現する「秘密閥」が成立したのは、皇太子裕仁がヨーロッパ旅行に出かけた一九二一年（大正十年）の夏のことであったというから驚く。黒幕は当時ヨーロッパにあって情報活動の元締めをしていたとされている東久邇宮稔彦王（ひがしくにのみやなるひこ）（敗戦直後の内閣総理大臣）、それに後に日本陸軍の南進派のリーダーとなる永田鉄山、岡村寧次、小畑敏四郎ら三少佐の在欧武官グループで一九二一年十月に南ドイツのバーデンバーデンで「秘密閥」の第一回会合をもったのだという。

帰国後、皇太子裕仁は大正天皇の摂政となり、やがて天皇に即位する。そこで「秘密閥」は裕仁の拡張主義的な野望を実現させる内容を充実していく。一九二九年（昭和四年）には陸軍の若き軍事的天才石原莞爾中佐を満州スパイ旅行に放ち、満州占領の精細な計画をつくらせる。いっぽう、海軍のホープ、山本五十六大佐に航空兵力増強を中心とした機動部隊の育成計画を構想させる。さらに、鈴木貞一、板垣征四郎、東条英機、山岡重厚、磯谷廉介らの有力参謀クラスを擁して政府内に地歩をかため、着々と野望実現の布石を打っていったというのである。

この新説にしたがえば、一九三一年（昭和六年）の満州占領は天皇の「陰謀閥」による予定の行動であり、一九三六年（昭和十一年）の二・二六事件は、荒木貞夫、真崎甚三郎両大将ら陸軍の北進派にあやつられた青年将校たちの叛乱を、南進派の天皇がみずから容赦なく弾圧させた事件ということになる。また、一九四一年（昭和十六年）の真珠湾奇襲は、天皇による計画的なもので（〝天皇は開戦の十一ヵ月前にすでに山本五十六連合艦隊司令長官に真珠湾攻撃の研究を命令していた〟）、アメリカ攻撃の直接責任は天皇にあったと力説している。

　こうしてバーガミニはこれまでの〝公式人物像とはまるで写真のネガとポジのように異なる〟裕仁像を写しだすにいたった。

「私の評価では、裕仁は倦むことを知らぬ、一身を捧げた、細心で狡猾な、辛抱強く忌むべき戦争指導者であった。彼は彼の偉大な祖父から、アジアを白人から奪い取るという使命を引き継いでいた。国民が抵抗し、尻ごみしていたので、彼は戦争前二十年にわたり、その課題の心理的および軍事的準備を国民にさせるべく、巧妙に彼らを操作したのである。この私の評価と対照的に、公式の人物像は――多くの点で魅力に欠けるものだが――裕仁を、王国の管理を将軍と元帥にまかせ、真菌植物と小さな虫のような海中生物を相手に歩きまわることに精力を注ぐ、教養ある引退した生物学者として表わしている。」（『天皇の陰謀』前篇、いいだ・もも訳）

　先に引いたモズレーの天皇観と何という違いであろう。

一九四五年（昭和二十年）八月三十日、マッカーサー将軍に率いられた米占領軍が日本本土に上陸するまで、日本政府の各級機関と陸海軍は昼夜兼行で重要機密書類の焼却に全力をあげていた。とくに天皇直属の大本営の各種会議の議事録や内閣議事録、陸軍参謀本部、海軍軍令部、憲兵隊などの重要書類の大半は焼却されたと信じられた。極東国際軍事裁判は、こうした第一次資料なしに被告、参考人の陳述と傍証を柱に行われた。ところが敗戦から二十二年も経って、一九六七年（昭和四十二年）に杉山元参謀総長が天皇の「御下問」や大本営・政府連絡会議の議事内容などを刻明に書きとめさせた『杉山メモ』二巻が公刊されたのである。この編者稲葉正夫元大佐によると、この重要文書は参謀本部戦争指導班員らが米軍の追及を逃れて、ひそかにドラム罐などに入れ、土中に埋めて秘匿しつづけたものだという。これといっしょに「大本営機密戦争日誌」（一九四一年十月十五日〜一九四五年七月三十一日）が防衛庁戦史室に移管されていたが、この方は一九七一年（昭和四十六年）に一部が国民のまえに公開された。

つまり、消滅したはずの第一級資料がこうしてようやく姿を見せはじめた。モズレーが利用できなかった『杉山メモ』や、元侍従武官長本庄繁大将の日記は、バーガミニによってさかんに使われ、またバーガミニが全文を閲覧できなかった『機密戦争日誌』や『現代史資料』数十巻（みすず書房版）などが、また、かれの所説をくつがえしたり、修正したりする根拠になっている。こうした新史料の出現による史実訂正の反覆運動がここしばらくはつづくであろう。しかし、それにもかかわらず、この二人の外国人による天皇への二大評価は、史実の選択、評価の問題をこえて、はるかに大きな立場の違いや歴史の見方の相違をあらわしているように私は思う。

最初のヨーロッパ旅行

迪宮(みちのみや)裕仁は大正天皇(当時は皇太子嘉仁)の長男として一九〇一年(明治三十四年)四月二十九日に生れた。橋本義夫や歴史家の服部之総とほとんど同じ年代である。生れてまもなく両親のもとから引離され、明治天皇の意志によって海軍中将伯爵川村純義に預けられ、四年間養育された。川村の死後は、木戸孝允の養孫で宮中顧問官をしていた侯爵木戸孝正が養育掛を命じられている。のちに裕仁の厚い信頼をうける木戸幸一はその孝正の息子である。二人はいわゆる幼友だちであった。

一九〇八年(明治四十一年)、七歳のとき裕仁は学習院初等科に入った。院長は陸軍大将乃木希典。乃木らしい厳格な軍隊教育がほどこされた。(といっても乃木は四年後に明治天皇の後を追って殉死してしまう。)

一九一四年(大正三年)、初等科を終えた裕仁は、高輪御殿内の御学問所で特別教育をうけることになった。御学問所の総裁は海軍元帥東郷平八郎、直接の帝王学の担任は国粋主義者杉浦重剛であった。裕仁はこの熱烈なナショナリストの杉浦から七ヵ年にわたって二百数十回の講義をうけた。そのうち外国の事例はわずかに三十回で、あとの大半は儒教の徳目か日本史上の天皇に関わる項目であったという（ねずまさし『天皇と昭和史』）。かれがいかに幼時から普遍性を欠いた偏向教育をうけていたかがわかる。杉浦らは『古事記』や『日本書紀』に出てくる神代の巻をことごとく史実として教え、日本の〝万国に冠たる国体〟を合理的な認識によってではなく神がかりした独善思想で説いた。歴史家ねずまさしはいっている。

「（杉浦の）講義の主調には、世界一主義、つまり日本拡張主義がある。……『欧米諸国はアーリア種に属する同一民族なり……我日本帝国は将来独力を以てアーリア諸民族と相対抗するの覚悟』が必要と、他民族に対する対抗意識と軍国主義を昂揚する。……ルーソーや四大人（ワシントン、ペートル大帝、ウィルヘルム二世、マホメットに関する講義のことか――引用者註）などでは、外国の自由思想、個人主義、社会主義を排撃する。要するに一貫する思想は、儒教をもととする皇室中心主義、政治主義、外国との競争主義、世界一主義、軍国主義である。このような教育を七年間も幼い頭にうけて、もし軍国主義者にならなかったら不思議である。」（前掲『天皇と昭和史』）

もしも裕仁がこの時期に杉浦らのかわりにせめて森鷗外や内村鑑三、吉野作造や長谷川如是閑らのような〝愛国者〟たちに学んでいたら（そのような可能性は当時の情況の中では考えられなかったと思うが）、その後の天皇としての行動もだいぶ違ったものとなっていたであろう。

かれは小さい時から毎日日記をつけ、鉛筆はキチンとけずり、筆入れにしまうときは本数までかぞえるというひどく几帳面な性格だったらしい。十二歳のときから陸海軍の少尉にされ、二、三年おきに昇進し、天皇になると大元帥という頂点に達し、日常つねに軍服を着てくらす。どこにいっても、屋内屋外をとわず、侍従武官がついてまわるという軍国調の規律と教養のなかで、かれは少年時代を過したのである。

「昭和三年十二月十五日、彼は午後二時から一時間半、雨にぬれながら外套もきず、二重橋前にもうけた壇上から数万人の関東地方の学生、生徒、青年の武装行進を親閲した。当時浦和高等学校の学生であった私は、朝八時から雨の中でこの式を待っていたが、外套もきず、われわれ同様に雨にぬれて立つ天皇の姿、その寸分のすきのない直立不動の姿をみて、ふかく感激したものであった」とねずまさしは述懐している。

それほど毅然とした天皇の心情にも、じつは青春の日の憧れと悩みとはあったようである。それは若き皇太子時代のヨーロッパ訪問の折にあらわれている。首相原敬や西園寺公望のすすめで、裕仁は一九二一年(大正十年)三月三日、軍艦香取に乗って横浜を出航した。それから九月三日に帰国するまでの半年間が、かれにとって生れてはじめての自由と解放の日々だったらしい。

かれを温かく迎えたイギリス王室のあり方はかれの眼を開かしめた。英国皇太子は軍服をぬいで街へ遊びにゆくこともできる。道で逢った市民も平身低頭しなくてもよい。外出には付き人はいないので、プリンスは自由に劇場にでかけることも、公衆の見ているところでゲームに興ずることもできる。ニッカー・ズボンをはいて馬に乗り、猟に出かけたり、ナイト・クラブで酒を飲み、美女と踊り、下等な言葉を使うこともできる。

さらに裕仁はスコットランドの貴族アソール公の居城に滞在していたとき、夜の舞踏会で、アソール公夫妻が領地の百姓や村のおかみさんたちと手をとり、楽しく踊りはじめた光景を見て衝撃をうけている。なんという自由な生活だろうと、のちに（一九二五年）、弟の秩父宮がロンドンに留学したとき、かれは自分も「イギリスで始めて人としての自由を知った」と書き送ったという（高宮太平『天皇陛下』）。

もう一つの外遊の収穫は、ヴェルダンなどの第一次世界大戦の激戦場を見学して、裕仁がパリにいた軍人たちに向って、こう反戦の意志を漏らしたことであろう。「戦争が人類の悲惨事だということは、従来種々聞きもし、読みもしたが、眼のあたり戦跡を見るに及んで、予想以上にひどいものであることが判った。戦争は決してやってはいけないものだ」と。（二荒芳徳『御外遊記』）

このパリにいた日本の軍人たちとは、先にバーガミニが「天皇の秘密閥」を形成したと書いた東久邇宮や永田鉄山少佐ら大使館付きの情報将校たちのことであろうか。もしそうだとするなら、右の裕仁の発言は好戦的な「陰謀家」というイメージとはたいそう矛盾す

イギリス訪問中の皇太子時代の天皇（提供・共同通信社）

る。

たしかに一九二一年（大正十年）十月に、南ドイツのバーデンバーデンで永田鉄山ら反長州派の中堅将校が会合し、長州閥の打倒、日本軍隊の近代化、国家・社会の総力戦体制への改造、思想対策、革新運動の遂行などという盟約を交したことは事実である（大内力『ファシズムへの道』、「日本の歴史」24）。しかし、そのことをもって「天皇の陰謀閥」の形成とよべるかどうか、私には疑問である。

だいいち皇太子裕仁は当時まだ政治の経験の乏しい二十歳の若者で、最初のヨーロッパ旅行に興奮気味であった。とくにイギリス王室の開放性や貴族たちの自由な暮しぶりを見て感激していたと思われる。そうした時代のかれを〝若き陰謀家〟に仕立てるのはこの時点では無理だと思う。かえってそれに固執しない方が、その後のかれの軌跡を、すべて陰謀家という一画から説明してしまうというような単純化からまぬがれさせる。

帰国後皇太子裕仁は、学習院の級友たちとの会合や交際のしかたなどでイギリス風に自由にふるまい、西園寺公望に戒められたりしているが、そのリベラルな行状も、一九二三年（大正十二年）十二月の難波大助の襲撃事件（虎ノ門事件）によって終りを告げる。このとき大助は皇太子の車の窓ぎわまで走りより、ガラスに銃をつきつけるようにして発射したのだが、旧式のステッキ銃の散弾は天井に飛び散っただけで皇太子にはかすり傷もあたえなかった。かれの身辺はこのあと厳重な警戒でとざされ、ふたたび裕仁は〝囚われの人〟となる。

「御大典」前後

一九二五年（大正十四年）四月二十二日、摂政宮裕仁の時代に治安維持法が制定された。それと抱き合わせのような形で、五月五日には「普通選挙法」が公布された。ムチを先に用意し、次にアメがあたえられた。

そうはいえ、アメはただあたえられたものではない。普通選挙権の獲得のためには明治の自由民権運動以来の半世紀におよぶ長い闘いの歴史があったのである。

とくに、大正デモクラシーの時代に入ってからというもの、それは広汎な大衆運動として盛りあがった。一九二〇年（大正九年）二月には、普選の達成を要求する全国の労働団体の連盟まで結成され、東京で七万五〇〇〇人の普選要求の大示威行進が行われるまでにいたった。野党憲政会などはそれを受けて衆議院に普選法案を何度となく提出し、その都度、政友会内閣によって否決され、民衆のデモをよび起すという波乱をくりかえしながら、一九二四年（大正十三年）、いわゆる第二次護憲運動の成功によって、ようやく議会で可決されたのであって（一九二五年三月二十九日）、これは上からあたえられたものではなく、人民が下から獲得したものといえる。

ただ、この法安通過にあたって、共産党など無産政党の進出をおそれた既成政党が、元老、重臣など宮廷勢力や貴族院と妥協して、私有財産権と国体を守るための弾圧法＝治安維持法を同時に通過させているところに当時の政治上の基本的な問題があった。

治安維持法は三年後の三・一五共産党大弾圧のあと、死刑条項をもつ酷法に改正されるが、それは田中義一内閣のもと、このときは天皇の緊急勅令によって公布された。昭和五十年史をこの画期的な二法によって見ると、前半の二十年は治安維持法によってしめつけられた「国体護持」の時代だったし、後半の三十年はいったん公布されながら途中骨抜きにされた普通選挙法が、敗戦の代償をへて復活した時代だったといえよう。

とにかく治安維持法を中核とする違警罪即決例（違警罪＝軽微な犯罪について警察署長などが裁判によらないで即決処分で拘留二九日以内の刑を言い渡すことができる法律。もっぱら社会運動や労働争議の弾圧に用いられた）、行政執行法、警察犯処罰令などの威力は圧倒的であり、この法規が行使されているあいだ、日本全島は文字通り「収容所列島」に変えられていた。たとえば天皇即位の「御大典」（一九二八年十月〜十二月）の期間中だけでも、不穏分子とみなされた市民七〇〇〇人ほどが説明も証拠もなしに、突然、予防検束されて長い場合は数十日間も留置場に拘禁されたりしたのである。

その一例を最近『朝日ジャーナル』に寄せられた一読者の手記から引いてみよう。

（昭和三年十一月初めのこと、上京しようとして汽車に乗っていた一人の青年が、突然車中で私服の訊問をうけ、雑誌『改造』をもっていただけで殴られ、神戸でおろされ、そのまま豚箱に叩きこまれた。）

「狭い留置場は満員。多くは二、三十代の若者であった。翌朝、同じ年ごろの者が『あんた、何で入れられたんか』と問う。『何が何やら分からん。むりやりぶちこまれた』というと、『やっぱりそうか、ぼくもそうだ。友だちと夜おそく、神戸の街をうろついていたら尋問されて、有無を言わさず連れて来られた。ぼくの弁解を一言も聞かないで、いくら警察でもひどい』という。（中略）

詐欺、窃盗、賭博の容疑者もいるにはいたが数は少ない。私にとって留置場入りが初めての経験であったように、全部の若者にとっても初めてであった。場内は人いきれでムンムンして、空気はよごれていた。大小便全部がそこで済まされるように設備は完備（？）していた。その臭気がたえられなかった。木箱に入れられた食事を食べようにも食欲が起こらず困った。重なりあうようになって寝た。眠れないで、くにの家族や、友

人のことを思い、これからの私の人生のことを思い悩んだ。（中略）

自分は日本国法の一つも犯してはいない、善良なる国民である。それなのにこの有り様だ。胸中を強い憤りの炎がわきあがる。ねむれない夜が続いた。」（森本敏雄、山口県、元公民館長。『朝日ジャーナル』一九七五年一月三・十日合併号。「五〇年の昭和」特集号）

この青年はそれから三週間後に、ようやく父親に迎えにきてもらい、留置場から解放された。自分が天皇即位の御大典の犠牲になったのだということを知ったのは、釈放後のことであったという。

人権が守られるか侵されるかはすべて官憲の認定次第という、人民にとってはまさに無保障、不安の時代だったのである。

この「御大典」は京都御所はじまって以来の古式ゆたかな華麗な盛儀として十一月十日に行われた。しかし、それは二つの大きな恐慌と社会不安と政治的弾圧との深い谷間で行われたものであった。つまり、一九二七年（昭和二年）、わが国の金融恐慌の発生と一九二九年のアメリカにはじまる世界恐慌の襲来とのはざまにかれは即位した。そして、それは一九二八年三・一五の共産党大弾圧と、二九年四・一六の大弾圧の間でもあった。しかも、天皇はまだ真相を知らされていなかったが、田中義一首相（陸軍大将、政友会）は六月四日の張作霖爆殺事件の秘密を胸に抱いたままこの式典に参列していたのである。

当時、この田中は金（かね）（軍の機密費）で政友会総裁の地位を買ったという評判があった。

長州軍閥の筆頭山県有朋（山県は陸軍の主要な敵をロシアと定め、そのためにも満州北部を占領する必要があると指示していた）の最愛の子分として田中義一は早くから満州―中国大陸への軍事的進出の機会をねらっていた。一九二七年五月の第一次山東出兵、六月の東方会議の主催、翌二八年四月の第二次山東出兵から同六月の張作霖爆殺事件にいたるまで、かれはその基本方針にもとづく政策を着々とすすめていた。しかし、当時は大恐慌の前夜で、世界的に和平気運が高かったため、田中外交への内外からの風当りは強く、野党の民政党からさえも中国革命への干渉政策反対、出兵反対の声があがっていた。

とくに「満州某重大事件」といわれた張作霖の爆殺事件は、後に関東軍参謀の河本（こうもと）大作大佐がやらせたことが白川義則陸相の調査によって判明した。田中首相は「目下調査中ですが、陸軍内部に犯罪者がいれば厳重に処罰します」と上奏した。それに対して、天皇は自分の統帥下にある軍の規律の維持を命じている。ところが、陸軍も政友会も頭山満らの右翼も、河本の処罰に反対したため、政府は関東軍司令官村岡長太郎中将の退役、河本大佐の停職処分でお茶をにごそうとした。一九二九年（昭和四年）七月一日、田中は天皇にこの行政処分のことを上奏した。天皇は怒り、「お前の最初いったことと違うじゃないか」と責め、田中が弁解しようとすると「説明をきく必要はない」とさえぎって退出した。それ以前から内政・外交両面で行きづまっていた田中内閣はこの一言によって翌七月二日、総辞職に追いこまれたという（『西園寺公と政局』）。

裕仁が自分の天皇としての絶対権限の大きさに結果的に気づいたのはこのときであろう。しかし、河本らの行政処分については天皇はその後、「再び過ちをくりかえすな」という注意だけで裁可している。政党も議会もまた、張作霖殺害事件の真相を国民に知らせなかった。日本国民がこれを知ったのは敗戦後の東京裁判のときである。

天皇が田中義一を詰問したことは、ただちにかれが平和主義者だったことを意味するものではない。かれは中国革命に日本軍が干渉することには反対しなかった。それどころか、天皇や軍指導部は、張作霖が殺されたあと日本への不信感を深めた息子の張学良が、蔣介石に接近し、国民党政府との和解を成立させて、満州に青天白日旗をひるがえすようになってもなお、そこへの勢力拡大の野望を捨てはしなかった。参謀本部によって計画書作成を命じられた関東軍参謀石原莞爾中佐は、一九二九年（昭和四年）七月五日に「国運転回ノ根本国策タル満蒙問題解決案」なる文書をかきあげ、満蒙武力解決を提案している。

さらにそれを簡潔に定式化した文書「満蒙問題私見」を満州事変惹起の直前（一九三一年五月）に記している（『石原莞爾資料―国防論策篇』）。それを引用し、かれらの考えを整理してみよう。

まず、石原は「満蒙問題ノ解決」で、「解決ノ唯一方策ハコレヲワガ領土トナスニアリ」と明言している。しかも、腐敗した軍閥を打倒して日本が満州を占領することは正義であると主張する。そして「解決ノ動機(きっかけ)」としては、「軍部主動―謀略ニヨリ機会ノ作製。関東軍主動―好機ニ乗ズ」とし、「陸軍当面ノ急務」は、「解決方策ノ確認、戦争計画ノ策定、中心力ノ成形」だと、きわめてドライに認めている。この根本要旨をかれは次のように説明しているのだが、それは当時の陸軍参謀たちの戦略的思想―長期の見透しを明快に示し、その後の日本国家の動きを予告したものとしてきわめて興味深い。

「第一　満蒙ノ価値

欧州大戦ニヨリ五個の超大国ヲ成形セントシツツアル世界ハ更ニ進ミテ結局一ノ体系ニ帰スベク、ソノ統制ノ中心ハ西洋ノ代表タル米国ト東洋ノ選手タル日本間ノ争覇戦ニヨリ決定セラルベシ。スナワチワガ国ハ速ヤカニ東洋ノ選手タルベキ資格ヲ獲得スルヲモッテ国策ノ根本義トナサザルベカラズ。

現下ノ不況ヲ打開シ東洋ノ選手権ヲ獲得スルタメニハ、速ヤカニワガ勢力圏ヲ所要ノ範囲ニ拡張スルヲ要ス。」

次に、とくに「政治的価値」として、満州および蒙古(モンゴル)の戦略的意義を次のように展望している。

「ワガ国ハ北、露国ノ侵入ニ対スルト共ニ、南、米英の海軍力に対セザルベカラズ。シカルニ呼倫貝爾(ホロンバイル)、興安嶺ノ地帯ハ戦略上特ニ重要ナル価値ヲ有シ、ワガ国ニシテ完全ニ北満地方ヲソノ勢力下ニ置クニオイテハ露国ノ東進ハキワメテ困難トナリ、満蒙ノ力ノミヲモッテコレヲ拒否スルコト困難ナラズ。スナワチワガ国ハココニ初メテ北方ニ対スル負担ヨリ免レ、ソノ国策ノ命ズルトコロニヨリ、アルイハ支那本部ニアルイハ南洋ニ向カイ勇敢ニソノ発展ヲ企図スルヲ得ベシ。」

このような考えは、石原ら関東軍参謀だけの構想だろうという意見をまず訂正しておきたい。

こうした考えは日本陸軍の伝統的な北進論の発展形態であり、陸軍省内部においてもかなりの支持者をもっていたこと、さらに政友会内部にも共鳴者をもっていたことを私たちは忘れてはなるまい。

たとえば当時の政友会代議士松岡洋右(ようすけ)は、一九三一年(昭和六年)、『動く満蒙』などの著書をあらわし、「満蒙はわが国の生命線である!」満蒙獲得の成否は日本の死活問題であると主張して、当時、張学良と組んで満州に資本輸出をしようとしていたアメリカを牽制するキャンペーンを展開していた。これは不況にあえぐ日本国民の生活打開をはかるために、満州の中国国土を「新天地」「日本の生命線」を意味するものとして宣伝したものであって、軍部、政友会、右翼などによるキャッチフレーズにもさかんに利用されたのである。

また、この石原の構想で、将来の世界は「西洋ノ代表タル米国ト東洋ノ選手タル日本間ノ争覇戦」によって決まるという見透しは、伝統的な陸軍の北進論を〝北を固めて豊かな南に打って出る〟戦略に転換させたものとして注目に値いする。なぜなら、日本は、明治維新以来ほぼ一貫して大陸進出を国家方針とし、日清戦争によって朝鮮を制覇し、日露戦争によって南満州をとり、さらに中国の内戦につけ入って、内蒙古、北中国を影響下におさめようとしてきたからである。

そして、そのつど、「生命線」とその外廓である「利益線」の版図が、朝鮮から南満州、さらに中国北部、モンゴル、北満州へと拡げられてきたといえる。それも一つには日本帝国主義が宿敵ロシアとの最終決戦を想定してきたためであった。ところが、第一次世界大戦を境として、アメリカの力が西洋列強を凌ぐにいたって、日本陸軍もまた、この新たな強敵と覇を競わなくてはならぬと覚悟するようになったのである。

柳条湖の銃声

一九四五年（昭和二十年）十一月二十日、GHQ（連合国軍総司令部）の逮捕指令を聞いて自刃した陸軍大将本庄繁は、陸軍士官学校の九期卒業生で、荒木貞夫、松井石根、真崎甚三郎、阿部信行とともに、いわゆる第九期五大将の一人であった。かれは一九二五年（大正十四年）から一九四五年までの自分の行動に関する十数冊の貴重な日記を残した。それに侍従武官長として天皇の側近に仕えていた時代（一九三三～三六年）の「奉仕日記」を、別に抜萃浄書して書き残しておいてくれた。そのため今では『杉山メモ』とならぶ第一級資料として尊重されている。

それを仔細に対照検討していってみると、たとえばバーガミニなどの論述は、自分の仮説の立証に都合のよい部分を抽出し、都合のわるい多くの部分は黙殺してすますという資料操作をしていることがわかる。(『本庄日記』や『杉山メモ』や『木戸幸一日記』やその他参謀本部、戦争指導会議などの記録資料には、「天皇の陰謀閥」による南進策という仮説に都合のわるい、むしろそれを否定するような記述もかなり見られるのだが、バーガミニはそうした部分と自説との矛盾には言及していない。)

一例をあげると、本庄は一九三一年(昭和六年)八月一日、姫路の第十師団長から新しく関東軍司令官に任命され、高級参謀板垣征四郎大佐らとともに上京して、葉山で天皇に〝拝謁〟しているが、八月三日は参謀本部会議や台湾軍司令官真崎甚三郎中将、岡村寧次補任課長らとの対談や、大臣官邸での三長官(陸軍大臣、参謀総長、教育総監)による招宴や、夜は遅くまで芝の料亭湖月で杉山元陸軍次官、二宮治重参謀次長、および満蒙研究者との会食にのぞんだりして終日忙しく過している(『本庄日記』一九三一年八月三日の項)。

ところがバーガミニによると、八月三日のこの司令官たちの会同は、「満州作戦の指示を与えるため」のものだということにされている。そして、この間、ずっと葉山に滞在中だった天皇のことを次のように書いている。

「裕仁は司令官一人一人に謁見を許し、近い将来に予定されている諸事件について自分は知っているし賛成もしているという言葉を与えた。第十師団の本庄は他の者が天皇と謁見している間に、皇居の他の部屋をあてがわれ、そこで玉座と満州司令部との間の秘密連絡線（ホットラインか、引用者註）の計画を立てた。」（玉座の代弁者は軍務局の鈴木貞一中佐、関東軍の代弁者は参謀板垣征四郎大佐と石原莞爾中佐で、この三人も本庄と同じ部屋に閉じこめられたという。『天皇の陰謀』前編、傍点引用者）

なにを根拠にしてバーガミニはこのように重大な発言を断定的に記すのか。その出所や『本庄日記』などとの矛盾についてはひとことも説明していないが、これは東京裁判でも問題になった満州事変の共同謀議責任の決め手になることがらである。

私たちは天皇を記憶力は技群で、非凡な理解力、複雑広汎な情報を処理する能力を持ち合わせた稀な人間だとは思ってきた。しかし、バーガミニはそれだけではなく、その超能力を積極的な「天皇の陰謀」の実現に傾注した謀略好きな人間だとみなしている。私たちが天皇をより多く精神的な権威者として、国民の心情を捉えた側面で評価してきたのに対し、かれは天皇のもつ絶対な権力の行使にのみ注目する。

天皇自身が「皇祖皇宗の遺訓」や「万民の敬愛」という幻想領域に深く捉えられ、そのため、かれの主体的行動も制約されて、混濁し、あるいは複合人格たらしめられてきた、そう私たちが考えているのに対し、バーガミニはそうした非合理的な態度をしりぞけ、天皇幻想の衣裳をはぎとり、裕仁を一個の醜悪な野心家として通常世界史の帝王の系列のなかに据えおこうとする。

私はこうした諸点での違いは、資料操作や解釈上の問題からばかりでなく、日本の国体の理解の違いからきていると思う。日本のような孤立した島国で、一〇〇〇年余も続いてきた「天皇制」とはいったいどういうものであるのか。それを憲法上の地位や権能からとらえるだけではなく、側近の重臣たちの意識や歴史伝統にしばられた国民心理の側面からも明らかにしなければ分らないものと私は思う。

一九三〇年（昭和五年）、世界大恐慌の波が本格的に日本全土を襲い、都会には失業者が溢れ、中小企業は半ば以上が操業停止か倒産におちいり、農村は恐るべき農産物価格の暴落にみまわれ（米一升はタバコ一個分にまで下落した）、娘の身売りが常習化し、飢餓状態があらわれたとき、その惨禍はたちまち、満州、朝鮮、台湾などの日本の半植民地ないし植民地にもしわよせされた。

そのため、かつてない住民の抵抗が起り、反日民族運動が各地に展開された。とくに満州では山東出兵、張作霖爆殺などに抗議する日貨排斥などの排日抗日の運動が高まるとともに、満鉄は恐慌のあおりをうけて大豆などの特産品の運賃収入が激減し、創業以来の経営不振におちいった。それに加えて、満州を支配していた張学良政権がアメリカ資本と結んで「満鉄包囲線」建設計画を推進してきたため、一九三〇年から三一年にかけての満蒙の情勢は、日本にとって悪化の一途をたどっていたのである。

こうした窮地にあって、直接、兵士たちの供給源である農村の荒廃を憂慮していた中堅将校たちが、内外の行き詰まりを一挙に打開する妙手を大陸占領に求めていたことは、同じく経済恐慌を切り抜けるための新市場と軍需インフレを渇望していた財界の利益ともまったく合致するものであったのである。


一九三一年（昭和六年）九月十八日夜、何者かが奉天郊外柳条溝の中国軍兵営北大営近くを通る南満州鉄道線路を爆破した。その夜、たまたま近くで夜間演習をしていた日本兵がこの犯人を中国兵と確認したため、直ちに自衛のため中国軍兵営を攻撃し、さらになんの警告もなしに奉天城を砲撃、未明までに占領してしまった。数万の中国軍は深い眠りにおちていた。だが、あらかじめ張学良から命令されていた通り、抵抗らしい抵抗もせずに満州北部へ逃走した。関東軍の攻撃はだれの眼にもきわめて計画的で、午前五時までには旅順から北方五〇〇マイル以内にある鉄道沿いのすべての中国の町を占領してしまうという周到さであった。それだけではない。本庄繁関東軍司令官は林銑十郎朝鮮軍司令官に応援を求め、それを受けて林は越境出兵の天皇の許可なしに爆撃機を奉天飛行場に飛ばし、さらに一個旅団（兵力約四〇〇〇名）に独断で国境を越えさせた。

こうした外国への大がかりな軍事行動は、すべて天皇の統帥権を侵した陸軍刑法第三十

五、三十七条の擅権の罪（死刑または無期）にあたる。ところがこの罪では誰一人処分されず、かえって後に天皇から嘉賞されることになったのだから不思議である。また、関東軍はこの行動が九ヵ国条約（一九二二年、ワシントン会議で結ばれた、主にアメリカが中心となり中国の主権や領土の保全、門戸開放などを日本に認めさせた条約）や一連の国際条約に違反することを承知していたので、爆破現場を自分の手で片づけてしまい、三人の中国兵の死体を近くにころがして、かれらが射撃してきたように見せかけ、あくまでも中国軍が爆破し、あとで守備隊が反撃したという話を作りあげた。それにしてもこの爆破は小さすぎも、大きすぎもせず、よく計算しぬかれていた。枕木と片方のレールが飛んだだけで、もう一方のレールは無事、したがって数分後には上り列車がそこを無事に通過している。下山事件や松川事件の手口とよく似ている。

国際連盟のリットン調査団はその現場を視察して、線路の損傷のていどが軽微なのには驚いた。こんな程度の口実で、一夜にして満州の半分を占領してしまうような軍事行動は、「合法なる自衛の措置と認めることを得ず」と声明し、国際連盟は占領地域からの日本軍の撤退を求めた。

しかし、日本軍はいっそう軍事行動を拡大し、一九三二年（昭和七年）には清朝の廃帝溥儀をひっぱり出して満州国を成立させた。さらに翌三三年、日本代表松岡洋右はリットン調査団の報告書にもとづく決議案にたいする四二対一の票決を認めずと声明し、国際連盟を脱退してしまった。天皇はこの一連の行動にすべて事後承認をあたえている。

満州事変が関東軍参謀の板垣征四郎大佐や石原莞爾中佐、花谷正少佐らを中心に半年も前から練りあげられていた計画書通りの侵略行為であったことは今では明らかである。鉄道爆破は陸軍大尉今田新太郎のしわざであったというし、軍司令官本庄繁大将もこの計画を承知していた。朝鮮軍参謀神田正種らとも事前に連絡がついていたから、これは関東軍だけの陰謀とはいえず、東京の陸軍省軍事課長永田鉄山大佐、参謀本部の第一部長建川美次少将をふくめての日本陸軍全体の共同謀議であったことが認められる。最近ぞくぞくと出されている「現代史資料」（現在四十二巻刊行）は関東軍の「満州事変機密政略日誌」や参謀本部の「満州事変史第五巻案」、中野良次「回想『満州事変の真相』抜萃」などをふくんでおり、『石原莞爾資料―国防論策篇』などと合わせて真相はほぼ明らかである。『本庄日記』もその細かい行動日程を裏書きしている。

しかし、こうした一連の謀議にかんじんの天皇が直接関与していたかどうかを証明することは、容易ではない。日本の忠臣たちは私日記をつける場合にも、天皇の行動に関しては、注意深く回避するある種の共通感情をもっていた。それゆえ、いかにGHQの眼から秘匿されてきた機密資料であっても、その中から天皇の直接責任にかかわる確定的な証拠を発見することはむずかしいのである。

さて、結果としては、中国という友好国の領土を占領し、主権を侵した自国の軍隊の行動を、日本政府がしぶしぶ承認し、ついで政府が承認したから形式上、天皇も事後承諾したというたてまえをとった。これで日本の憲法上は、政府が天皇に対して責任をとったのであるから、天皇には責任がないということになろう。しかし、こういう論理は国際社会には通用しない。

ここで大切なことはその後の天皇の選択であろう。隣国侵略の擅権（せんけん）の罪を犯した林朝鮮軍司令官が罰せられもせず、天皇にほめられた上、後に元老の奏薦により内閣組閣の大命を受ける。また直接責任者であった本庄繁関東軍司令官は「卿（けい）、寡（くわ）兵克（よ）ク衆ヲ制シ、以テ皇軍ノ威信ヲ中外ニ宣揚セリ。朕深ク之ヲ嘉（よみ）ス」と大いに賞讃され、やがて天皇の最も信任厚い侍従武官長として迎えられる。こうした天皇の行為は、かれの国際感覚の質や平和主義の内容を疑わせるものである。

軍閥の系譜

日本の中堅将校たちによるいくつものグループが一九二〇、三〇年代につくられていたことは、日本のファシズム前史としてよく知られている。その代表的なものが、一九三一年（昭和六年）に三月事件や十月事件を企てた桜会であろう。

桜会は一九三〇年に参謀本部のロシア班長、橋本欣五郎中佐を中心に結成され、影佐禎（かげささだ）

昭、和知鷹二、田中清、長勇ら佐官、尉官級五十名ほどの同志を集めていた。この会は陸軍大学校出身の若手の参謀本部員が中心で、民間右翼の大川周明らとつながり、クーデタによって日本の国家改造を行なうというはっきりした目標をもっていた。かれらは腐敗した政党人、将軍、財閥、重臣らを憎み、大恐慌のもとに疲弊しきった農民の窮状を救うためには、国を平等な一君万民の天皇親政にかえす錦旗革命＝昭和維新を断行しなければならないと考えていた。桜会が企てた十月事件のクーデタ計画は、のちに下級将校たちによる二・二六事件のそれとして実行される。

その前にバーデンバーデンの流れを汲む鈴木貞一中佐や石原莞爾中佐らは、根本博、武藤章ら佐官級軍人とともに一九二八年（昭和三年）、無名会を結成した。この会は一九二九年には一夕会と名まえを変え、当時の佐官級の陸軍革新派を網羅している。のちに日本陸軍の中枢を支配し、日中戦争や太平洋戦争で重要なポストを占める次の顔ぶれを見ていただきたい。

永田鉄山、小畑敏四郎、岡村寧次（この三人がバーデンバーデンの三羽烏といわれる）、石原莞爾、板垣征四郎、河本大作、土肥原賢二、東条英機、鈴木貞一、根本博、武藤章、工藤義雄、磯谷廉介。かれらの半数が満州事変に関係し、また二・二六事件の前後に皇道派と争い、粛軍の嵐を乗りこえて、たくみに権力をにぎり、二転、三転と離合集散をくりかえしていった。その過程を見ていると、「天皇の陰謀閥」という一枚岩的なものなど〝空中楼閣〟であったということがよくわかる。

かれらにはナチス党のような強力な統一の原理や組織や大衆的基盤があったわけではない。石原は思想家ともいうが、かれはこのグループでは北進派に属し、異端であり、やがて東条らから退けられる。五・一五や二・二六の下級将校を蹶起させた大川周明や北一輝には世界観も教祖的な指導力もあったが、かれらとて、統制派の主流の将校たちからは危険視され、抹殺されていった。このグループでは首領格の永田軍務局長が殺害されてしまういきさつはのちに述べる。そして、残ったものは、二流の野心的な職業軍人たちで、このグループの力だけでは結局、天皇の権威を借りないでは、自分の戦略ひとつ展開することもできなかったのである。

ここでそのころの複雑な軍部の流れを整理してみよう。一九三一年（昭和六年）、十月事件のクーデタ計画の流産は、桜会など国家改造グループの分解をもたらした。青年将校たちは指導者橋本欣五郎中佐らの尊攘志士気どりの豪遊、堕落ぶりに憤激し、財界とつながっている佐官級の幕僚派と分れて少壮将校たちによる横断的結合を強め、直接行動に蹶起する準備をはじめていた。このうち海軍士官グループは橋孝三郎、井上日召ら民間右翼の指導者と結び、一九三二年には血盟団事件、五・一五事件を起して重臣を暗殺した（二月に前蔵相井上準之助、三月に三井合名理事長団琢磨、五月に首相犬養毅らがあいついで射殺される）。いっぽう、北一輝や西田税（みつぎ）らと結んだ陸軍青年将校グループは、皇道派の星、荒木貞夫陸相、真崎甚三郎参謀次長のもとで合法的に国家改造の実をあげようとしてクーデタ計画を自重していた。北がこの「自重」を利用して三井財閥をゆすり、大金をひきだしていたことは後に判明する。

これら青年将校たちの急進的な動きにたいして、旧一夕会や桜会の流れをひく参謀本部系幕僚将校らは、武力による国家改造計画を放棄し、合法手段による国防国家の建設をめざして新官僚とむすび、財界や政界にも浸透していった。かれらは、荒木ら皇道派幹部の派閥人事や青年将校らの不穏な計画が軍の秩序を乱すとして批判し、軍紀の厳正、軍の統制を主張したために〝統制派〟とよばれた。一九三四年（昭和九年）、荒木が陸相をやめると、統制派は永田鉄山少将を中心としてまき返しをはかり、真崎教育総監罷免などで皇道派の追い落としをはかった。そのため一九三五年（昭和十年）、永田軍務局長は皇道派の相沢三郎中佐に斬殺され、両派の対立は険悪なものとなった。この血で血を洗う抗争を見て、元老西園寺は恐怖し、政党内閣はついに終焉した。天皇は皇道派の極端な国体原理や過激行為を嫌い、美濃部達吉の天皇機関説問題などにさいしても、むしろ美濃部側に同情的であったという（『本庄日記』）。

この危機にみちた一九三五年、東京にいた一人のドイツ人が冷静に国内情勢を分析して、ドイツの雑誌（『地政学雑誌（ツァイトシュリフト・フェア・ゲオポリティーク）』一九三五年八月号）に日本軍部による何らかの大きな事態が「近く不可避的に発生する」ことを予告していた。かれは「日本には政治的中心が実際上は存在しない。その政府は最近では軍部、官僚、財閥、政党の寄木細工の観を呈し、統制力をもっていない」、有力だった元老は九十歳で死に瀕しているし、「日本の新しい進路をさがし求めている唯一の大きな力である軍部が、この来たるべき政治的変革において、必ずや決定的役割を演ずるであろう」と分析した。

そのドイツ人の名はリヒアルト・ゾルゲ。国際共産党員。かれは日本の将校たちが悲歌慷慨しているおそるべき農村の貧困状態の原因が、重臣、財閥の不正にあるというより、じつは国家総予算の四七パーセントを軍事費に浪費している軍部それ自身にあることの自家撞着を鋭く突いて　いたのである。

クーデタと天皇

二・二六事件が起ったのは、こうした皇道派青年将校が相沢事件によって鼓舞されたためだという。とくにかれらの牙城であった東京の第一師団が転出命令により、満州に追いやられると決ったことが蹶起を急がせた。一九三六年（昭和十一年）二月二十六日、安藤輝三大尉ら二〇余名の青年将校は一四〇〇名の兵を率いて急遽クーデタに立ち上った。かれらは天皇側近の元老、重臣、閣僚を殺し（岡田啓介首相——実際は生存、斎藤実内大臣、渡辺錠太郎陸軍教育総監、高橋是清蔵相ら）、皇道派による新内閣のもとに昭和維新を断行し、天皇親政をひらく革命をめざしたのであった。

かれらが永田町一帯を占領し、川島陸相に手渡した「蹶起趣意書」にはこうある。

「所謂元老、重臣、軍閥、官僚、政党等ハ此ノ国体破壊ノ元兇ナリ。……露、支、英、米トノ間、一触即発シテ、祖宗遺垂ノ此ノ神洲ヲ一擲破滅ニ堕ラシムルハ火ヲ睹ルヨリ明カナリ」いまこの君側の奸賊を討たなければ、日本を内外の危機から救うことはできない、と。統制派軍閥が財閥と通じ、重臣にとりいり、官僚と結び、天皇を弄んでいる不義腐敗を掃い清めようというのである。

この純情かつ独善的な皇道派青年将校のおしつけがましい天皇への忠誠に、裕仁はいったいどのように応えたであろうか。一言でいえば激しい怒りである。そして即時鎮圧、情容赦のない処刑の命令であった。蜂起の情報はすぐに侍従武官長本庄繁にも伝えられ、かれは早朝六時に皇居にかけつけた。ところが、すでに天皇のそばに仕えるべき斎藤内大臣も鈴木貫太郎侍従長も殺傷されたということを聞き、事が「陸軍軍人ノ行為ニ属セルヨリ」、本庄がもっぱら天皇の御下問の衝に当ることになった。二月二十六日、『本庄日記』は記している。

「此日、陛下ニハ、二、三十分毎ニ御召アリ、事変ノ成行キヲ御下問アリ、且ツ、鎮圧方督促アラセラル。……此夜、陛下ハ午前二時ニ至リ、猶ホ御召アラセラレタリ。」
天皇の意志は最初から武力鎮圧であった。午前九時ごろ川島義之陸相があらわれたとき、速かに鎮定せよと命じている(「杉山参謀次長手記」は〝徹底的に始末せよ、戒厳令を悪用するな〟という厳命を伝えている)。ところが、陸軍の首脳たちはこの意志に従わない。非公式に軍事参議官会議をひらいて、なんとしても皇軍同士の撃ちあいは回避しなくてはならぬと協議する。そして片方で天皇の翻意を求めると同時に、片方で叛乱将校たちとの妥協折衝に時間をつぶしている。

叛乱将校たちは蜂起と同時に密使を送って、真崎大将に事後収拾を依頼していた。真崎は胸に旭日大綬章をつけ、すぐさま陸相官邸に乗りこみ、事態収拾のための自分への勅命降下(内閣首班)を期待していたらしい。しかし、かれらの裏工作は失敗し、天皇の強い怒りにはねつけられる。真崎は川島陸相を自分の収拾案に賛成させ、荒木らと協力して軍事参議官会議をリードし、皇道派将校たちの立場を正式に軍に認めさせようと努力をつづけていた。そのため「諸子ノ行動ハ国体顕現ノ至情ニ基クモノト認ム」と「陸軍大臣告示」で公認したり、叛乱将兵をそのままの位置で正式に戒厳部隊の一部に認めたりした。

いっぽう、最初から強硬鎮圧論が強かった参謀本部や海軍側は、二十六、七日、鎮圧行動にふみきっている。杉山参謀次長は甲府や佐倉の連隊に出動を命令、連合艦隊は第一艦隊の旗艦長門以下四十隻の軍艦を東京湾に入れて艦砲射撃の態勢に入ったのである。

二月二十七日、こうした事態の中で陸軍の多数意見を背景に本庄侍従武官長は天皇にむかい、かれら青年将校の行為は誤っておりますが、「其精神ニ至リテハ君国ヲ思フニ出デタルモノニシテ、必ズシモ咎ムベキニアラズト申述」べるが、天皇は聞き入れず、かえって「朕ガ股肱ノ老臣ヲ殺戮ス、此ノ如キ兇暴ノ将校等、其精神ニ於テモ何ノ恕スベキモノアリヤト仰セラレ、又或時ハ、朕ガ最モ信頼セル老臣ヲ悉ク倒スハ、真綿ニテ朕ガ首ヲ締ムルニ等シキ行為ナリ、ト漏ラサル。」（『本庄日記』）

「尚又、此日、陛下ニハ、陸軍当路ノ行動部隊ニ対スル鎮圧ノ手段実施ノ進捗セザルニ焦慮アラセラレ、武官長ニ対シ、朕自ラ近衛師団ヲ率ヒ、此ガ鎮圧ニ当ラント仰セラレ、真ニ恐懼ニ耐ヘザルモノアリ。」（同）

この二十七日、本庄は一日に十三回も天皇によばれている。ところが、天皇の鎮圧命令を実行すべき戒厳司令官香椎浩平中将がまた皇道派だったのである。そのため叛乱軍をかばい、かえって「平和解決の唯一の手段は昭和維新断行のため聖断を仰ぐにある」などと放言したり、軍事調査部長山下奉文少将らが「自決する将校のために勅使を賜わりたい」などと申し入れたものだから、天皇の怒りは頂点に達した。

二月二十八日、「陛下ニハ、非常ナル御不満ニテ、自殺スルナラバ勝手ニ為スベク、此ノ如キモノニ勅使抔、以テノ外ナリト仰セラレ、又、師団長ガ積極的ニ出ヅル能ハズトスルハ、自ラノ責任ヲ解セザルモノナリト、未ダ嘗テ拝セザル御気色ニテ、厳責アラセラレ、直チニ鎮定スベク厳達セヨト厳命ヲ蒙ル。」（同、傍点引用者）

こうしてようやくこの二十八日の午前五時「戒厳司令官ハ三宅坂付近ヲ占拠シアル将校

以下ヲ以テ速ニ現姿勢ヲ撤シ各所属部隊ノ隷下ニ復帰セシムヘシ　奉勅」という奉勅命令が出て、すでに甲府、佐倉、高崎などから入京していた各連隊の兵と合わせて、戦車、飛行機、砲兵隊をも動員して叛乱軍を包囲したのである。そのため香椎戒厳司令官も二十八日夜から二十九日朝にかけて「兵ニ告グ」の投降勧告をくりかえし、その後近衛師団に攻撃命令を出したため、叛乱部隊は戦わずして帰順した。天皇はこの蹶起将校たちの罪を許さず、異例の速さで特設軍法会議を命令、未公開、弁護なし、一審のみで死刑の判決をくだし、まず十三名の将校をことごとく銃殺してしまったのである。

将軍、幕僚たちが抱いていたような政治的野心もなく、天皇と国家への純粋な忠誠心のみで蹶起した青年将校たちが、この天皇の仕打ちによって受けた精神的打撃は痛烈であった。かれらが銃殺されたあとも、北一輝と西田税の裁判のために刑の執行を延期されていた磯部浅一の鬼気迫る「獄中日記」(これは秘かに獄外にもちだされ秘匿されていた)は、こうした天皇への怨嗟の叫びとなってほとばしっている。

「陛下、われわれ同志ほど、国を思い陛下のことをおもう者は日本国中どこをさがしても決しておりません。その忠義者をなぜいじめるのでありますか。朕は事情を全く知らぬと仰せられてはなりません。かりにも十五名の将校を銃殺するのです。殺すのでありますぞ。陛下の赤子を殺すのでありますぞ。(中略)何という御失政でありましょう。こんなことをたびたびなさりますと、日本国民は、陛下を御うらみ申すようになりますぞ。

陛下　日本は天皇の独裁国であってはなりません。重臣元老貴族の独裁国であるも断じて許せません。明治以後の日本は、天皇を政治的中心とした一君と万民との一体的立憲国であります。もっとワカリやすく申し上げると、天皇を政治的中心とせる近代的民主国であります。左様であらねばならない国体でありますから、何人の独裁をも許しません。陛下　なぜもっと民を御らんになりませんか、日本国民の九割は貧苦にしなびて、おこる元気もないのでありますぞ。（中略）悪臣どもの上奏したことをそのままうけ入れ遊ばして、忠義の赤子を銃殺されましたところの陛下は、不明であられるということはまぬがれません。かくのごとき不明を御重ね遊ばすと、神々の御いかりにふれますぞ。いかに陛下でも、神の道を御ふみちがえ遊ばすと、御皇運の涯てることもございます。」

（河野司編『二・二六事件・獄中手記遺書』）

責任追及はそれのみに止まらなかった。三月二日、陸軍大将の全員が天皇に辞表を提出した。かれはそれを受理した。ただ、三名の統制派の大将を例外として。その一人寺内寿一（新陸相）に命じて、一九三六年（昭和十一年）三月から半年の間に、大量の陸軍将官を現役から退かせた。この粛軍人事によって皇道派はほとんど一掃されたという。なかでも真崎大将は告発され、一年半もの間憲兵隊に捕われていた後、近衛らの運動もあって無罪放免された。永田鉄山を殺した相沢中佐は死刑を執行され、北一輝や西田税も軍部のメンツを救うために煽動者として銃殺された。

この日本陸軍をゆるがした叛乱とその後の処置は、天皇が名目だけではない実質的にもある種の絶対権力をもった大元帥であることをいかんなく発揮した。そのときかれは三十五歳、大正天皇の摂政時代からかぞえても十五年の統治の経験をつんでいた。かれは自分のまえに拝跪する臣下をすべてよびすてにし、時には大声をだし、「おまえは……」といって叱責したりもした。それでも、かれはこれまで軍事参議官の総意を無視したことは一度もなかった。これまでは助言者たちの相異なる意見の中から自分の見解を選びとるという形でつねに判断を示してきた。それが明治天皇によってきずかれた憲法体制下の天皇政治のあり方でもあると教えられてきた。だが、非常のときはそのような形式はかなぐりすてられた。とくに軍部の越権行為に関しては天皇はしばしば腹を立て、直接かれらに厳命することがあった。二・二六事件には軍事参議官の総意を無視するなど、それが赤裸々にあらわれたのである。

明治憲法上、天皇の権力は諸大臣の助言にしたがって行使されることになっており、それゆえに国事に関する責任はもっぱら大臣が負うたてまえであった。つまり「天皇といえども全知全能でないことが認識されており、国事の決定は専門的な訓練を受けた人々の集団的な能力にゆだねられ、いかなる個人も及ばない衆知を反映するものでなければならないとされた。天皇は理論上は多くのことをなす権限をもっていたが、実際上はきわめて少しのことしか許されず、またそれが国家の利益と国体の安全のためでもあった。天皇に認められていたのは限られた自由裁量権だけで、拒否権のようなものは何もなかった。」（R・J・C・ビュートゥ『東条と戦争の勃発』、レナード・モズレー『天皇ヒロヒト』）

じつはこのビュートゥ教授の理解は天皇機関説のそれであり、もう一つ天皇大権の絶対性を認める天皇神権説が明治の初めから相対立する解釈として長く存続していた。国民のまえに表立ってみせていた天皇の顔は、つねにこの後者の絶対的な神聖不可侵の顔であり、重臣たちとの間に見せていた顔は前者の寛容な立憲君主としての物わかりのよい顔だった。重臣たちはこの二面のマスクを巧みに使いわけて国民統治にあたっていた。それゆえに天皇の複合人格としての存在は、この両者の顕密二つの教義の均衡においてのみ安定的でありえたのである。

ところが二・二六事件における叛乱将校たちは機関説を否定し、天皇の神聖な絶対権の恢復をめざして暴力をふるい、荒々しくこのバランスを突き崩した。そして皮肉なことにかれらは、天皇側近を殺してひきだした天皇の裸の権力によって、かえって鎮圧され、銃殺されたのである。ビュートゥの、〝天皇には拒否権のようなものは何もなかった〟という表現は正確ではない。じつは天皇は大きな拒否権をもっていたのだが、そのむきだしな発動を極力避けるべく、つねに重臣たちの多数意見や皇祖皇宗の遺訓にしたがって自己抑制していたにすぎなかったのである。大日本帝国憲法に明文化されている数多くの天皇大権については、なるほど二様に解釈できる余地はあった。しかし、その本質は、抑制されてはいても巨大な拒否権をもつという側にあったと私は考えている。

ここで、日本という国の政策決定を果す権力構造の問題を一応押えておきたい。もともと明治憲法体制下では民意にもとづく衆議院―政党の力というものはきわめて部分的にしか認められていなかった。今日の衆議院のように行政監察権から立法権までを最大に行使できるというのではなく、政府提出の予算の審議権しかなく、それとて終身制の華族議員や勅選議員によって構成されている貴族院の掣肘（せいちゅう）をうけなければならなかったのである。その上、議会は、つねに巨大な天皇大権（その半ばは軍の統帥権）や憲法外的な機関である元老や枢密院などの力によって圧倒されていた。それが、議会を無視した藩閥政府や超然内閣をつくらせてきたわけだが、その流れをくいとめ、まきかえしたのが憲政擁護、閥族打倒を叫んだ大正デモクラシーの闘いであった。その結果、原敬（政友会）内閣の成立（一九一八年）を境として本格的な政党内閣の時代が日本にも出現したのである。

昭和の政治史は、その第一期をこの政党内閣の遺産として受けついだ。つまり、総選挙によって選ばれた多数党の党首が自動的に元老（当時は西園寺公望）によって内閣首班として奏薦され、それをうけて天皇が組閣の大命を下す。その首班は軍令（軍の作戦・用兵などの権限）を除けば陸・海軍大臣をも制御することができたのである。この政党内閣制は十五年つづいて一九三二年（昭和七年）五・一五事件によって止めを刺される。政党首相の暗殺という軍の暴力的な脅迫や陸・海軍大臣を軍から出さない、組閣に協力しないという行動によってついに政党党首の内閣首班への奏薦を断念せしめる。

それ以降、一九三三年から一九四〇年、大政翼賛会の成立までが、この軍部官僚勢力と政党議会勢力との併存の時期であった。その期間は主導権はますます軍部の手に移りながらも、まだ近衛内閣が第三次まで成立するような余地を残していた。最後の元老、首相製造人といわれた西園寺が死ぬのもその一九四〇年である。それ以降、敗戦までは、首相はすべて実質的に陸・海軍大将による組閣であり、軍の主導権はほぼ絶対的で、これを制御できる力は大元帥たる天皇にしかなかったのである。

このように昭和のわずか二十年間にも権力の構造はめまぐるしく三転している。それにともなって天皇の役割も大きく変化を見せている。このことを正しく判断しないと、天皇の責任論といっても、あいまいなものになるであろう。

つまり、第一期の政党内閣時代においては、原則として天皇は内閣の意志を追認していれば国政の運営は足りた。首班の任命も元老の推薦のままであった。ところが第二期になると、天皇はしばしば軍の独走を抑制しなければバランスが保持できなかった。二・二六事件のときもそうであり、その後の組閣でもしばしば天皇は元老や内大臣から天皇の直接指示（軍の統率）を求められている。

第三期での天皇の役割と責任は大きい。この時期になると重大な国家方針の決定は、ことごとく政府と大本営の連絡会議で行われるようになり、しばしば御前会議となっている。

これは原理的には天皇以外に両者の最終的対立を調整する存在がなくなったからである。したがってその天皇を助ける内大臣の機能もきわめて重要なものとなったのである。

戦争末期には最高戦争指導会議が設けられるが、その構成員は軍統帥部から二人、政府から四人（首相、外相、陸相、海相）で、〝和平派〟（首、外、海）と主戦派（統帥二、陸）とが同数となり、決を天皇に仰がざるを得ないという事態が生れたのである。明治天皇が残していった天皇の大元帥としての統帥大権がこの時ほど特別の意味をもったことはない。

貴公子近衛の登場

二・二六事件のあと、岡田内閣の元外相広田弘毅が首相となったが、終始軍部の重圧に悩まされ（軍部は一片の勅令で陸・海軍大臣の現役制を復活した）、一九三七年（昭和十二年）一月に総辞職した。元老西園寺公望は後継首班に陸軍大将宇垣一成を推薦したが、陸軍は大臣候補者を出さず、宇垣内閣を流産させた。そこで西園寺は湯浅倉平内大臣と相談のすえ、満州侵略の下手人の一人、陸軍大将林銑十郎を推し林内閣を成立させた。林は政党を無視して、すぐに議会を解散したが、世論の反撃にあい、政界運営にゆきづまり、わずか四ヵ月で内閣を投げだした。これまで国民は未知数のスター近衛文麿の登場に期待していたが、西園寺は近衛の信条や能力を内心では危ぶんでいた。しかし、林内閣がつぶれてみると、軍部に信頼があって、その上軍部を抑制できるような人材は、もう近衛をおいて他に見当らなかった。西園寺は湯浅と協議し、ついに近衛を後継首班に推挙した。

近衛文麿は当時四十五歳。街におけるその人気は素晴らしいものがあった。これまでの首相の中ではきわ立って若く、最も古い高貴な家柄、長身、鷹揚な物腰、身辺にただよう気品、それに人に接して丁重で、少しも尊大さを感じさせない風があった。岡義武はこう評している。

「近衛が揮毫してひとに与えた言葉に、『日のもとのわれは　をの子そ　日のもとのをの子のつとめ　今はたさなむ』というのがあるが、彼の出馬はこの言葉が示すような一種颯爽たる印象を多くのひとに与えたといえよう。そして、ひとびとは同時に、近衛について皇室とゆかりのふかいその家柄を思い浮べ、彼の若さの中にそれにふさわしい清新な時代感覚を想定し、その悠揚迫らない態度に沈着、思慮ぶかさを連想し、そして、かねて噂されて来たその良識に信頼を寄せようとした。ひとびとは、近衛の手によって多難な将来が打開され、国家を破滅させるごとき事態の到来を回避しうることを期待したのであった。」（岡義武『近衛文麿』）

この近衛家と皇室の間には藤原鎌足と中大兄皇子（天智天皇）の盟約いらいの遠く古い歴史的な繋りがあった。その近衛がこの難局に総理大臣として仕えてくれると知って天皇はことのほか喜んだ。天皇は内大臣に向い、「近衛には憲法の話などはしなくてもいいね」

といったという。近衛が憲政に熟達した知識人であることに期待したのであろう。近衛もまた儀式ばった態度を捨て、玉座のまえの椅子に腰をかけ、投げだした長い足を無造作に組んで上奏をはじめるというような親しみのある態度を天皇に示した（岡義武、前掲書）。

しかし、この第一次近衛内閣がじっさいにやったことは、軍部の代理人といわれた馬場鍈一を副総理格にすえ、ひたすら統制派の要求である国防国家づくりと、組閣半年後に軍部がひき起した支那事変（日中戦争）の拡大に利用されたにすぎなかった。近衛の改造人事も陸軍内の風評だけで板垣征四郎を陸相にすえてみたり（東条英機はその次官）、荒木貞夫を文相に迎えてみたりという場あたり的なところが目立った。結局一九三九年（昭和十四年）一月、総辞職するまでの間、日支事変の不拡大方針を叫びながらズルズルと戦火を全中国に拡大し、早期講和をのぞみながら、「国民政府を対手にせず」との近衛声明を出してみたり、その施政は一貫性を欠いていた。それゆえ「東亜新秩序建設」を唱えながら汪兆銘工作には消極的で、中国人蔑視を示してみたり、「結局その一年半の施政を通じて軍部により操縦、翻弄されつづけた。」（岡義武、前掲書）

『小山完吾日記』によれば、さすがの木戸幸一もこれには失望し、「近衛公にはなんらの主義、主張なく、また悪物ぐひにて、内閣の不一致、いまや如何ともいたし方なし。本人も素行に関してかれこれ云はれだしたれば、ぜんぜん闘志を欠如、辞職真にやむを得ぬしだい」と語っている。しかし、一般に近衛にはなんらの主義、主張もないというのはまちがいである。大きく見れば、かれの立場はいわゆる親英米派の国際協調主義ではなく、むしろそれと反対の現体制打破、植民地再分割、世界新秩序の建設をとく対外進出主義であった。その点ではナチスや日本軍部の国家改造論者たちと基本的な考え方を共通にしている。

この思想的立場は、近衛が京都大学を卒業した翌年の一九一八年（大正七年）に『日本及日本人』に発表した「英米本位の平和主義を排す」（ベルサイユ体制打破の論文）から一九三三年（昭和八年）に書いた「世界の現状を改造せよ」まで、ほぼ一貫していたと思われる。この近衛の根本思想を問題にしないで、かれを親英米派よばわりしたり、平和主義者扱いするのはまったくの見当外れである。かれがある仮装パーティでヒトラーに扮して得意になったり、軍部の「革新派」にたいへん評判がよかったのは決して理由のないことではない。

かれの一九三三年の論文は、資源や植民地を「持てる国」と、人口の増殖力しか「持たざる国」との不平等、不合理を鋭く突いている。そして、日本の中国東北部の侵略を積極的に擁護し（「止むを得ず今日を生きんが為の唯一の途として満蒙への進展を選んだのである」前出近衛論文）、世界平和の実現をもっとも妨げているのは、むしろ欧米人ではないかと激しく批判していた。ここにはナチス・ドイツや日本の「南進派」の主張と共通するひとつのモチーフがはっきりとあらわれている。第二次世界大戦が米英仏帝国主義（持てる国）

と日独伊帝国主義（持たざる国）との正面衝突になろうという予想は、これらの近衛の文脈には早くからあらわれていたのである。

そもそもこうした世界秩序の不合理をもたらした原因は、第一次世界大戦後の列強によるヴェルサイユ講和会議にあった。ここでは敗戦国側に苛酷な制裁的賠償や領土割譲をおしつけ、これを英米仏を中心とするヴェルサイユ体制として固定しようとつとめた。いっぽう、東方では大戦後のソビエト国家の出現や中国革命の進展がこれまでの東アジアの列強による勢力均衡を根本から揺さぶると、アメリカが音頭をとってワシントン会議をひらき、九ヵ国条約を結ばせ、自国に有利な体制を確定しようとした。

こうした第一次大戦後の新しい世界情勢に対応して、日本の支配層にも二つの動向がはっきりとあらわれ、それが相互に対立したり移行したりしながら、敗戦までの政治史の背景に、つねに作用していたように私は思う。

つまり、この〝ヴェルサイユ＝ワシントン国際均衡体制〟を認めて、その体制のなかで繁栄を遂げようとする西園寺公望や幣原喜重郎、重光葵らの親英米派（協調外交路線をとるグループ）と、もう一つは、〝ヴェルサイユ＝ワシントン体制〟は「英米本位の平和主義」を強いるものであるとして、その変更を要求し、〝世界新秩序の建設〟を行動目標としてかかげる近衛文麿や石原莞爾、永田鉄山らの現状打破派（強硬外交路線をとるグループ）とに分れていた。

この二つの支配層内部の対立は、はじめは底流していたが、しだいに政治の舞台にはっきりと姿をあらわす。政党政治に足場をおく幣原外交と、軍部や政友会に依拠する田中外交との交替、対立は、日本の二重外交を印象づける。また五・一五事件などは、政党や親英米派―現状維持派に対する軍部や現状打破派による急襲であった。今と違って当時の保守・革新の対立とは、この両グループの間のことであり、クーデタを企てる急進派の将校たちは「革新派の将校」とよばれていた。真の革新―労働者や農民・民主的知識人による統一戦線の力は、治安維持法に抑えられて、政治勢力として公然と登場することはできなかった。だが、ねばり強い抵抗闘争はつづけられた。

一九三〇年代に入って、ドイツ・イタリアに〝世界新秩序〟を武力に訴えても樹立しようと宣言するファシスト政権が誕生すると、日本の現状打破派も急速に独・伊に近づいていった。まず、日独防共協定、つづいて三国軍事同盟締結へのレールはこのときに敷かれていた。しかし、その路線を決める戦略上の意見の違いから「革新派」内部にもいわゆる「北進派」（主敵ロシア―ソ連）と「南進派」（主敵アメリカ）との対立が表面化し、また軍政の主導権をめぐる「皇道派」と「統制派」の争いが激しさを増した。

しかし、私たちは見誤ってはならないと思う。この親英米の〝国際協調派〟ですら、真の平和主義者なのではなく、米英帝国主義支配との協調をはかる日本帝国主義グループの一翼にすぎなかった。それゆえに当然、軍部によるソビエト社会主義連邦共和国への侵略行動や中国革命にたいする内政干渉には、かれらも協力するか、あるいは支持をあたえるかしていたのであり、決して真に平和と自由を求める諸国人民や植民地・従属国の民衆の友ではなかったのである。

天皇が、当面負ける怖れのない日中戦争には大いに乗り気であり、各方面の作戦計画にもいちいち興味を示し、大陸攻略の机上作戦に熱心であったということは側近筋の多くの証言から見て本当らしい。一九三七年（昭和十二年）十二月七日、近衛首相は木戸幸一に次のような不満を述べている。

「最近拝謁したるに、来年三月迄の作戦計画（広東に一ヶ師団云々）の御話あり。然るに之は統帥部よりは未だ話のなきことにて自分は驚きたるが、如斯有様にては到底責任をとれざる故、南京陥落後の推移を見て参議による改造を断行したし」（『木戸幸一日記』上巻）と。

また天皇の統帥ぶりについては陸軍省軍務局長の佐藤賢了少将も証言している。

「支那事変では、出兵、作戦に就ては総て大命に拠らないものはない。現地に中央が引き摺られたものは一つもないし、また中央の幕僚の判断で命令されたこともない」（『東条英機と太平洋戦争』）と。

この佐藤の証言には、タテマエとしての大命をひき出すことに成功していた能吏たちの責任のがれも含まれているであろうが、二・二六事件のときの鎮圧を直接指示したあの大元帥の威令の記憶も残っていたのであろう。一九三八年（昭和十三年）七月、ふたたび天皇の許しもなく第十九師団が張鼓峰でソ連軍に発砲したとき、天皇は陸軍大臣板垣征四郎をよび、お前らのやり方はけしからん。「今後は朕の命令なくして一兵だも動かすことはならん」（原田熊雄述『西園寺公と政局』）と叱ったという。

二・二六で北進派を弾圧した天皇は「南進派」ではないかという人もあろうが、こうした分類はきわめて便宜的なものである。北進、南進といっても、二、三の確信家を別とすれば、国内の政情や海外の情勢次第で、相互にいれかわったり融合したりという変更がくりかえされていた。私はその動揺のもっとも激しい例が近衛や松岡であり、戦局が悪化するにつれて天皇も同様の迷路におちいっていたものと思う。

天皇はアメリカの新聞などには、よく「ムソリーニ、ヒトラー、ヒロヒト」とならべて書かれたが、ヒロヒトにはヒトラーやムソリーニのような確乎とした政治信念や目標があったとは思えない。そのあいまいさがかれを平和主義者に見せかけたり、好戦家と見させたりしたのであろう。

敗戦前後に天皇の戦争責任を消すために機密文書を焼いたり、さらに意識的に木戸や近衛らは天皇を中心とする「和平派」を弁護する資料や供述書の偽造工作をおこなった形跡があるとさえいわれている（バーガミニ、前掲書）。そのかれらが、ある程度東京裁判の法廷や国民をあざむきえたのは、ひとつには太平洋戦争段階での天皇の行動のあいまいさにも負っている。

しかし、それ以前の中国侵略に対する天皇の戦争責任については、現存する状況資料や関係武官の記録、日記、文書類からしても、反論は困難であると思う。蔣介石の率いる中国の国民政府が、一九四五年、強硬に天皇の処刑を要求したのは、国際法上も道義上もまったく理にかなったことだったのである。

「東亜新秩序の建設」

木戸幸一は南京虐殺事件があった年、近衛内閣の閣僚であったが、極東国際軍事裁判で検察側から責任を追及されたとき、かれは「私が南京虐殺事件を初めて耳にしましたのは終戦後でありました」と弁解している。なるほど検察側に提出した「木戸日記」には虐殺の記載はない。しかし、木戸ほどの情報通が、私たちのような田舎者にまで聞えていた残虐事件の噂をまったく耳にしなかった（したがって天皇もまったく知らされなかった）ということは信じがたい。（もっともほんとのことをいえば絞首刑になり、天皇にも罪が及ぶとなれば、口が裂けてもいうわけはないであろう。）

この同じ人が出獄後、そして天皇の安泰が確実なものになったとき、学習院大学教授金沢誠らの華族研究会との対談で、次のように述べているのだから現金なものである。

「A　陛下は戦争の状況をよく知っておられたのですか。
木戸　それはよく知っていらした。陛下はツンボ桟敷（さじき）というのは全然うそです。ミッドウェイの海戦で日本の航空母艦が四隻やられたなんてことも、すぐ、われわれのところ（内大臣府）には知らせに来ている。その点、陛下をツンボ桟敷にして勝手な作戦をしていいたというのは全然うそです。大損害をうけた時でも、ちゃんと申し上げている。だからぼくなんか開戦当初のほんの二、三ヵ月以外は、全部いやな話をきいている。」
（金沢誠編『華族』）

日本国民は、天皇も自分たちと同じように真相を知らされずに、軍部のためにツンボ桟敷におかれ利用されていた同じ犠牲者なのだと思いこまされてきたが、事実は違うようである。東条英機は天皇の平和への意志を無視した独裁者で、かれこそが最大の戦争犯罪人だとする国際軍事裁判の論告は欺瞞にみちている。東条はさすがにこの偽りに耐えきれず、一度法廷で反論したが、途中、木戸幸一に説得され、その後は黙って天皇の罪をも一身に背負い処刑されていった。

ねず・まさしはその労作『天皇と昭和史』の中で、この間の事情をくわしく論証している。たとえば東条はきわめて几帳面な能吏であって、天皇から最後まで深く信任され、少なくとも天皇に対しては従順な臣下であり、決して西欧流の独裁者などではなかったという。その裏づけを、東条の最良の子分であった軍務局長佐藤賢了の次の言葉をひいて説明している。

「(東条が) 陸相、首相になってからの施政の根本理念は『お上の御納得を仰ぐこと』であった。……だから上奏する場合、まず御納得を仰ぎ得るか否かを考える。ついで上奏したとき、『いけない』と仰せられなくとも、御気色がくもれば、引き退って考えなおすのであった。……そしてこの特徴は非常な美点であったとともに、ときには欠点となったこともある。御納得を仰ぐには、正式に上奏すべきことでなくても、よく内奏又は中間報告を申し上げた。それは過度と思われるほどで、私達は『東条さんの内奏癖』とかげ口をきいた。上奏案は勿論、その内奏案にも詳しい説明ばかりでなく、御下問を予想して、その答辞まで準備しなければならなかった。陛下は記憶力がお強い上に、終始タカミクラ (皇位) を変らせられないのだから、過去のことをひき出して鋭い御下問があり……東条さんは右のように周到に準備して御前に出たから……戦局の悪化するまでは、御信任がきわめて厚かった」(『東条英機と太平洋戦争』) と。

戦時下の日本の国家の最高意志は、今と違って国会によって決められるものではなく、大本営と政府の連絡会議によって決められ、十五度に一度位は御前会議において天皇の親裁 (直接の許可) をうけていたものであった。たとえば一九四〇年 (昭和十五年) から四一年十二月の日米開戦までの期間に、七六回の連絡会議がひらかれ、五回の御前会議が行われている。『杉山メモ』下によると、さらに戦局が悪化する一九四四年 (昭和十九年) 二月までに一〇九回の「大本営・政府連絡会議」が記録されており、その間に御前会議も三回行われている。（その後、連絡会議は廃止され、軍および政府のトップ・メンバーによる「最高戦争指導会議」が設けられる。）米英蘭との開戦を最終的に決定した一九四一年十二月一日の第八回御前会議を見ると、場所は〝宮中東一ノ間〟、参会者は東条総理以下全閣僚、それに参謀総長、同次長、軍令部総長、同次長、枢密院議長、内閣書記官長、陸・海軍の軍務局長となっている。このようにわが国では制度上、ヒトラーのような軍・政両面にわたる独裁が行われる可能性は、まずほとんどなかったと考えられる。

東条が住んだ豪壮な邸宅は、そのころの庶民のうらみを買ったものだが、それさえ御料林の材木を下賜されて建てたものというし、かれの残した貯金の十万円（時価一億円相当）も天皇から贈られたものであったという。（妻東条勝子の証言、『朝日新聞』一九四六年四月五日）

いかに天皇が英機をたのみにしていたかわかる。英機もまた忠臣として天皇のいいつけによく従い、よく仕えたことを後に木戸幸一ですら認めている（『木戸幸一口述書』）。東久邇宮は一九四四年（昭和十九年）七月、皇弟の高松宮から「私は大東亜戦争の全責任を東条におわせ、陛下に責任が及ばないようにするため、最後まで東条が最大権力をもってもよいと考えていたが」今となっては考えを変えたという話を聞いている（東久邇稔彦『一皇族の戦争日記』）。高松宮らはこれを利用し、「ムソリーニ、ヒトラー、ヒロヒト」という米英の世論を、「ムソリーニ、ヒトラー、トージョー」という声に切り換えようと早くから企んでいたようだ。

事実、東条は内政面では警察や憲兵を使って反対派をかたはしから検束したり、圧迫したりした独裁者的行動が多かった。中野正剛が悲憤の自決をとげたのも、東条の手先の憲兵の迫害によるものだといわれている。

「平沼サンアナタの友のコノエのオッサンコトノホカオオバカデ、ズルイ男デスネ。アンナバカヤロウニ二度モ内閣ヲヤラセルナンテ天皇モ床ノ間ノカザリモノダナ！　天皇天皇ッテナニヲイイヤガル、クソッタレー。アンナ天皇ナンテナイ方ガイインダヨ、死ンジマエ。新体制新体制カケゴエバカリデナニモナラヌ。」（昭和十六年二月十九日付消印、警視庁宛投書）

平沼内閣が独ソ不可侵条約の不意討ちによって倒れたのが一九三九年（昭和十四年）八月二十八日、四日後に第二次欧州大戦が勃発した。阿部信行内閣が成立したのは八月三十日だが、これも日中泥沼戦争によるインフレや米不足に怒りだした世論のまえに四ヵ月半で倒壊、かわって米内光政内閣が発足した（一九四〇年一月十六日）。木戸幸一が最後の内大臣に就任したのはこの六月である。

このころ近衛文麿は昭和研究会などに集まる新官僚や革新派学者をブレーンに、武藤章軍務局長ら陸軍統制派の後援をうけ、新体制をのぞむ政党有志をひきよせ、挙国体制をうちたてる運動を進めていた。これは当時の世界情勢の急進展に影響されたところが大きい。

つまり五月、ドイツ軍は得意の電撃作戦を展開し、西部戦線の停滞をいっきょに破ってオランダ、ベルギーに侵入し、フランスの要塞線を突破、イギリス軍三十万をダンケルクに追いつめた。反転して六月十四日パリを占領、十七日フランスを降伏させた。このため第二次欧州大戦はドイツの勝利に終ることが確実視され、日本国内の南進派を「バスに乗り遅れるな」と活気づけたのである。

いまや日本陸・海軍のまえに、オランダ領東インド（蘭印）もフランス領インドシナ（仏印）も裸のえじき同然であった。そして極東のイギリス軍は孤立し、シンガポールも手をのばせばとどく距離に感じられた。武藤章らが元気づき、海軍が色めきたったのは当然であろう。英米協調寄りの有田外交がこうした南進派（ゆたかな資源をもつ南方へ、米英仏の抵抗を排除しても進出しようというグループ）によって拒否され、七月十六日、陸軍は陸相を辞任させて米内内閣を倒壊させた。そして期待はふたたび近衛文麿に集まった。

七月十九日、組閣を前にして近衛は、松岡洋右のほか陸・海軍大臣に予定していた東条英機中将と吉田善吾中将とを東京・荻窪のかれの私邸荻外荘（てきがい）にまねいた。その荻窪会談で、四者の間にとりかわされた了解が、次のような日独伊三国同盟にむかう現状打破の積極方針だったのである。

「世界情勢ノ急変ニ対応シ、且速ニ東亜新秩序ヲ建設スルタメ日独伊枢軸ノ強化ヲ図リ、東西互ニ策応シテ諸般ノ重要政策ヲ遂行ス。但シ右枢軸強化ノ方法及ビ之ガ実現ノ時機等ニ就テハ、世界情勢ニ即応シテ機宜ヲ失ハザルコトヲ期ス。」（原田熊雄述『西園寺公と政局』）

かれは組閣の翌日「大命を拝して」と題するラジオ放送を行ない、旧来の世界秩序の崩壊がヨーロッパにおいて起りつつあるとき、われわれは「自ら世界的変化を指導し、自らの力によって世界の新秩序を作り上げる覚悟」を要する。そのために国内体制を一新するために、ドイツのナチス党などにならった一国一党の大政翼賛の新組織をつくりたいと述べた。

近衛内閣は八月一日に「基本国策要項」を発表したが、これは軍務局軍事課で作成されたものであり、ここにはっきりと「八紘を一宇とする肇国の大精神」と「大東亜の新秩序建設」の文字があらわれている。しかもその「大東亜共栄圏」には、もちろん仏印、蘭印もふくまれると、松岡新外相は記者会見で語ったのである。このための「世界情勢ノ推移ニ伴ナフ時局処理要綱」（軍部草案）は政府と大本営の連絡会議できめられたが、ここには翌年の日米開戦へとつづく危険なレールがはっきりと敷かれていた。

（二）支那事変ノ処理未ダ終ラザル場合ニ於テハ第三国ト開戦ニ至ラザル限度ニ於テ施策スルモ、内外諸般ノ情勢特ニ有利ニ進展スルニ至ラバ対南方問題解決ノ為武力ヲ行

使スルコトアリ

(四) 武力行使ニ当リテハ戦争対手ヲ極力英国ノミニ局限スルニ努ム。但シコノ場合ニ於テモ対米開戦ハ之ヲ避ケ得ザルコトアルベキヲ以テ之ガ準備ニ遺憾ナキヲ期ス

そして、これに説明を加えて、「好機到来の場合」とは、(1) 米が欧州戦争に参加し、東洋にたいして交戦余力が小さくなった場合、(2) 英の敗勢が明らかとなり、英の領土を侵すも米が対英援助にのりだす公算の少ない場合、だとして、そういうときの武力発動を確認している。公然たる侵略の確認である。

この「時局処理要綱」を承認した天皇は、多年、軍側近筋の間で夢物語のように話されていた南進派の戦略が、ついに現実のものとして提出されたことに気がついたであろう。心情的なイギリスびいきだと信じられてきた天皇が、この露骨なイギリス攻撃の内定に反対しなかったのはなぜであろうか。それどころか、いっそう危険なアメリカとの衝突を招きかねない日独伊三国同盟の調印にまで裁可をあたえてしまうのはなぜであろうか。日本軍部の戦略家たちは、一九四〇年(昭和十五年)九月、さっそく北部仏印(ベトナム)への進駐を断行し、日米関係をいっきょに緊張させた。

松岡の曲芸外交

松岡の曲芸（サーカス）外交がはじまった。松岡は一九四〇年七月からちょうど一年間、日本の外交を担当したが、その間のかれの言動は、参謀本部編「大本営・政府連絡会議筆記」（『杉山メモ』上、所収）にもっともくわしく伝えられている。日本を日米戦争に導いたこの傲慢かつ自信過剰な政治家が、国民の知らない場所でどのような肉声を放っていたか、この人たちに自分の死活の運命をあずけていた日本国民としては読み落すことはできまい。

松岡は一八八〇年（明治十三年）、長州の廻船問屋に生れた、佐藤栄作らと血縁である。十三歳のときに渡米し、オレゴン大学を卒業し、帰国後、外務官僚となり、パリ平和会議では随員として近衛文麿と知りあったが、外務省を去り、政友会所属代議士、満鉄副総裁になる。一九三三年（昭和八年）の国際連盟脱退のときには日本全権として大いにその勇名をとどろかせた。その後、満鉄総裁、力の外交論客として軍部からの支持も受けていたが、第二次近衛内閣に外相として抜擢されたのである。

この松岡が外相在任中にやったことはたいへんはなばなしい。一九四〇年（昭和十五年）九月、ドイツのスターマー全権とほとんど単独で交渉して日独伊三国同盟をまとめ、締結をためらう海軍や天皇を説得して九月二十七日、ついにこの運命の軍事同盟条約に調印した。

翌四一年四月、得意絶頂時代のヒトラー、ムソリーニを訪問して大歓迎をうけ、帰路、モスクワに立ち寄ってスターリンと腹芸をたたかわせ、日ソ中立条約を締結（一九四一年四月十三日）。帰国して、留守中に近衛首相らの手で始められていた日米交渉（ハル国務長官と野村大使の間で四一年四月十六日～十二月七日）に横槍をいれて停滞させ、独ソ戦が開始されるや（四一年六月二十二日）、南進論から一転してソ連への侵攻を主張し、近衛や他の閣僚と衝突してついにかれ一人追われる形になった（四一年七月十六日）。

その松岡が三国同盟、日ソ中立条約で企図したことは、ソ連に中央アジア、インド洋への出口をあたえて、枢軸側に抱きこむことによって米英を孤立させ、日独ソを中心とした新体制諸国の一大勢力圏をつくる。それと、英連邦および米カナダを中心とした西半球諸国の勢力圏とを併立させ、その間に力の均衡をつくりだすことによって世界平和の維持をはかろうという、遠大な構想であったようだ。近衛も大筋においてはこの世界新秩序建設計画案に賛成していたのではないかと考えられる。

ところが、日ソ中立条約のあと、わずか二ヵ月間でこの幻想はふっとんだ。スターリンは独ソ戦が近いことを予想して、松岡の南進論にあいづちを打ちながら松岡を手玉にとった形跡がある。松岡は自分をヒトラー、スターリンらの世界の巨人とならぶ国際級の大政治家だとうぬぼれて帰国し、独ソの力を背景に瀬戸際外交の術をつくしてアメリカにあたり、日米戦争の危機を回避しようと考えていた。ところが、かえって内外の情勢の急変にほんろうされ、おのれの判断の甘さに復讐されたのである。

そこへゆきつくまでのかれの大本営・政府連絡会議や御前会議での発言は、当時の日本の〝大政治家〟の歴史認識や情勢判断なるものが、どのていどにお粗末なものであったかを赤裸々にあらわしていて興味尽きない。そのさわりの部分のいくつかを時の順序を追って紹介してみよう。

「（一九四一年）四月二十二日、第二十回連絡懇談会　松岡外相帰朝報告

……『スターリン』ハ地図ヲ取リ寄セ、南樺太ヲ『ソ』に売レトシキリニ主張シタノデ、自分ハ樺太ハ十六世紀以来日本ノモノデアッタノヲ『ソ』ニ取ラレ、国民ハ其後長イ間北半部ヲ取リ返ソウトノ念ニ然エテ居ルト述ベタ、之ニ対シ『スターリン』ハ、東ハ『カムチャッカ』、西ハ沿海州ニ『ノド首』ヲシメツケラレテ居ル、ドウニモナランデハナイカト述ブ、自分ハ地図ヲ示シ乍ラ、地図ヲモット大キク見ナケレバイカン、印度、『イラン』方面ニ『ソ』聯トシテハ出ル方ガ宜イデハナイカ、日本ハソレニ対シテハ目ヲツブルト応酬シ、逐次話ガ面白クナリ遂ニ条約成立ノ運ビトナッタ。『ソ』聯ガ何故条約（日ソ中立条約）ヲ結ンダカ其真意ハ分ラヌガ、ソウ云フ気運ニアッタコトハ確カデアル。」

「五月三日、第二十一回連絡懇談会　対米国交調整ノ件

松岡外相　独ハ『ロス』（ロスケ→ソ連のことか。引用者）ヲ二ケ月デヤッツケルト云ウテ居ル、『シンガポール』ナド大シタコトデハアルマイ。」

「五月八日、第二十二回連絡懇談会　対米国交調整其後ノ状況ト之ニ対スル意見交換ノ件

海相（及川古志郎）　外相ハ参戦々々ト云フガ、米ハ参戦シテ得ガアルカ。損ガアルト思フ。……

松岡　『ルーズベルト』ハ戦争ヲヤル気ニナッテ居ル、何シロ彼ハ大バクチ打チダカラ。予ハソノウチニ『プライベート・メッセージ』ヲ出ソウカトモ思ウテ居ル。……過般『リッベン』（リッベントロップ独外相）ガ米ハ七〇％迄参戦セヌト云ウタ時トハ情勢ガ変ッテ居ル。昨今ハ六〇％迄参戦スルト思ハレル。」

「六月二十五日、第三十二回連絡懇談会　『南方施策促進ニ関スル件』……（南部仏印への進駐の件）

海相　将来ノ外交上ノ参考ノ為海軍トシテ一言ス　過去ハ問ハズ、国際情勢微妙ナル関係ニアル現在、統帥部ニ無断デ遠イ先ノ事迄シャベルナ。海軍ハ対英米戦ニハ自信アレドモ、対英米『ソ』戦ニハ自信ナシ……此ノ如キ状態ニセヌ為ニハ『ソ』モ攻撃シロ、南方モヤレト云フ様ナ事ハ云フナ　海軍ハ『ソ』ヲ刺戟スルコトハ困ル

外相　英米トヤルノハ辞セズト云フノニ『ソ』が入ッタトテドウシテ困ルノカ
海相　『ソ』ガ入レバ一国フエルデハナイカ　何レニシテモアマリ先走ッタ事ヲ言フナ
外相　今迄俺ガソンナ事ヲ云フタ事ガアルカ、ソレダカラ国策ノ大綱ヲ早ク決メヨト云フノダ……
外相　独ガ勝チ、『ソ』ヲ処分スルトキ、何モセズニ取ルト云フ事ハ不可。血ヲ流スカ、外交ヲヤラネバナラヌ。而シテ血ヲ流スノガ一番宜シイ。『ソ』ヲ処分スルトキ日本ガ何ヲ望ムカガ問題ナリ。」

「六月二十七日、第三十四回連絡懇談会　情勢ノ推移ニ伴フ帝国国策要綱ノ件
外相　……今ヤ独『ソ』戦ガ惹起シタ。……短期間ニ終ルト判断セバ北ヲ先ニヤルベシ。独ガ『ソ』ヲ料理シタル後ニ対『ソ』問題解決ト云フテモ外交上ハ問題ニナラヌ『ソ』ヲ迅速ニヤレバ米ハ参加セザルベシ　米ハ『ソ』ヲ助ケルコトハ事実上出来ヌ、元来米ハ『ソ』ガ嫌ヒダ、米ハ大体ニ於テ参戦ハセヌ、一部判断違ヒガアルカモ知レヌガ　故ニ先ヅ北ヲヤリ南ニ出ヨ……『ソ』ト戦フ場合、三、四月位ナラ米ヲ外交的ニオサヘル自信ヲ持ッテ居ル　統帥部案ノ如ク形勢ヲ観望スルト英米『ソ』ニ包囲セラルベシ　宜シク先ヅ北ヲヤリ次デ南ヲヤルベシ。虎穴ニ入ラズンバ虎子（ママ）ヲ得ズ。宜シク断行スベシ

陸相（東条英機）　支那事変トノ関係如何

外相　昨年暮迄ハ南ヲ先キニ次デ北ト思ッテ居ッタ。南ヲヤレバ支那ハ片付クト思ッタガ駄目ニナッタ。北ニ進ミ『イルクーツク』迄行ケバ宜シカルベク、其ノ半分位デモ行ケバ蔣ニモ影響ヲ及ボシ全面和平ニナルカモ知レヌト思フ……

内相（平沼騏一郎）　松岡サン、当面ノ問題ヲ能クオ考ヘナサイ。アナタノ御話ハ直ニ『ソ』ヲ打テト云フノカ、国策トシテ直ニ『ソ』ト開戦セヨト云フノカ／外相　然リ／内相　今日ハ事ヲ急イテヤラネバナラヌ、而シ備ヲ充分ヤラネバナラヌ……

外相　我輩ハ北ヲ先キニヤルコトヲ決メ之ヲ独ニ通告シタイト思フ……。」（『杉山メモ』上）

これを読まれて読者は、ある一つの場面を連想されないであろうか。どこかの山中に山賊たちがあつまり、焚火をかこんで、まだ盗りもしない獲物のわけまえのことでいがみあいをしているような情景（シーン）を――。

かれらの眼中にはスターリンやヒトラーや蔣介石やルーズベルトといった少数の支配者の姿しか見えないのであろうか。「南」をおさえれば蔣が参るだろう、イルクーツクまで取ればスターリンが手をあげるだろう、力で恫喝すればアメリカはひっこむだろうとか、まるで人民を愚弄した議論のように思われる。

蘆溝橋事件以来まる四年間、根からの反共主義者である蔣介石が日本政府の切り崩しに乗らず、徹底抗戦をつづけているのはなぜか。中国人民が抗日救国統一戦線を組んで裏切りをゆるさないからであろう。ドイツ軍がモスクワ近郊まで攻めこんでも、スターリンやソ連政府が手をあげないのはなぜか。社会主義の祖国をファシズムの侵略から守ろうとするソビエト人民の愛国的な闘いのかたい意志があるからではないか。

松岡洋右は満州帝国の支配者として長年、満鉄の王座にすわり、植民地人民を侮蔑する生活に慣れきってきた。そのため、政治家としてもっとも肝腎な、その国の人民の力の要素を正当に評価する政治感覚を失ってしまったのであろう。松岡だけではない。東条や近衛も、欧米やアジアの諸国民の自由と独立を求める測りしれないエネルギーを理解せず、蔑視し、これを勝敗の規定要因として評価する政治感覚をもたなかったようである。

一九四一年（昭和十六年）六月三十日、第二十六回連絡懇談会の席上、松岡は南部仏印への進駐は六ヵ月ほど延期して、ソ連にたいする参戦の決意をドイツに通告してはどうかと提案するが、陸軍参謀本部の強硬な反対にあって撤回し、結局、近衛も原案通り（南部仏印への断乎進駐）南進策を承認し、七月二日の御前会議に提出することにきめた。この席上、松岡外相が言い放った次の揚言は、まことに人民の要素を忘れたエリート政治家の病理を示して象徴的である。

「外相　我輩ハ数年先ノ予言ヲシテ的中セヌコトハナイ。南ニ手ヲツケレバ大事ニナルト我輩ハ予言スル。ソレヲ総長ハナイト保障出来ルカ　尚南仏ニ進駐セバ、石油、『ゴ

ム』、錫、米等皆入手困難トナル　英雄ハ頭ヲ転向スル、我輩ハ先般南進論ヲ述ベタル

モ今度ハ北方ニ転向スル次第ナリ」

この松岡の意見には、一時、及川古志郎海相も平沼騏一郎内相も枢密院議長原嘉道も動かされた気配を見せている。また朝香宮大将も六月三十日の軍事参議官会議で「ホラガ峠ノ様ダガ南北何レガ先キカ、北ガ先キノ方ガ好イ様ニ思フガ」などといったり、「独ノヤリ方ニ較ベルト慎重ニ過ギハシナイカ」と放言したりしている。

この同じ六月三十日、『木戸幸一日記』は、松岡が牧野伸顕伯を訪問したとき、「若万一の場合には、大命とあれば自分は敢て辞せないと云ふ意味のことを述べた」と記している。当時、木戸は重臣の平沼騏一郎や近衛首相としばしば密会して松岡を排除する相談をしているので、この情報もすぐ、電話で近衛に伝えられている。松岡は軍部に弱い重臣、閣僚たちや優柔不断な近衛に業を煮やし、もはや自分以外には軍部をコントロールして日本の命運を全うすることのできるものはいないと自負していたらしい。並いる陸海軍の総長連をまえにして、自分を「英雄」に擬し、神のごとき「予言者」と公言したところなど、松岡のうぬぼれの強さをあらわしている。

外務顧問の斎藤良衛によると、松岡は「僕は御英明な陛下におすがりして、外交転換の御承認を得た上、直ぐに（アメリカへ）渡って真情を吐露して防共協定を説くつもりだ。おいそれと直ぐにアメリカが乗って来ないのは分りきっているが、理窟の分らぬルーズベ

ルトではない。あくまで説き、あくまで勧請すればなんとかなる。それまではどうしても死ねない」と語ったという（斎藤良衛『欺かれた歴史』、三輪公忠『松岡洋右』）。この辺は松岡の本音であろう。それはともあれ、この猪突型の外相は七月十五日、日米諒解案で首相と正面衝突し、ついに翌十六日、近衛内閣総辞職によって放り出されてしまった。

日米危機迫る

近衛は外相を海軍畑の豊田貞次郎大将に入れかえて、七月十八日直ちに第三次近衛内閣を発足させた。このとき近衛と木戸との腹は、「南進論」を捨てたわけではないが、当面は日米開戦回遊でゆくということに決っていた。天皇の意志もこの頃はまだ近衛や木戸と同じ線であったように私は思う。

当時の日本の国力はアメリカのそれと較べて情けないような状態であった。たとえば戦時統制経済の総元締めであった企画院でさえ、日本経済はこれ以上の戦争に「耐えられるものではない」との統計上の数字を報告していた。

戦争にとってもっとも必要なのは石油であるが、日米開戦時、日本の石油保有量はわずか八四〇〇万キロリットルしかなく、これでは海軍が一年半動きまわる量にすぎなかった。ちなみに、重要物資の日米の生産量を比較してみると、石炭では米は日本の九倍強、石油はなんと日本の五〇〇倍あまり、鉄は一二倍ほど。こうした重要軍需物資の十三品目を単純平均してみると、アメリカは日本の七八倍の生産量をもっていたという（伊東光晴「あてはずれの収奪戦―戦争経済の崩壊」、朝日ジャーナル編『昭和史の瞬間』下　所収）。しかも飛行士の補充要員の比率は二〇対一、これでは「必勝を期し」えないと憂慮する方が当然であった。

　このころもっとも頻繁に天皇と面談し、一日おきくらいに天皇に入れ知恵をしていたのは内大臣木戸幸一であった。木戸は他の閣僚の拝謁や御前会議の前などには必ず逢って、天皇が何をいうべきかをあらかじめ示唆し、いわゆる根回しをしておくことを怠らなかった。天皇はこのころ木戸―近衛の考え方にいちばん強く影響されていたと思う。

　ところがバーガミニはその逆であることを主張している。「裕仁は一九四〇年（昭和十五年）九月の決定――たとえ合衆国との戦争という犠牲を払ってでも南進する――を絶対に変えなかった。しかし彼は真珠湾の前の十二箇月間は、依然として国家の行動延期を希望している側近からの絶え間ない圧力に耐えなければならなかった。（中略）裕仁は、隠微かつ従順な反対者に取り巻かれながらも、世界を驚かせた秘密の戦争計画を推進し、調整することに成功した。」（『天皇の陰謀』後篇）と。こうした理解は正しくない。

　内大臣木戸が一九四一年（昭和十六年）七月～十月段階でどのような「長期構想」をもっていたかは後で述べる。そのまえに天皇が「世界を驚かせた秘密の戦争計画を推進した」という主張を正しておきたい。

「裕仁は山本五十六がもっていた真珠湾攻撃の秘密計画を実行の一年前から承知しており、これを大西滝治郎に命令して研究させていた」という、アメリカ国民にとっては〝衝撃的な事実〟をバーガミニは特記している。だが、「この事実の詳細は、口頭での証言に基く」と註記しているから、かれはこの情報を当時の海軍中佐で、この研究に参加したという源田実から聞いたとみなしうる。

私が調べたところによると、この事実は天皇が直接、軍令部総長を呼んで話した「御下問奉答」の中には見られない。それについての記事は、昭和十六年（一九四一年）十月二十三日〜三十日の大本営・政府連絡会議決定の資料（「帝国国策遂行要領」ノ具体的研究）の最後に、臨時調査部によって「参考」として付けられた「海軍行事実施表」（昭和十五年八月二十二日から昭和十六年十二月五日までの作戦・用兵上の簡単な行事実施表および予定表）の中の一行なのであって、『杉山メモ』上巻の三七〇ページ上段に次のように記されたものだけである。

「同十六年一月　山本GF長官ニ対シ布哇（ハワイ）攻撃ノ研究ヲ大西少将ニ下命ス」

この資料が日米開戦にいたる海軍軍令部の作戦展開と動員計画を示した機密資料であることはまちがいない。しかし、右の一行から直ちにバーガミニのように「天皇が山本の要求に応えて大西に命令した」と解釈することはできない。第一、どこにも天皇などと書いてはいない。「山本GF長官ニ対シ……下命ス」とある以上、まず命令系統からして軍令部総長であると考えるのが史料解読上の常識である。バーガミニは日本語に練達した人であろうから「下命」の一語で天皇だと判断したのかもしれないが、当時の軍令部総長が伏見宮博恭(ひろやす)王であることを御存じないのか。また、かれは永野修身(ながのおさみ)総長云々と書いているが、永野が伏見宮と代って軍令部総長に就任したのは十六年四月九日のことであって、一月の時点では関係がない。

伏見宮総長は臣下であり部下である山本五十六に対し、「下命」することができる。つまり、大元帥である天皇が総長の頭をとびこして、異例にも直接、山本に命令を下すなどということはまず考えられない。その上、こうした研究命令は他にもいくつもあった海軍作戦研究の中の一つであって、軍令部としては当然の所管作業であり、別に珍しいことではない。

真珠湾を開戦の初頭に奇襲するという作戦はすでに一九三六年(昭和十一年)十一月の海軍大学校での「対米作戦用兵に関する研究」にもあらわれており、「開戦前、敵主要艦艇特に航空母艦、真珠湾に在泊する場合は敵の不意に乗じ航空機(空母搭載機並に大艇、中艇)による急襲を以て開戦の着意あるを要す」とされていたのである(歴史学研究会編『太平洋戦争史』第四巻)。山本五十六はこれを本格的にとりあげ、大西滝治郎第十一航空艦隊参謀長に研究させた。そしてその結果が十月二十九日に陸海軍中央協定の決定となり、翌三十日の海軍行事実施表として連絡会議資料にも附されたものと思う。バーガミニのように鬼の首をとったような騒ぎ方をする意味はない。

次に木戸の考えについて述べよう。木戸内府は第三次近衛内閣の発足後も頻繁に近衛と連絡をとり、日米交渉の打開のことを協議している。たとえば一九四一年（昭和十六年）七月二十四日、「四時過、近衛公突然来邸、五時二十分頃迄懇談す。」（『木戸幸一日記』下巻、以下同じ）

七月二十五日、「二時、近衛首相参内……対米施策其他につき懇談す。」（この日、アメリカ政府、在米日本資産凍結令を公布。）

七月二十八日、「三時半、近衛首相来室、五時頃迄情勢の変化を中心に懇談す。」（二十六日、二十七日、イギリス、フィリピン、蘭印も資産凍結措置を発表。二十八日、日本陸軍部隊南部仏印へ進駐。）

七月三十一日、「二時二十分、近衛公来室、拝謁後面談。」（この翌八月一日、アメリカ政府、対日航空機用オイル及びガソリンの全面禁輸措置を発表。）

八月二日、「十一時過、近衛公来室、対米強硬論漸次海軍部内に抬頭し来る形勢にあり、将来の政情を憂慮。」（米国、対ソ経済援助を開始。）

八月四日、「十一時四十分、近衛首相参内、拝謁。其後来室、十二時二十分より一時迄、対ソ交渉を中心に懇談す。」

八月五日、「十一時半、近衛首相より使を以て書面到来、太平洋を中心とする問題を解決する為め、首相自ら渡米、ルーズベルト大統領と直接商議せむとの決意を覚書として陸・海両大臣に示したる旨申来る。」

八月六日、「十二時四十分、近衛首相来室、少時面談、尚、拝謁後二時十分より同四十五分頃迄懇談す。」

八月七日、「三時半、近衛首相参内、拝謁の後、四時より四時半頃迄懇談。」

そして、これにつづけて『木戸幸一日記』にはじめて、かれの（木戸―近衛の）〝構想〟ともいうべきものが十六ヵ条にわたって現われるのである。

ここまでの事態の展開をみると、近衛らの予想がはずれて、南部仏印への進駐が日米危機を決定的なものにしたことが明らかになってきた。こうなってはもはや日米のトップ会談による打開しか道がない、そう近衛は決意し、木戸と作戦を語りあい、かれの助けを借りて天皇の説得にあたろうとしたものらしい。ここで重大なのはその近衛とも微妙な喰い違いを見せる木戸内大臣の腹の中である。八月七日、かれは次のように結論している。

今日まで余のあつめた情報では対米・対ソ両面作戦はよほど困難である。それどころか、事態は石油の問題に集約されてきた。「一、油は海軍が二年、是とても戦争をすれば一年半しかないと云ふ。陸軍は一年位とのことだ。一、そこで、結論から云へば、右が事実なりとすれば、到底米国に対して必勝の戦を為すことは出来ないと云ふ外はない。」米国以外に油の供給源を求むれば蘭印と北樺太にしかない。しかし、「蘭印に手を出せば、米国は参戦するであろう。」かりに油を入手しても輸送中沈められたり、油田そのものを破壊されるであろう。

結局、「今日の情勢を単的(ママ)に云へば国力足らずして思ふことが出来ないと云ふことであって、表面の形は変って居るが、日清戦後の三国干渉の場合と同じ決意をする外ない」。「一、即ち今後十年を目標とし臥薪嘗胆の決心をなし、一、差当り日米国交の調整を為し所要の物資を得ると共に、一、国内にありては窮極の目的を南進に置きて、此の目的達成の為めに大体十年を目標とし、一、重工業、工作機械工業の確立、一、人造石油工業の急速なる確立、一、遠洋航路船舶の大拡張、等に全力を挙ぐること」と結んでいる。

この考えは十月九日にもくりかえされる。「十年乃至十五年の臥薪嘗胆を国民に宣明し、高度国防国家の樹立、国力の培養に専念努力すること」を木戸は近衛に進言するが、ここで重要なのは、かれらが南進論（究極的には大東亜圏を制圧し日米戦争に勝利することをめざす戦略）を放棄したのではなく、米国と戦って必ず勝てるようになるまで、ここはひとまず膝を屈しても薪の上に臥し胆を嘗め仇討ちのため苦労しようと主張している点である。こういう人物を平和主義者とか和平派といえるかどうか。それは別としても、こうした考えが、一九四一年後半の一時期の近衛や天皇に強い共感をよび起したであろうことは、十分に想像できる。

運命の「南進論」

一九四一年（昭和十六年）七月二十三日、木戸は重光葵駐英大使の「御進講」を傍聴し、チャーチル首相の意気に感激している（『木戸幸一日記』下巻）。

この日、重光大使は空襲と独軍侵入の脅威にさらされた英国民の決意と英王室の立派な態度を感動的に物語った。そのため天皇は非常に感銘し、英国の勝利について懐疑的だった皇后のために、もう一度重光に進講を命じたほどだったという（L・モズレー『天皇ヒロヒト』）。

一九四一年八月十八日、グルー米駐日大使は天皇の意志をこう推測している。

「日本は、急速に対米英戦争の方向に押し流されているが、我々の知るところでは、天皇はずっと前に閣僚らに対し、どんな政策をとるにせよ、米英両国のいずれかとの戦争に日本を引き込むことは絶対にいけないと申し渡している。天皇は三国同盟について、決して満足していないことは疑いない。松岡が、日本は民主諸国の手で経済的に窒息させられそうだとか、英国に対するドイツの勝利は確定的だとか、ウソの説明をしたあげく、ようやく天皇は三国同盟を承認するよう説き伏せられたのだ。」（『グルー日記』一九四一年八月十八日）

グルーはルーズベルト大統領と直接交渉をしたいという近衛の申し入れを喜んで受けいれ、大きな期待をかけてワシントンに連絡したが、ハル国務長官は日本軍部に左右されている近衛内閣の外交なるものに信頼をおかず、結局、近衛の申し入れは延期され、国内でも陸軍から突きあげられ、実現の機会をもたなかった。

近衛、ルーズベルトのトップ会談に期待をかけていた天皇裕仁は、この段階になると早期開戦を求める軍や世論の勢いに押されて、ほとんど毅然たる拒否の態度をとることもなく、ズルズルと開戦の方向に流されていった。天皇がそうなったのには理由がある。かれも近衛や木戸と同じように、大東亜の新秩序建設を望んでおり、いつかは（必勝の体制さえ整えば）アメリカとの運命的な決戦は避けられないという考えをもっていたからである。天皇や近衛が四一年後半段階になって日米開戦を恐れたのは、当時の国際情勢と日本の国力では、とうてい必勝を期しえないのではないかと、かれらが憂慮したからに他ならない。そうした迷いを杉山参謀総長の「御下問奉答」は正直に表現しているのだ。

「（一九四一年）七月二十二日　防衛諸部隊ヲ防衛総司令官ノ指揮下ニ入レルコトニ関シ

以テ仏印交渉ノ状況ヲ奏上ス

御上（おかみ）　支那事変解決ニ何カ好イ考ヘハ何カ無イカ／総長　此ノ前ニモ申上ゲシ通リ……英米ガ重慶ノ起死回生ヲヤッテ居ルノデアリマシテ英米ヲ抑ヘナケレバ支那事変ノ解決ハ困難ト考ヘマス……

御上　武力ヲ以テセズ何カ他ニ好キ方法ハナイカ／総長　武力以外ハ困難デアリマス
……

御上　サウカネ、武力ヲ使ハズニ出来ヌカネ。仏印ハアノ様ニ行ケバ結構ダガ英国ガ泰ニ兵ヲ入レテ居ルト云フガドウカ／総長　……若シ英国兵ガ泰ニ入ルコトガアレバ用兵上更ニ如何ニスベキカヲ判断シ奏上シテ御決メヲ戴キマス

御上　仏印ニ武力行使ヲシテ行クコトハナイダラウネ／総長　軍司令官ニモ澄田機関長ニモ平和進駐ヲ立前トスルコトハ充分通シテアリマス……

御上　マー武力ハ使ハヌガ宜シイ

総長所見　本日ノ御下問ニ依レバ徹頭徹尾武力ヲ使用セヌ事ニ満チ〳〵テ居ラレルモノト拝察セラル　依ッテ今後機会ヲ捉ヘテ此ノ御心持ヲ解ク様ニ申シ上ゲ度キ考ナリ南カ北カソレハ如何ニヤルカ、逐次決意ヲ要スル点等ヲ段々ト御導キ申上ゲル必要アリト考フ　本件ハ一切他言セザル様」（傍点引用者）

この杉山たち陸海軍統帥部の天皇説得工作はこのあと次第に効を奏したらしい。天皇には「ホンタウニ戦争ニ勝テルカ」「絶対ニ勝テルカ」ということが最大の問題であったのだから、その点での「確証」を統帥部がくりかえし印象づけ「御導キ申上ゲ」てゆけば、次第に開戦決意の方向に動いてゆくのは当然であった。

近衛首相はこの頃のことをもっとも信頼する側近富田健治に次のように漏らしている。

「自分が総理大臣として、陛下に今日、開戦の不利なることを申し上げると、それに賛成されていたのに、明日御前に出ると〝昨日おまえはあんなに言っていたが、それほど心配することもないよ〟と仰せられて少し戦争の方へ寄っていかれる。又次回にはもっと戦争論の方に寄っておられる。つまり陸海軍の統帥部の人達の意見がはいって、軍のことは総理大臣にはわからない、自分の方がくわしい、という御心持のように思われた。従って、統帥について何ら権限のない総理大臣として唯一の頼みの綱の陛下がこれでは、とてもがんばりようがない。」（富田健治『敗戦日本の内側―近衛公の想い出』）

また、近衛が東条陸相を止めさせて、日米戦争反対論の真崎甚三郎大将や小畑敏四郎中将らを陸相にしたいと希望しても、東条を信用していた木戸や天皇が真崎らを嫌って、自分の考えを聞いてくれなかったのだとも富田に語っている。

「昭和十六年九月五日　御下問奉答『帝国国策遂行要領』ニ関スル御前会議開催ノ前日タル九月五日夕、突然陸海統帥部長ヲ召サレ近衛総理立会ノ下ニ御下問アリ

御上　成ルベク平和的ニ外交デヤレ　外交ト戦争準備ハ平行セシメズニ外交ヲ先行セシメヨ右ニ対シ種々奉答ス

御上　南方作戦ハ予定通リ出来ルト思フカ……予定通リ進マヌ事ガアルダラウ　五ヶ月ト云フガサウハイカヌコトモアルダラウ／総長　……大体予定ノ通リ行クト思ヒマス

……

御上　天候ノ障碍ハドウスルカ／総長　障碍ヲ排除シテヤラネバナリマセヌ

御上　予定通リ出来ルト思フカ　オ前ノ大臣ノ時ニ蔣介石ハ直グ参ルト云フタガ未ダヤレヌデハナイカ……（ここで杉山が支那は広うございますと答えたら、天皇がすかさず太平洋はもっと広いではないかと切り返した、と近衛文麿は伝えている。引用者註）

御上　絶対ニ勝テルカ（大声ニテ）／総長　絶対トハ申シ兼ネマス　而シ勝テル算ノアルコトダケハ申シ上ゲラレマス　必ズ勝ツトハ申上ゲ兼ネマス……

御上　ア、分ッタ（大声ニテ）……（中略）／杉山総長所感　南方戦争ニ対シ相当御心配アル様拝察ス」

天皇の憂慮にもかかわらず、九月六日の御前会議は、近衛首相以下六人の閣僚と陸海軍統帥部の四人の総長、次長、両軍務局長、それに原枢密院議長、鈴木企画院総裁が出席して、日米開戦に至る正式の時間表である「帝国国策遂行要領」を決定した。

これには、一、自存自衛のために十月下旬までに対米戦争の準備を完整する。二、その間、米英に対し外交の手段を尽して帝国の要求の貫徹に務めるが、三、十月上旬頃に至るも尚その成算が立たない場合には、直ちに対米英蘭開戦を決意す、と記されていた。

近衛外交は一カ月の期限を切られたのである。その日、天皇は、原枢密院議長の質問に対して両統帥部長が答えなかったことを責め、「自分ハ遺憾ニ思フ。私ハ毎日、明治天皇御製ノ　四方の海皆同胞と思ふ代になどあだ波の立騒ぐらむ　ヲ拝誦シテ居ル、ドウカ」

といった。バーガミニはこれを、「彼はここで日本を戦争に向わせる腹芸をやってのけたのである」と評しているが、前後の経緯から判断して腹芸などではない。

「九月十日　対南方動員ニ関スル上奏ノ際御下問

御上　動員ヲヤツテ宜シイ　而シ近衛、『ルーズベルト』ノ話ガマトマレバ止メルダラウ

総長　仰セノ通リデス

御上　又聞クノデアルガ南ヲヤツテ居ル時、北ハ出テ来ルコトガナイカ／総長　絶対トハ申上ゲラレマセンガ、季節ノ関係上大キナモノト出テ来ルトハ考ヘラレマセン」

(『杉山メモ』上)

パール・ハーバー奇襲

近衛内閣は日米交渉の期限とされた十月十六日、ついに総辞職した。木戸は東条陸相の忠勤ぶりに目をつけ、東条が陸軍をおさえて九月六日の決定を「白紙還元」してくれることを期待して、かれを次期首班にと奏薦した。十月十八日、東条は大命により新内閣を成立させた。かれは陸軍内部の強硬派をよく抑えて日米外交折衝の期限を十一月三十日まで引き延ばし、東郷茂徳外相を対米交渉に専念させた。しかし、アメリカにはもはやまじめ

に応じる意志はなかった。当時の日本外務省の暗号電報は（連合艦隊などの軍機密電報は別）ことごとくアメリカ側に解読されていた。十一月二日の連絡会議で「十二月一日午前零時を期限」として外交を打切り、武力発動すると決定していたことも、アメリカ政府にはすでに知られていた。このころ天皇は南方作戦の実施について、しばしば両統帥部長をよび、戦術上の細かな質問までして、その勝利の成算を確かめようとしていた。

「十一月三日　作戦計画上奏ノ節ノ御下問奉答

オ上『マレー』ハ天候ノ関係カラハドウカ／杉山『マレー』ハ機先ヲ制シテ空襲ヤル様ニ考ヘテ居リマシタガ気象上カラハ雨ガ三、四日連続降ルノデ奇襲ヲ主ト致シマシタ　比島ハ大丈夫ト思ヒマス……

オ上　泰ニ対スル外交交渉ハ大義名分カラ言ヘバ早クスルヲ可トシ　又軍ノ奇襲カラハ遅イ方ガヨイト思フガドウカネ／杉山　仰（おおせ）ノ通リデアリマス……ヨク外務側ト相談シテ研究致シマス

オ上　海軍ノ日次（にちじ）ハ何日カ／永野　八日ト予定シテ居リマス

オ上　八日ハ月曜日デハナイカ／永野　休ミノ翌日ノ疲レタ日ガ良イト思ヒマス

オ上　他ノ方面モ同ジ日カ／杉山　距離ガ相当ニハナレテ来ルノデ同時ニハナリ得ナイト思ヒマス」

（奇襲優先か国際法尊重かのジレンマに悩んでいた天皇は、結局、奇襲優先の方を選択した。

十二月八日未明、日本はタイ国の同意なしに突然軍隊を同国領内に進駐させ、タイ南部を占領して、そこを足場にしてマレー半島侵攻作戦を進めていった。これは弁解の余地のない国際法の侵犯であり、このことはすでに十一月三日の問答の中で述べられていたのであった。）

「十一月十五日　宮中御前兵棋後『南方軍ニ対スル任務』ニ関スル上奏ノ節御下問要旨

御上　馬来ノ護謨林ヲ荒ラス事ハ無イカ／総長　荒ラス様ニナル事モアルト思ヒマス

……

御上　対米外交ノ成立シタ場合ニハ軍ノ進発スル事ハ取止メルダラウナ／総長　外交ガ成立致シマシタラ戦闘行為ヲ止メ大命ニ依ッテ軍隊ヲ退ケマス　作戦準備ノ途中デ敵側ガ攻撃ヲシテモ開戦ノ御許シガアル迄ハ局地ニ止メル様ニシ……各軍司令官ニ良ク申述ベテ置キマシタ　第五十二師団ノ動員モ此ノ場合ニハ中止致シマス

御上　其レハ良カッタ／総長　伊勢、熱田、畝傍、桃山ニ御参リヲ致シ度イト思ヒマス　御許シヲ御願ヒ致シマス

御上　宜ロシイ」

だが、天皇がいかに「対米外交ノ成立」を期待しようと、片方で大規模な開戦準備を急ピッチで進めさせ、他方でその意図が漏れていたのでは、アメリカ側がこれを信じるはずはなかった。

十一月二十六日、日本の一万トン級の十数隻の大船団が台湾沖を南方へ向っているとい

う電報がルーズベルト大統領のもとに入った。そこで、即日、アメリカ政府は最後通牒ともうけとれる「ハル・ノート」を日本側に回答した。これは日本軍の中国および仏印からの全面撤兵、蔣政府を唯一の中国政府として承認、三国同盟の空文化を要求したもので、交渉に一縷（いちる）の望みをつないでいた東郷外相を失望させ、軍統帥部を狂喜させるような内容であった。

十一月二十七日、政府は大本営との連絡会議を開き、対米交渉不成立を確認、予定通り十二月一日の御前会議によって開戦を決定することを申し合わせた。

アメリカ側もこの日、真珠湾の最高指揮官ショート陸軍中将とキメル海軍中将に、対日外交交渉の終了を知らせ、数日中に日本軍の攻撃があるという警告を発した。「米国は日本が最初の公然たる行動を起すことを望んでいる」と、ショート中将宛の通信にははっきりと書かれている。(「現代史資料」『太平洋戦争』I)

『木戸幸一日記』によると、十一月三十日、天皇裕仁は最後の開戦命令を決心するに当って異常な慎重さと周到な熟慮を重ねて示したことを伝えている。その日、午前中にあらわれた高松宮の話を聞き、「海軍は手一杯で出来るなれば日米の戦争は避けたい様な気持だが、一体どうなのだらうかね」と、天皇は木戸に尋ねている。そして午後三時半、東条首相をよんで意見を聞き、さらに島田海相、永野軍令部総長をよびよせて海軍の意志をくりかえし確認している。そして午後六時三十五分、ふたたび木戸をよびだし、「海軍大臣、総長に先程の件を尋ねたるに、何れも相当の確信を以て奉答せる故、予定の通り進むる様、首相に伝へよ」と下命した。木戸は「直に右の趣を首相に電話を以て伝達」している（『木戸幸一日記』下巻）。

いかに天皇の開戦の決断が、周到な研究と意見聴取と再三の真意確認のすえに、主体的に判断されて行われたものであるかがわかるであろう。

「十二月一日　御前会議後　両総長南方軍ニ対スル任務ニ関スル命令上奏ノ際ノ御下問奉答

　オ上　此ノ様ニナルコトハ巳ムヲ得ヌコトダ　ドウカ陸海軍ハヨク協調シテヤレ……今朝以来米ノ状況ニ変化ハナイカ」

と問い、杉山、永野両統帥部長を感激させ、「竜顔イト麗シク拝シ奉レリ」と記されている。これが『杉山メモ』に残された天皇の最後の言葉である（『杉山メモ』上）。

「一九四一年十二月六日　一、第二十五軍の大輸送船団は既に『サイゴン』沖に在り。刻々機は迫れり。いつ、武力衝突惹起するや不明。願わくば、八日未明まで無事ならんことを神かけて祈る。二、国民は未だ知らず。軍また然り。部内の一部また然り。戦争急襲は必至。真に世界歴史に特筆せらるべきものならん。三、野村、来栖『ハル』会談行わる。偽装外交着々成功しつつあり。Z作戦部隊は既に『ハワイ』に近かるべし。而して竜田丸はこれと併航しありて戦を知らず。正に戦争秘史中の秘史なり。」

かれらだけがこの秘密を知っていた。一夜明けたら世界中の人びとが驚愕するだろう。その新しい歴史の第一頁をひらく秘密を自分たちだけが知っているのだという戦慄のような快感が、この「大本営機密戦争日誌」の筆者たちにはうかがえる。そしてその命令は、それを発しうるこの地上での唯一人の人、天皇裕仁によって、十一月二十六日（連合艦隊、真珠湾攻撃に進発）、十二月一日（御前会議、正式開戦決定）、あいついで下されていたのである。十二月八日早朝、めずらしいほどの日本晴れの日、すべてを知っていた木戸は「ハワイ奇襲大成功の吉報」を東条、杉山らから聞いて、「神助」と感じ、天皇に拝謁したそのとき「聖上の御態度は誠に自若として些(いささか)の御動揺を拝せざりし」（『木戸幸一日記』下巻）と。

アメリカ政府は開戦への国論もりあげのために、日本側からの「最初の一発の発砲」を期待していたのであるが、まさか〝米太平洋艦隊潰滅！〟というこれほど高い授業料を支払わされるものとは予想さえしていなかった。しかし、この一事によって、アメリカ国民の怒りは湧きかえった。それは日米両政府のおもわくをはるかに越えて、市民たちを「正義の戦争」にと自発的に立ち上らせた。天皇が期待していた〝短期決戦、早期講和〟の希望など、この瞬間にふっとんでしまったといってよい。

天皇も木戸もこの緒戦の大勝利に酔った。東条首相は議会でくりかえし〝吼え〟つづけていたし、弱気だった海軍も国民の熱狂的な歓呼にあおられてたちまち強気に転じた。天皇はつぎつぎと新しい作戦命令を裁可し、将兵を激励し、大本営の戦争指導班を感激させた。かれらの一人はこう書きつけている。

「御稜威(みいつ)　大権の導きこと無限なり。天皇機関説の如き此の職を奉じて始めて虐説(ママ)なるを知る。嗚呼」(「大本営機密戦争日誌」一九四二年三月十三日)と。

天皇がいかに機敏に親裁の実をあげ、幕僚たちを感激させていたかが偲ばれる。

まことに日本陸海軍の将軍たちは大元帥陛下に対しては従順であった。この天皇の光まばゆいほどの超越的な権威のまえには、憲兵政治家として怖れられていた首相兼陸相の東条英機も、参謀総長の杉山元も軍令部総長の永野修身も従順な下僕のようにふるまった。天皇はめったにヒトラーのような直接の指揮、命令はしなかったけれども、やろうと思えば、大権を発動して、かれら将軍たちの行動をさえぎることはできた。

開戦後からサイパン陥落(一九四四年七月)までの二年半、天皇は、東条を深く信任していたので、その必要はまったくなかったが、マリアナ沖海戦で海軍が攻撃主力を失い、サイパン島陥落、インパール作戦失敗、ビルマでの大敗走で戦略的には「日本敗北——大勢挽回の目途喪失」があきらかになったとき、そして東条内閣が倒壊したとき(一九四四年七月十八日)、裕仁は日本国民の生命を救うために、かれにのみ許された天皇大権を行使できたはずであった。

私はこれまでの経過から見て、天皇が一身を捨てる覚悟で当ったら、戦争を終結させる大権を行使できないことはなかったと思う。そして、もしこの時点で日本が停戦していたら、多少の混乱はあっても、その後、一年の間に、比島で、ビルマで、ニューギニアで、硫黄島で、沖縄で、満州で、本土大空襲で、原爆で、無惨に死なした一五〇万国民の命を救うことはできたはずである。アジアの各地を焦土にし、多くの罪なき民衆を死なせないでもすんだはずである。連合軍将兵の命を捨てさせないでもすんだはずである。

ところが、それが行われなかったということは、第一に天皇裕仁にその断乎たる意志がなかったため、第二にそうした意志を起させ、助長させる内外の条件が乏しかったため、第三に軍事情報がきびしく管制されていた結果、和平を強く求める日本国民の声がこの時点ではまだ小さかったため、第四には軍内外に和平への強い反対が存在していたためなどに因るものであろう。

これまでは一貫して強気であった参謀本部戦争指導班ですら、この段階では「最早希望ある戦争指導は遂行し得ず、残るは一億玉砕に依る敵の戦意放棄を俟つあるのみ」（一九四四年六月二十四日）といい、一九四五年（昭和二十年）春ころまでの戦略戦術を研究した結果、「判決としては今後帝国は作戦的に大勢挽回の目途なく而かも独の様相も概ね帝国と同じく、今後逐次『ジリ』貧に陥るべきを以て速に戦争終末を企図すとの結論に意見一致せり」（「大本営戦争機密日誌」一九四四年七月一日）と記している。しかもこの戦争終結（降伏）の条件としては、「この際の条件は唯一国体護持あるのみ」と覚悟していたのである。それから十三ヵ月後に、この「国体護持」を唯一条件としたポツダム宣言受諾の「御聖断」が下されたのである。

防空壕の中で

一九四五年（昭和二十年）、フィリピンや硫黄島で絶望的な戦闘がつづけられていたころ、日本本土もB29の空襲によって戦場となった。とくに三月九日夜から十日にかけての東京大空襲は、世界戦史上最悪のもので、一晩で二十数万戸の家が焼かれ、一〇〇万人が罹災し、一〇万人近くが死ぬという悲惨なものであった。皇居の消防隊員も、この夜消火中に一七人が死亡し、天皇も十八日に市内を巡視して、その一望荒涼たる焼野原に目をみはっている。皇太后は不安と恐怖で神経症気味になり、終戦を訴えたが、裕仁はなお統帥部のいう勝機の到来を信じて戦争継続の意志をすてなかった。（天皇が終戦を決意したのは昭和二十年六月九日であったと、最近木戸幸一が証言している。『毎日新聞』一九七四年八月十二日付）

そのころ焼けだされた国民が土中に穴を掘り、焼けトタンをめぐらした小舎で、わずか一日三〇〇グラムほどの雑穀の雑炊をすすり、原始人のような耐乏生活をしていたとき、天皇は「御文庫」という壮大な地下邸宅の中で、皇后や女官たちをそばにおき、なに不足ない生活をしていたのである。それがどんなものであったか。（明治天皇は日露戦争のさい広島の大本営で女官たちを遠ざけ、耐乏生活をつづけたという。）

「防空壕は、前年冬に軍が宮内省にも秘密で、数十台のトラックで一晩に材料をはこんで、昼夜兼行で完成した。材料をはこぶために神田一ツ橋から青葉通りまで交通止めにした。地下二階、地上一階、地下は十メートルの深さにある。地上部は間口七十五メートル、奥行二十メートル、四百坪からの広い建物で十トン爆弾にも耐える強いもの。地下に料理室があり、料理はエレヴェーターで一階の天皇の食卓にはこばれる。この地上部の南側には天皇と皇后の部屋、寝室、食堂、子女たちの部屋、寝室、ヴェランダ、ホール（ここには玉突台、ピアノがあり、映画の映写もおこなわれる）、テラスがあり、廊下をへだてた北側には、官吏の詰所、女官室、皇后浴場、衣服室、天皇浴場、便所、皇族休憩室、常侍官室（内大臣その他側近者の室）などがある。天井は二重で、防諜上『御文庫』と名づけられた。市民の防空壕とは、けたちがいの大建築である」（入江三郎『天皇の食卓』）

このころのことである。重臣近衛文麿が天皇に拝謁して、早く戦争を終結するよう進言した。その日、かれの付き添い役をつとめたのは侍従長ではなく木戸内府であった。近衛は「上奏文」をあらかじめ浄書して木戸に渡していた。近衛はその日、一九四五年二月十四日、天皇にこう説いたのである。その主旨を簡単に要約してみよう。

〝「敗戦は遺憾ながら最早必至なりと存候」さて最近自分が静かに考えてみますと、満州事変以来今日まで日本をひきずってきたのは、共産主義者の陰謀であるということが分りました。かれらは『右翼』をよそおい、軍部内の『革新派』に変装し、また、無智単純なる軍人を躍らせて、米英に対する徹底抗戦を叫ばせながら日本を混乱におとし入れ、共産革命に導こうとしております。英米の輿論はまだ国体の変更までは求めていませんので、敗戦だけならば国体上それほど憂うる必要はありません。真に恐ろしいのは敗戦にともなう共産革命です。そこで陛下の手で戦争を終結させるためにも、まず、この危険な一味を一掃し、かれらの策謀を断つことが必要です。ぜひ非常の御勇断をもってこの軍閥の一味を一掃して下さい。そうすれば軍閥を憎んできた米英や中国も、われらに対して態度を和らげるでありましょう〟と。

この近衛上奏文（執筆者は吉田茂だという。戦後、連合国軍司令部に提出された）は木戸や近衛らがしくんだ謀略だとバーガミニは解釈している。「彼（近衛）と天皇は、その中立てのある所で密かにクスクス笑ったにちがいない」と。

しかし、私たちには次のことがらの方が重要だと思われる。近衛にもそれを冷笑するバーガミニにも日本国民への顧慮などかけらも見られないということ。この近衛の上奏にもかかわらず、天皇は戦争の続行を承認しつづけ、比島でダメなら台湾沖で勝つ、次には硫黄島で勝つ、最後に沖縄で勝つと、「勝機をつかんだ後に和平を」と進言する統帥部の意見にズルズルとひきずられながら、破滅の淵まで国民を導いてきてしまったということである。

「最後の聖断」

一九四五年四月二十九日、それは裕仁にとって一生中もっとも暗い誕生日であった。かれはこの日、満四十四歳になったが、東京上空はこの天長節にわざわざサイパンから敬意を表しにきたたった一機のB29のために、警報を解除することができず、儀式も拝賀も中止となった。木戸は昼ごろようやく防空壕で天皇に祝辞を申しあげた。

このころすでに米軍は沖縄本島の防衛陣地を突破しており、赤軍はベルリンに突入していた。そして、ヒトラーは偶然にもこの記念日に愛人エバ・ブラウンとの結婚式をあげ、翌三十日自殺した。また、同じこの四月二十九日は、北イタリアのパルチザンに処刑されたムソリーニと愛人クラレッタ・ペタッチの死体が、ミラノの広場に逆さに吊るされた日でもあったのである。

「ヒトラー、ムソリーニ、ヒロヒト」と世界中をさわがせた三傑のうち、ヒロヒトだけが生き残った。かれはやつれた頬をして、陽当りの悪い御文庫にもぐっていたが、五月二十五日の大空襲では参謀本部ビルの火災が飛び火して、ついに壮麗を誇った六三二〇坪の大宮殿も焼けおちてしまった。消火にあたった近衛兵や皇宮警察、消防隊員三三人が焼死し、大宮御所、東宮仮御所、青山御殿、秩父宮邸、三笠宮邸、梨本宮邸、閑院宮邸、東伏見宮邸などもことごとく焼亡した。さすがの天皇もがっくりときて、この後、真剣に降伏を考えるようになったという。（児島襄『天皇』第五巻、ねず・まさし『天皇と昭和史』）

しかし、沖縄失陥がほぼ確実になった六月八日の御前会議は、またも強硬な陸軍一派にひきずられて〝あくまでも本土決戦をやりぬく〟という基本方針を承認した。このように東条内閣の崩壊から小磯内閣をへて鈴木貫太郎内閣の末期にいたるまで、一年間という貴重な時を経過したにもかかわらず、「和平派」とみられる人びとの戦争阻止の行動は具体的には形をなさなかった。国民のまえに示されたのはいつも「徹底抗戦」派の方針ばかりであった。この過程は日米開戦へなだれこんでいった四年前の状況とよく似ており、基本的には「最後の聖断」の日までつづくのである。

天皇が木戸内府の進言をいれて、正式に最高戦争指導会議を開かせ、はじめて和平の意志をもらし、ソ連政府に天皇の親書を託した特使を送ることを決めたのは、沖縄「玉砕」の後、七月十日のことだった。しかし、これすら、「降伏」を申し入れようとしたものではない。少なくとも天皇制を維持する——「国体の護持」を絶対条件にして、まずソ連に打診してみるという悠暢さであった。

その態度から見ると、木戸や近衛たちがいかに国際情勢やスターリンを甘く見ていたかがよくわかる。そのため、日ソ交渉は遅々として進まず、一日ごとに本土の重要都市がひとつずつ焼け落ちていた。しびれを切らした政府は、七月十三日、近衛特使をモスクワに派遣したいと申し入れたが、十八日になってソ連側はあいまいな理由で拒否してきた。そして、結局は、日本側が受け入れるべきものは、米英中三国の名で声明されたポツダム宣言による無条件降伏のみだというのである（七月二十六日）。

ところが和平を求めていたはずの鈴木貫太郎首相が、二十八日、軍部におされ、軽率にも記者団に対し「ポツダム宣言黙殺、戦争に邁進」という談話を発表したため、アメリカ政府首脳は硬化し、トルーマン大統領は予定通り広島に原子爆弾の投下を命令、ついでソ連の対日宣戦布告（八月八日）をまねいたのである。

天皇はこの急報に狼狽し、八月九日朝から最高戦争指導会議を開かせたが、統帥部や陸・海軍大臣と外相の間で対立意見がくりかえされるばかりで、結論を出せなかった。そこで深夜そのまま、御前会議に切りかえ、主戦論、和平論対立のまま天皇の判断を仰ぐということになり、「自分の意見は外相案に同意である」というひとことによって「国体護持」を条件とするポツダム宣言の受諾が決定された（八月十日午前二時半）。しかし、この日の「御聖断」はじつは木戸内大臣が事前に根回しておいた筋書き通りに運ばれたものだったのである。

その小田原評定の最中に長崎に原爆の第二弾が投下された。わずかこの四日間に、三十万余の市民が焼き殺され、数十万人の原爆被災者があとに残された。しかし、すでに狂気におちいっていた軍の一部主戦派は、その責任を感ずるどころか、なおも徹底抗戦、本土決戦、一億特攻（一億道連れ）を叫んで降伏の決定をくつがえそうと焦った。

八月十一日、陸軍省軍務課の日誌は、「省部内騒然として何等かの方途に依り和平を破摧せんとする空気あり。これがため、或はテロに依り、平沼、近衛、岡田、鈴木、迫水、米内、東郷等を葬らんとする者あり。又陸軍大臣の治安維持の為の兵力使用権を利用し、実質的クーデターを断行せんとする案あり、諸士横議漸く盛なり」と記している。（稲葉正夫「資料解説」『敗戦の記録』）

現地軍司令官たちもぞくぞくと反対意見を打電してきた。八月十二日、南方軍総司令官寺内寿一大将は「絶対ニ承服シ能ハザル所ナリ」と強調し、「尊厳ナル国体ノ護持ハ一時ノ屈辱ニヨリ確保シ得ベシトハ思考シ得ズ。一億臣民ノ最後ノ一人ニ至ルマデ戦ヒ抜キテコソ可能ト確信スル」と常軌を逸した意見を打電してきた。また支那派遣軍司令官岡村寧次大将も「支那派遣軍ハ満八年連戦連勝、未ダ一分隊ノ玉砕ニ当リテモ、完全ニ兵器ヲ破壊シ之ヲ敵手ニ委セザリシニ、百万ノ精鋭健在ノ儘敗残ノ重慶軍ニ無条件降伏スルガ如キハ、如何ナル場合ニモ絶対ニ承服シ得ザル所ナリ」と打電している。

これを見るといまにも日本中に内乱が起り、遠征軍は各地で反旗をひるがえすように思われよう。ところが事実はどうであったか。大元帥陛下の大命のもと、まさに一糸乱れぬ降伏ぶりを見せた。「玉音放送」の妨碍をめぐって一部将校の皇居侵入事件などもあったが、そんなものは大局から見ればコップの中の嵐にすぎない。天皇の権威と権力とがいかに絶対的で強烈無比なものであるか、日本終戦のドラマはその隠された真実――天皇制の本質をいかんなく示したのである。

後に（十月十六日）、連合国軍最高司令官ダグラス・マッカーサーも驚嘆して声明している。

「予は古今東西の歴史を通じて、戦時たると平時たるとは問わず、また米国によると他のいかなる国によるとを問わず、かかる大部隊の解体が、かくも迅速に、しかも何等の摩擦なしに行われたことを知らない。……海外の戦場にあるものを含めて約七百万の軍隊が武器を棄てた。歴史の記録に比類のない、極めて困難でしかも危険なこの仕事が、一発の銃声をも必要とせず、一滴の流血をも見ないで行われた。」（パシフィカス『マッカーサー元帥の日本再建構想』）

一九四五年（昭和二十年）六〜八月、日本の支配層の間に終戦をめぐって激しい陰謀が渦巻いていたとき、日本国民は平和恢復の主導権をまったくもつことができなかった。むしろ多くの国民は意識においては陸軍への同情者、消極的な主戦派だったとみなさざるをえない。ただ一人、憲兵や警察の迫害の手も届かない超越的な座にいた天皇裕仁だけが、終戦への主導権をとりえた。この行為の事実がその後も永い間、天皇にたいする日本国民の劣等感を複雑な滞在意識として深く沈澱させたのである。

しかし、ここでひとつの重大な疑問が頭をもたげてくる。それほどの命令権、主導権をもった天皇ならば、「なぜ、止められる戦争を、もっと早く止めてくれなかったのです」という国民の嘆きである。

天皇が八月中旬になってようやくこの絶対権を行使したのは、国民が可哀想だという気持もあったろうが、なによりも、これ以上抗戦をつづけたら、東京に原爆を投下され、南と北と両方面から日本を攻撃され、皇族は殺され、二千年の歴史をもつ皇統も絶えるという恐怖が生れたからであろう。重臣たちが口をきわめて議論したのも、この皇統をいかにして守るか、天皇制の国体をいかにして死守するかという一点だけであった。忘れてはならない。国民の幸福が問題だったのではないのである。一億国民は最後の一人に至るまで戦って死んでも、それが問題なのではなく、そのことによって天皇を、国体を護持できるか否かが最大の関心事だったのである。そこまで見限られていた日本国民がそれでもなお天皇に涙しながら「罪」を詫びたという。そのことを私たちは一人の日本人としてどうやって世界の人びとに説明したらよいであろうか。

忠誠と反逆

「一億、天皇の家畜だった！」と、敗戦直後に吐いて捨てるようにいった人がいた。

「陛下よ、あなたは日本国民の恩人です」と涙ながらに跪（ひざまず）いた人がいた。

その正木ひろしと亀井勝一郎の二人の考え方は、日本国民の心理の両極を示しているばかりでなく、今日にまで流れてやまない二つの心情を代表するものとして検討するに値しよう。

正木は一九四六年（昭和二十一年）一月、『近きより』再刊第一号の「更生日本に寄す」にこう述べている。長文なので私の言葉で簡約して紹介することを許してほしい。

昨年の八月十五日、終戦の詔勅に国民が一糸乱れずに従ったのは、天皇制護持論者がいうように天皇に対する国民の絶対的信頼の結果ではない。「実はその時まで、日本全国民中の知的分子には面従腹背が徹底し、刑罰が怖しいばかりに、いやいやながら戦争に従事していた」者が多い。「戦争の続行を悦んでいたのは、必勝を信じていた無知文盲の下層民と、戦争利得者に過ぎなかったのです。」

「降伏当時の新聞によれば『……たとえ朕の一身は如何になろうとも、これ以上民草の戦火に斃れるを見るに忍びない』といったと書いてあるが、それは言葉の上だけのことで、実は朕の身の安全のために宣戦し、朕の身の安全のために降伏したと見るべきである。もしも『朕の身が如何になろうとも』ということが真実ならば、もっと早く無条件降伏すべきであった。否、身をもって戦争を阻止すべきであったし、誤って戦争を始めたならば、戦勝の見込みないと誰が眼にも明らかになった瞬間に降伏すべきであった。」

それをサイパン、レイテ、沖縄、本土空襲と国土が「灰燼に帰しつつあった」に拘わらず、八月十五日まで一億玉砕を唱えて民を無限に戦火に斃しつつあった。そして最後に至っても皇室の存続を条件として和を申し込んだ。何という恐るべき利己主義であることよ。その申入れの結果、天皇の存続を必ずしも否定せざることを確かめるに及んで、始めてポツダム宣言を受諾したので、もしこの条件が真向から否定されたら戦争を継続しただろうことは、鈴木貫太郎氏及び東久邇宮の演説によっても明らかである。それにしても何故にその条件をもっと早く提出しなかったか、それは恐らく軍部への気兼ねであるとともに、国民をして無条件降伏すら有難いと思わしめるほどに苦しめ抜かせておく腹であったのだろう。天皇と悪魔との合体、それが日本民族の悲劇の根源である。」

天皇族は史上一貫して「寄生虫的階級」であった。蜜蜂の女王のような座を占め、つねに他人の乳や命を吸うことで生きてきた。「ここに日本の天皇制の不道徳の根源がある。」「(そこで)日本の上層階級というのは、皆その役割を分担し、天皇に利用されかつ天皇を利用した存在」だった。とくに軍人に対しては「朕が股肱」といって愛重し、自分を守る最後的番犬たらしめてきた。この番犬なくしては天皇は直ちに徳川時代の境遇に後退しよう。

「従って番犬階級や、カラクリを司る神官や御用学者、宮廷的幇間、野犬的右傾暴力団等は天皇制護持に欠くべからざる要素である。日本の上層部の堕落は、この不合理な天皇制そのものの本質の中に伏在する必要悪である故」、一人二人の首相や皇族を暗殺しても問題の解決にはならない。根本はこのような不合理を許してきた民衆の存在にある。「当時の国民の大部分は無知蒙昧で、正当なる人間の道理は理解し難くなっていた」ことに由る。つまり「この戦争を回避せしめんとするには民族の全般的な向上進歩が絶対的の条件」なのだというのである。

この点に関して正木ひろしはこんな比喩も使う。「これは真に二十世紀の奇蹟であった。人類の退化の大規模な実験であった。僅か三十年間に、日本の国民は、その知性において三百年、徳性において五千年の退化の実験をなした。（中略）この国情は一朝一夕に出来上がったものではないが、少なくとも過去三十年間に徐々に形成され、ことに満州事変前後から急速化し、日支事変直前には既に黴毒ならば第三期的症状を呈していたのである。試みに今、過去の社会状態を、その当時の新聞紙を取り出して回想して見るがよい。高級軍人、高級官史、右傾政治家、御用文士、御用思想家、御用商人等は、毎夜の如く待合に入りびたっていた（寺内大将や近衛の遊蕩は有名である。岸信介は待合で自動車を盗まれた）。

しかるに彼らが待合から出て来ると、国民に向っては国体明徴を唱え、禁欲主義、滅私奉公を力説した」と。

私は前章「十五年戦争を生きる」で、八・一五前後の日本国民が、それぞれいかに死力を尽して自分の確信するもののために献身し生きたかを述べた。その国民の情熱を、その行為が客観的に誤っていたという理由だけで「無」とするような歴史理解は正しくない。その負(マイナス)のエネルギーを正面から評価できない歴史というものは民衆には空しいと思う。

日本国民の多くは戦前において、国家から与えられていた天皇像をすなおに信じていたわけではなかった。裕仁という幻想的な存在に、長い歴史を経て受けつがれてきた雅(みやび)の感覚や「無私、公平、仁愛、質朴、勤勉、誠実」という徳性を信託して、それをカリスマ化し、そこに自分たちの人間的努力のひとつの「鑑(かがみ)」を見出したいと願っていたのである。

正木ひろしはそれを近代的な人間の合理性から判断して、おそるべき幻想だとしてしりぞけた。だが、正木はそうした客観的な天皇像と国民が創りだし信託した徳性をもつ裕仁像との関係を、国民心理の内側から認識しようとはしなかった。そのことが、戦後になって正木流の論を正論だと認めながらも、なお多くの人びとが蹤(つ)いてゆけないという違和感を抱いた原因であろう。

裕仁という人間に「無私、勤勉、質朴」などの美徳があったことを否定するのは、認識者として公平ではない。しかし、その〝良き人柄〟ゆえに、裕仁の指導者としての無責任さ、社会人としての不誠実さを見ようとしないのも歴史的真実からはずれている。多くの日本国民はバーガミニのように天皇裕仁を極悪非道な陰謀家として描くことには賛成しないであろう。だからといって亀井らのように美化し、芸術化することにも同調できまい。現実に在る天皇はその中間に位し、たえず揺れつづけてきた複合的存在であったと、国民は歴史を通して直感しているからである。

それはともあれ、正木弁護士のこの天皇制批判の論説は、野坂参三ら当時の共産主義者たちよりはるかに辛辣で徹底的であった。共産主義者の天皇制理解といえば、一九三二、三三年（昭和七、八年）の『日本資本主義発達史講座』（岩波版）によって達成された理論水準、いわゆる講座派的見解を出るものではなかった。そして、その基本はいわゆるコミンテルン承認の一九三二年テーゼ（天皇制を地主、大ブルジョア、特権官僚の支配ブロックの上に超立し、それらを統合する権力のカナメと見る見解）であった。正木の論説はこうした構造論的な理解の域をこえて天皇の歴史的、主体的な責任にまで迫る出色のものであったと思われる。

もう一方の極にあったのは日本浪曼派の心情派を代表する亀井勝一郎の『陛下に捧ぐる書翰』（一九四七年）であろう。

「懐しき陛下よ、悲しむべき戦乱の日が過ぎて、いま久しぶりで大和地方へ旅し、法隆寺や薬師寺や東大寺の辺りを巡つてゐるうちに、急にかやうな御手紙を差上げたい気持になりました……」と、かれは一九四六年（昭和二十一年）五月、大和路で書きはじめている。「青年時代の私は共産主義者として陛下に反逆したひとりであります。」しかし、よく考えてみると、私は心底から陛下を憎んでいたのではなかった。無知ゆえの反撥だった。無関心だった。それから十年、私は『日本書紀』や『続日本紀』を学び、『万葉集』の相聞歌にひかれ、奈良、大和の勅願寺の荘厳に接して、「天皇とは民族における人間悲劇の至高なる表現である」ということを知った。「天皇とは、教へらるべきものでなく、形式的に仰ぐべきものでなく、みづからの精神的欲求の最高部門において発見されねばならぬ或る思想なのだ。」まことに「天皇とは私にとって云はば愛情の体験であった」という。

　この亀井が、戦時中、ベストセラー『大和古寺風物誌』をかき、きわめてリリカルに古代天皇への讃歌をかなでて多くの青年たちを魅惑し、「大君の辺にこそ死なめ」と逝かしめた事実は、われらの世代にとっては忘れがたい。一九四五年八月十五日、かれは第二国民兵として竹槍訓練をうけていた最中、農家の縁先で、あの「玉音放送」を聞いたという。「陛下よ、終戦の日の玉音に、私が何を拝聞したか明らかに御了知下さることと思ひます。祖宗より伝はり伝ってきた民族の悲劇の哀音であります。尊き旧家の血の流れより伝はる荘重な慟哭と仁愛の御音声であります。……国土草木一切救はれずんば我にも救ひなしといふ大乗の悲心」であります、と。あのひどい雑音の中から、とぎれとぎれに聞えていた奇妙な節まわしの幾分こっけいな日本語を、亀井はまったく違うように聞いていた。

「これこそ純粋の大和言葉と申すべきものであったのか。私は目のさめるやうな思ひで、この感銘を心中にくりかへしたのです。かう申してよければ、それは至高の芸術に接したときのやうな、幽かな戦慄をさへ伴ふ一瞬でした」と。

飼いならされた奴隷の耳には鞭の音までが肉体的な快感を起こすという。日本の代表的な文学者亀井勝一郎の若き姿をそうした奴隷にたとえたくないが、八・一五で「日本は一切を失った、そして陛下を得た。私は永い間慕うのみであった万葉時代が、現にふいに訪れたような法悦にひたった」などと書かれると、私のような戦中派には詩人の戯言だとい ってすますことはできない。亀井の甘ったれた湿度過剰の文体は、それ自体が論理性を拒んでいるが、天皇の責任をただそうとする者への敵意だけはよく表現している。

「いま宮城の前を埋めてゐるのは赤旗の波であります。公然と陛下を嘲罵し、陛下の御責任をと小声がみちみちてをります。……数年前、陛下の前に万歳を叫び忠誠を誓った国民はどこへ消えたのでせうか。」

共産党は天皇の戦争責任を追及しているが、それは一片の形式論にすぎない。「天皇を裁かず」といった連合軍検察当局に私は感謝さえもする。

「私は現陛下によって救はれた身であることを第一に述べておかねばならぬ。終戦の御聖断が若しなかったならば、国内は戦場となり、国民の大半を死なしめたであらう。仮りに免れたとしても、餓死は免れえなかつたであらう。私はともかく生き残つたのだ。今日に生き得てゐる根拠は御聖断である。その恩義を私は感じてゐる。生命を救はれた上で、救ひを賜つた陛下を嘲罵し、その道徳的責任を云々することは、私の道徳的感覚がゆるさない」と。

日本という町に火を付けることを許した男がいた。町並はメラメラと燃え、予想以上に火勢は強まり、とうとうその男の家も類焼しはじめた。男はあわてて天の水をもらいうけ、町に注ぎ、市民を全滅から救った。このため多くの市民は焼死したが、生き残った者はその男の恩義のまえに感泣した。

私の見るところ、亀井勝一郎の天皇論の本領は次のようなところにこそあるのであろう。天皇はその大権を自分から権力的にふるまうことは稀であった。

「天皇は民族の美と信仰の淵源として、精神の希望として、且つその限りで実質的に、即ち傀儡（かいらい）としてではなく存在し給ふた。私は御製、詔勅、神祇祭祀、勅願寺造顕、宸翰、御親筆、史に伝へる御挙措等の、人間的な美しさをこころに思ひ浮べてゐるのである。……しかも芸術として天皇なのだ。天皇芸術の存続——ここに国体の最も重大な要素があり、天皇の正常なる御地位とはこれ以外にない」と。

こうした亀井の天皇讃歌は感傷的な日本浪曼派の幻想だと一笑し去ることはできない。じつは戦前、古代天皇神話のもっとも手ごわい批判者であった津田左右吉でさえ、敗戦後は、こういった文化天皇制の護持論者に転換していたのだ。また、それから四半世紀後に、三島由紀夫があざやかにその心情的な系譜をみせたことは記憶に新しい。日本の天皇および皇室こそ、わが民族の伝統文化のもっとも貴重な継承者であり源泉であるという「現代の神話」は、亀井や三島が死んだあとにも、まことしやかに日本上流人や知識層の間に囁かれ、かなりの国民の情緒的な支持をうけているのである。

（それについては、身近なところから明治、大正、昭和の三代の天皇が、日本の近代文化の創造にどれだけの役割を果したかを冷静に評価してみること。また徳川時代三百年の間、京都に住んだ天皇たちが、日本の近世文化の創造と発展にどれほどの能力と貢献をしたかを具体的に実証してみることが〝文化創造者＝天皇〟幻想を克服するのに役立つであろう。）

東京市ガ谷の法廷（そこはもとの参謀本部であり、後に自衛隊の司令部になり、三島由紀夫が割腹した）で開かれた極東国際軍事裁判については、また改めて書く機会もあろう。ただ、ひとことだけ述べれば、その当時の裁判長ウィリアム・ウェッブ卿は、「天皇をも裁かないのなら戦犯はだれも死刑にすべきではない、法の公正を守るために、かれらは国の内外で拘禁さるべきだ」と提議して、容れられなかったという事実である。

オーストラリアの判事で、この歴史的な重い責任を託されていたウェッブ裁判長は、一九四八年（昭和二十三年）九月、判決をまえにして第二次判決文草案を他の裁判官たちに配布した。長い調査と熟慮のすえ、かれが到達した一つの結論というのは、「天皇が進言どおり行動するよう強いられたという意見は証拠に反している。彼は制限された君主ではなかった。もし彼が進言どおり行動したとすれば、それは、彼がそうすべきであると判断したからである。それは彼の責任を制限しない」という天皇の戦争責任を認める内容のものであった。

しかし、この極東国際軍事裁判は連合国占領軍の高度な政治的利益と、アメリカ合衆国の世界戦略の必要性に従属するという形で多数判決がつくられ、天皇は（政治的に利用されるために）あらゆる訴追から免除され、温存され、代って東条英機ら七人のA級戦犯のみが絞首刑に処せられて終った。

人間天皇の姿

それから天皇裕仁はどのように生きたであろうか。足元からの共産革命の不安におびえたかれやかれの側近は、ひたすらに連合国軍最高司令官マッカーサー元帥のもとに身を寄せた。マッカーサーも米ソ冷戦の時代を迎えて、裕仁を庇護することに大きな政治的利益と個人的な満足を感じて、八方かれらのために力を尽してやった。

一九四六年（昭和二十一年）一月一日、裕仁は年頭詔書でみずから神格化を否定し、人間宣言を発してマッカーサーに賞讃され、亀井勝一郎らに随喜（ずいき）の涙を流させた。そして一

三井三池炭鉱を視察する昭和天皇（1949年5月、提供・共同通信社）

九四七年、明治天皇の故智にならって神奈川県下の旅行をはじめとして、国民とのあらたな接触を求める長い地方巡幸の旅に出たのである。

そうした人間天皇を迎える国民の気持も複雑であった。裕仁が広島にきたとき、ある被爆者は「陛下、戦争に負けてすみません」と慟哭したというし、沿道にむしろを敷いて、その上にひれ伏して拝む老婆たちの姿もあった。

天皇が来ると町が綺麗になる、とは当時よく言われた言葉である。「てんちゃん来る来る道できる　道ができたら　すってんてん」と大声でうたって、大人たちをあわてさせる子供もいた。

「お召し列車から降りられたとたん、陛下はヨロヨロとしておられ、側近の人はあわててつきそわれました。私はお姿を見たとたん、足がふるえ、ほんとうに神々しく感じました」と述懐する戦中派の国鉄職員もあった。

それから十余年後、ふたたび広島を訪れたとき、一人の原爆孤児は叩きつけるようにいった。

「天皇は象徴やなか！　笑徴（しょうちょう）や、恥や！」と。（以上の引用は児玉隆也『君は天皇を見たか』）

一九五〇年（昭和二十五年）、朝鮮戦争がはじまったころ、裕仁夫妻はようやく余裕を得て、二十一年ぶりに神宮球場でのんびりと早慶戦を楽しむことができた。そしてマッカーサー元帥がその越権行為を大統領に問責され、総司令官を罷免され召喚されたとき（一九五一年四月）、裕仁は最後に面会してこの占領者に無限の謝辞を述べた。それは裕仁の十一回目のマッカーサーへの訪問であった。むかしの「鬼畜米英」は、そのころはすっかり、かれとかれの一族の「恩人」に変っていた。

一九五一年（昭和二十六年）九月八日、サンフランシスコ講和会議で、日米安保条約とともに対日講和条約が「臣　茂」（吉田茂首相）によって調印され、晴れて裕仁は奇妙な〝国家元首〟（象徴天皇）の座に戻った。かれは最高政治の先任者のようにふるまい、臣下たちの奏上を聞き、国事行為と称して年間千数百の書類に目を通し捺印する仕事をつづけた。

皇太子明仁が正田美智子と結婚し（一九五九年四月十日）、皇孫浩宮が生れ（一九六〇年二月二十三日）、宏壮華麗な吹上御所が完成し（一九六一年十一月）、還暦を迎えて（同四月二十九日）、かれは幸福と栄華の絶頂にのぼりつめた。

そのころから日本経済はめざましい躍進をつづけ、一九六四年（昭和三十九年）には東京でオリンピックを開催するほどになり、裕仁がふたたび全世界の注視をあつめて、開会の宣言をおこなうようになった。一九六八年（昭和四十三年）には国民総生産額（GNP）において西ドイツを追いぬき、七〇年には日本万国博覧会を主催して、ついに奇蹟の「第三の大国」といわれるまでに至ったのである。

裕仁にも平穏な人生が戻ってきた。かれは過密都市東京の真中にあって、周りを樹林にかこまれ真昼間でも息を呑むほど森閑とした、十一万坪余の鳥の囀る大庭園の中の吹上御所で、しずかに暮している。そこはかれが初めてスキーをおぼえ、乗馬やゴルフを楽しんだところだ。そして、週に三日は近くにある生物研究所で微生物の小さな囁きに耳傾けている。

こうした私生活の他に、裕仁には憲法第六条（天皇の任命権）、第七条（天皇の国事行為）に基づく日々の国務もある。内閣総理大臣以下の官吏の任免、法律・政令・条約等の公布、外交使節への全権の委任状、大公使の信任状、国の与える栄典など、天皇の署名を必要とする書類はたいへんな数にのぼる。かれはそれにいちいち目を通し、毛筆で「裕仁」と署名したり、「認」「覧」などの印を押させたりする。そしてかれが旅行に出かけるときなど、御料車のニッサン・ロイヤルの「後部座席には、宝剣と勾玉を固定して乗せる特殊な装置が施してある」（加瀬英明「現代日本の秘境・皇居とはどんなところか」『文藝春秋』一九七四年二月号）という。三種の神器は今なお健在なのである。

こうして天皇の後半生は繁栄と平穏と伝統の象徴として、光り輝いているように見える。ある外国人記者はかれの五十年の治世をふりかえって、前半の侵略行為の過失を、後半の平和と繁栄への安定的な貢献によって償った、かれは不死鳥のような君主であると評している（『第三の大国』の著者ロベール・ギランの談話）。なるほど外から眺めると、すべてがいい、なしくずしに滑らかにそのように進んできたと見えるかもしれない。だが、そうした手放しの讃辞を、私たち日本国民が心の痛みなしに甘受することができるだろうか。

一九六九年（昭和四十四年）一月二日、新宮殿での一般参賀の朝、バルコニーに姿をみせた天皇にたいして、ニューギニアで死んだ戦友の名を呼びながら、「ヤマザキ！　天皇を撃て！」と必死にパチンコ玉を七発、裕仁の顔に発射した一兵士がいた。その奥崎元陸軍上等兵の重い暗い執念と、沖縄玉砕戦の責任を問いつめ、東京タワーにかけのぼって占拠し、天皇裕仁の戦争犯罪を大声で叫んだ沖縄人富村順一の怨念などを、いったい誰が三十年近くも放置してきたのであろうか。

最近水俣病の女の重症患者のひとりが、厚生大臣を病室にむかえたおり、突如として「テンノウヘイカーバンザイ」と絶叫し、鬼気せまる声で「君が代」を唱い出し、並み居る人たちを慄然とさせたという、その無明の民の哀しい心を、どのようにうけとめるのであろうか。近く天皇はアメリカ合衆国を訪問するという。十数万のアメリカ将兵が天皇の軍隊に戦争をしかけられて死んだ、その遺族たちのいる国土を踏むという。アメリカはD・バーガミニの『天皇の陰謀』がよく読まれている国だ。宮内庁も覚悟していることと思うが、一九七一年（昭和四十六年）の訪欧時を上まわる〝反応〟が起るであろう。

日本の外務省は先の訪欧時の真相をくわしく国民に告げることを避けたが、裕仁はロンドンでは、市民たちの「国葬にでも向かっているような気味の悪い沈黙」で迎えられ（ロンドン『ミラー』紙）、オランダでは、「天皇ヒロヒトの自動車のガラス窓に魔法ビンが投げつけられ、こわされた」（オランダ『テレグラフ』紙）。これらをどこの国にもある一部過激分子の凶行だと片づけるわけにはゆかない。

日本人はとっくの昔に忘れてしまったろうが、インドネシアでは一万九千人のオランダ人が収容所で日本軍によって殺害されたという。「Hirohito GO!」「出てゆけ、ヒロヒトラー！」となぜ若者や婦人が叫ぶのか。W・G・フォンという六十歳になるひとりのオランダ市民のたどたどしい日本語に耳をかたむけよう。

「戦争中、ジャワニイマシタ。ニポンノ憲兵隊ニヒドイ目ニアイマシタ。コノハナ（鼻）ノキズ見テクダサイ、コノ首モヤラレマシタ。

ワタシ、ドシテソンナコトヲスルト、イイマシタ。ニポンノ軍勢ノヒト、ワタシニイイマシタ。テンノヘイカダ。ニポンノ軍勢ヒドイデシタ。ソノ仕事ヲ、テンノヘイカノタメニシマス。ワタシハ、ヒロヒトキライデス。ホカノニポン人ハキライデハアリマセン、ニポンノ若者スキマス。オランダノ　タクサンノ人　イママダ病気デス。センソウデ、ニポンノ軍勢ニ、イショウ（一生）メチャクチャデス。ヒロヒトガココへ来テモ、ソノオランダノ人タチニ、何ヲイウノデショウ。」（児玉隆也『君は天皇を見たか』）

ほんとうに何をいうのだろう。天皇裕仁は、なぜ、こういう人たちに向ってすなおに頭を垂れ、自分の責任をみとめて、罪を詫びようとしないのか。それが立場上、できないというのなら、なぜいつまでも日本を代表する地位にすわりつづけているのだろうか。裕仁が現人神であった時代なら、あるいは神ゆえに責任を超越すると居直れるかもしれない。しかし、裕仁は一九四六年（昭和二十一年）に「人間宣言」をした。そして自分でも「人間」になったことを喜んでいた。それならば人間としてのきびしい道義的な反省と責任をとる義務はまぬがれがたい。

私は多くのページを費やして、この半世紀の歴史に関わる天皇や天皇制の功罪をあれこれと論じてきた。そろそろこの辺りで、ひとまずペンを擱かなくてはならない。最後にあなたの見通しは？　と問われたら次のようにこたえよう。

たとえ「象徴」という名のもとであっても、天皇が少しでも国政に特権を持つのは民主主義の原則に反する。それゆえに政治的な天皇制は完全に廃止されなくてはならない。

「完全に」とは、復活の余地を全くなくすという意味である。なぜなら天皇制はつねにわが民族の上流階級、支配階級に味方し、利用されてきた存在だからである。

しかし、かりにそれが廃絶されたとしても、精神構造としての天皇制はなおしばらく残りつづけるであろう。それは一千年余の歴史の過程でつくられてきた島国日本の民族的な心理にも深く根ざしているからである。群に従い、画一性を好み、仲間相互の不公平には敏感でありながら、差別や序列化や事大主義は無類に好きな国民。それゆえに、つねに自分たちを越える優越者を求め、現実の利害、矛盾を調整する権威者を期待してきた。とくに明治以降、「一君」のもとで「万民」は平等という理想、おらが村、おらが国のみ良かれという感覚、そういうものが日本国民の意識の基調として持続されてきた。こうした精神構造が変らないかぎり、日本人の終局的な天皇権威からの解放はありえないであろう。

だが、それではあまりに観念的にすぎる。そこでさしあたっては、天皇は戦争責任をとり、国の内外の人びとに率直に詫びると共に、京都あたりに隠退し、伝統文化の継承者として静かに暮されるとよい。そして、私たち国民は、日本国の主権者として、非民主的な天皇制を完全になくすために、必要な措置をとることを課題としたい。

参考文献

〈全般に関わるもの〉

『木戸幸一日記』上下、東京大学出版会、一九六六年
『木戸幸一関係文書』東京大学出版会、一九六六年
本庄繁『本庄日記』原書房、一九六七年
参謀本部編『杉山メモ——大本営・政府連絡会議等筆記』上下、原書房、一九六七年
原田熊雄述『西園寺公と政局』全9巻、岩波書店、一九五〇～五六年
細川護貞『情報天皇に達せず——細川日記』上下、磯部書房、一九五三年
深井英五『枢密院重要議事覚書』岩波書店、一九五三年
「現代史資料」既刊42巻、みすず書房、一九六二年～（とくに『満州事変』2巻、一九六四～六五年。『日中戦争』5巻、一九六四～六六年。『太平洋戦争』5巻、一九六八～七五年）
角田順編『石原莞爾資料——国防論策篇』原書房、一九七一年
重光葵『昭和の動乱』上下、中央公論社、一九五二年
日本国際政治学会編『太平洋戦争への道』全7巻、別巻1巻、朝日新聞社、一九六二～六三年
歴史学研究会編『太平洋戦争史』全6巻、青木書店、一九七一～七三年

家永三郎『太平洋戦争』日本歴史叢書、岩波書店、一九六八年
児島襄『太平洋戦争』上下、中公新書、一九六五〜六六年
服部卓四郎『大東亜戦争全史』全4巻、鱒書房、一九五三年
田中惣五郎『日本ファシズム史』河出書房新社、一九六〇年
原田勝正編『太平洋戦争』「ドキュメント昭和史」4、平凡社、一九七五年
大内力『ファシズムへの道』「日本の歴史」24、中央公論社、一九六七年
林茂『太平洋戦争』「日本の歴史」25、中央公論社、一九六七年
鶴見俊輔他編『日本の百年』2・3、筑摩書房、一九六一〜六二年
藤井松一・大江志乃夫『戦後日本の歴史』上下、青木書店、一九七〇〜七一年
遠山茂樹・今井清一・藤原彰『昭和史（新版）』岩波新書、一九五九年
朝日ジャーナル編『昭和史の瞬間』上下、朝日選書、一九七四年
参謀本部戦争指導班「大本営機密戦争日誌」、中央公論社『歴史と人物』一九七一年九〜十一月号
細谷千博他編『日米関係史――開戦に至る一〇年（一九三一〜四一年）』全4巻、東京大学出版会、一九七一〜七二年
東京大学社会科学研究所編『戦後改革』全8巻、東京大学出版会、一九七四〜七五年
石田雄『破局と平和　一九四一〜一九五二』「日本近代史大系」8、東京大学出版会、一九六八年
『近代国家の思想』総合講座「日本の社会文化史」6、講談社、一九七四年
袖井林二郎『マッカーサーの二千日』中央公論社、一九七四年
朝日新聞社編「朝日新聞に見る日本の歩み」朝日新聞社。『暗い谷間の恐慌・侵略』昭和元〜11年、

全3冊、一九七四年。『破滅への軍国主義』昭和12〜19年、全3冊、一九七四年。『焦土に築く民主主義』昭和20〜25年、全3冊、一九七三年
『毎日グラフ』別冊『一億人の昭和50年史』毎日新聞社、一九七五年
『文藝春秋デラックス』増刊『昭和50年をつくった700人』文藝春秋、一九七五年
大河内一男・大宅壮一監修『近代日本を創った百人』上下、毎日新聞社、一九六五〜六六年
『近代日本総合年表』岩波書店、一九六八年
色川大吉・奈良本辰也・小木新造編『歴史の視点』下、日本放送出版協会、一九七五年

〈各章に関わるもの〉
小木新造『昭和庶民文化史』上下、日本放送出版協会、一九七一年
『婦人公論の五十年』中央公論社、一九六五年
石牟礼道子『苦海浄土——わが水俣病』講談社、一九六九年
柳田国男『明治大正史 世相篇』朝日新聞社、一九三一年
宮沢賢治『春と修羅』第三集、「日本の詩歌」18『宮沢賢治』中公文庫、一九七四年
高村光太郎『智恵子抄』竜星閣、一九四一年
筈見恒夫編著『映画百年史』全4巻、鱒書房、一九五五年
高橋磌一『流行歌でつづる日本現代史』新日本出版社、一九六九年
淡谷のり子『わが放浪記』潮文社、一九六九年
石垣綾子『さらばわがアメリカ——自由と抑圧の二十五年』三省堂、一九七二年

山中恒『ボクラ少国民』辺境社、一九七四年
小林浩一・佐々木喜一編『丸山進書簡集』自費出版、一九四八年
日本近代史研究全編『青村真明遺稿集』自費出版、一九五四年
国分一太郎『新しい綴方教室』日本評論社、一九五一年
橋本義夫『村の母』一九五四―七四年
　詩集『雲の碑』一九六八年
『沙漠に樹を――戦後地方文化運動記録』一九六〇年
『地方の教育運動』一九五九年
『古代中世地方史研究方法稿』一九五二―五九年
『監禁の記録』一九五九年
『平凡人の文章』一九六〇年
(右の小冊子はすべて限定自費出版、入手困難)
菊池敬一・大牟羅良『あの人は帰ってこなかった』岩波新書、一九六四年
岩手県農村文化懇談会編『戦没農民兵士の手紙』岩波新書、一九六一年
上野英信『天皇陛下萬歳――爆弾三勇士序説』筑摩書房、一九七二年
いずみの会編『主婦の戦争体験記』風媒社、一九六五年
『暮しの手帖』96「特集　戦争中の暮しの記録」暮しの手帖社、一九六八年
菊地昌典『一九三〇年代論――歴史と民衆』田畑書店、一九七三年
橋川文三『増補 日本浪曼派批判序説』未来社、一九六五年

大江健三郎『ヒロシマ・ノート』岩波新書、一九六五年
渋谷定輔『農民哀史』勁草書房、一九七〇年
椚国男編『八王子の文化活動百年史年表』多摩文化ニュース編集委員会、一九七二年
同『八王子地方教育百年史年表』八王子市教育委員会、一九七二年
鶴見和子『生活記録運動のなかで』未来社、一九六三年
鶴見俊輔『限界芸術論』勁草書房、一九六七年
海端俊子『海は私の絵本』他の「ふだん記本」「ふだん記新書」はすべて自費出版。発行元―全国ふだんぎグループ（八王子市中野町二八〇、橋本義夫方）
ねずまさし『天皇と昭和史』三一書房、一九七四年
レナード・モズレー、高田市太郎訳『天皇ヒロヒト』毎日新聞社、一九六六年
デイヴィッド・バーガミニ、いいだ・もも訳『天皇の陰謀』前・後篇、出帆社、一九七四年
児島襄『天皇』全5巻、文藝春秋、一九七四年
松浦玲『日本人にとって天皇とは何であったか』辺境社、一九七四年
児玉隆也『君は天皇を見たか』潮出版社、一九七五年
長幸男『昭和恐慌』岩波新書、一九七三年
隅谷三喜男編『昭和恐慌』有斐閣、一九七四年
安藤良雄編『昭和経済史への証言』上中下、毎日新聞社、一九六五〜六六年
大谷敬二郎『昭和憲兵史』みすず書房、一九六六年
三輪公忠『松岡洋右』中公新書、一九七一年

岡義武『近衛文麿』岩波新書、一九七二年
尾崎秀樹『ゾルゲ事件』中公新書、一九六三年
マリヤ・コレスニコワ他著、中山一郎訳『リヒアルト・ゾルゲ』朝日新聞社、一九七三年
山代巴・牧瀬菊枝編『丹野セツ――革命運動に生きる』勁草書房、一九六九年
牧瀬菊枝編『九津見房子の暦』思想の科学社、一九七五年
村上一郎『北一輝論』三一書房、一九七〇年
渡部義通述『思想と学問の自伝』河出書房新社、一九七四年
富田健治『敗戦日本の内側――近衛公の思い出』古今書院、一九六二年
岡田啓介述『岡田啓介回顧録』毎日新聞社、一九五〇年
角田順校訂『宇垣一成日記』全3巻、みすず書房、一九六八～七一年
東久邇稔彦『一皇族の戦争日記』日本週報社、一九五七年
幣原喜重郎『外交五十年』読売新聞社、一九五一年
吉田茂『回想十年』全4巻、新潮社、一九五七～五八年
共同通信社「近衛日記」編集委員会編『近衛日記』共同通信社、一九六八年
ジョゼフ・グルー、石川欣一訳『滞日十年』上下、毎日新聞社、一九四八年
コーデル・ハル、朝日新聞社訳『回想録』朝日新聞社、一九四九年
植田捷雄編『太平洋戦争終結論』東京大学出版会、一九五八年
高橋正衛『昭和の軍閥』中公新書、一九六九年
『二・二六事件』中公新書、一九六五年

臼井勝美『日中戦争』中公新書、一九六七年
河野司編『二・二六事件獄中手記・遺書』河出書房新社、一九七二年
ベン・アミ・シロニー、河野司訳『日本の叛乱――青年将校たちと二・二六事件』河出書房新社、一九七五年
粟屋憲太郎編『満州事変と二・二六』「ドキュメント昭和史」2、平凡社、一九七五年
沖縄タイムス社編『鉄の暴風―沖縄戦記』沖縄タイムス社、一九五〇年
名嘉正八郎・谷川健一編『沖縄の証言』上下、中公新書、一九七一年
大岡昇平『レイテ戦記』全3巻、中公文庫、一九七四年
吉田満『戦艦大和の最期』創元社、一九五二年
阿川弘之『暗い波濤』上下、新潮社、一九七四年
伊藤正徳『帝国陸軍の最後』全5巻、文藝春秋新社、一九五九～六一年
松本清張『昭和史発掘』全13巻、文藝春秋新社、一九六五～七二年
伊藤正徳他監修『実録太平洋戦争』全7巻、中央公論社、一九六〇年
ジョン・トーランド、毎日新聞社訳『大日本帝国の興亡』全5巻、毎日新聞社、一九七一年
原田良次『日本大空襲』上下、中公新書、一九七三年
毎日新聞社編『名古屋大空襲』毎日新聞社、一九七一年
早乙女勝元『東京大空襲』岩波新書、一九七一年
『季刊現代史』第三号「特集・日本敗戦――民衆史からのアプローチ」現代史の会、一九七三年十一月

正木ひろし『近きより』弘文堂、一九六四年
亀井勝一郎『陛下に捧ぐる書翰』十一組出版部、一九四七年
清沢洌『暗黒日記』全3巻、評論社、一九七〇～七三年
木村栄文編著『六鼓菊竹淳』葦書房、一九七五年
太田雅夫編著『桐生悠々反軍論集』新泉社、一九六九年
同志社大学人文科学研究所編『戦時下抵抗の研究』全2巻、みすず書房、一九六八～六九年
稲垣真美『兵役を拒否した日本人』岩波新書、一九七二年
日本戦没学生記念全編『きけわだつみのこえ』光文社、一九五九年
東大十八史会編『学徒出陣の記録』中公新書、一九六八年
中根美宝子『疎開学童の日記』中公新書、一九六五年
月光原小学校編『学童疎開の記録』未来社、一九六〇年
石飛仁『中国人強制連行の記録』太平出版社、一九七三年
斎藤良衛『欺かれた歴史』読売新聞社、一九五五年
矢部貞治『近衛文麿』時事通信社、一九五八年
矢部貞治『矢部貞治日記』銀杏の巻・欅の巻、読売新聞社、一九七四年
入江昭『極東新秩序の摸索』原書房、一九六八年
佐藤賢了『東条英機と太平洋戦争』文藝春秋新社、一九六一年
参謀本部所蔵『敗戦の記録』原書房、一九六七年
丸山真男『現代政治の思想と行動』未来社、増補版、一九六四年（初版一九五六～五七年）

秦郁彦『軍ファシズム運動史』河出書房新社、一九六二年
中瀬寿一『近代における天皇観』三一書房、一九六三年
読売新聞社編『昭和史の天皇』既刊27巻中8—13、読売新聞社、一九六九～七〇年
和歌森太郎『天皇制の歴史心理』弘文堂、一九七三年
日本戦没学生記念全編『わだつみのこえ』「天皇問題特集号」～「続々々天皇問題特集号」わだつみ会、一九七一～七三年
高宮太平『天皇陛下』酣燈社、一九五一年。同『順逆の昭和史』原書房、一九七一年
奥崎謙三『ヤマザキ、天皇を撃て！』三一書房、一九七二年
井上清「天皇の戦争責任について」『現代の眼』一九七五年一～八月号
富村順一『最敬礼拒否の足跡——戦犯天皇を裁く』破防法研究会、一九七五年

あとがき

一

私はこの本を敗戦後満三十年を迎えた日本国民に、この昭和五十年八月の時点で、心を虚しゅうして読んでもらいたくて書き綴ってきた。

私はこの本の序章の終りで、こういう詩を引用した。

……それゆえに、ひとを遣って　問わせることはやめよ。
誰がために鐘は鳴るかと。
鐘はおまえのために鳴っているのだ。

そうだ。耳をすますと、どこかで弔いの鐘が鳴っている。遠く近く――。それはヒロシマの鐘かもしれない。長崎の教会のそれかもしれない。沖縄のそれかもしれない。濃霧に閉ざされたアッツ島や硫黄島からの鬼哭啾々たる声かもしれない。暗い波濤をこえて――。殷々とひびき来るその鐘の音は、歴史の非情をなげく死霊たちの歔欷のようにも聞える。

鎮魂のそれではない。「安らかにお眠り下さい」という慰藉のそれでもない。生き残った人びとを永劫に許さない呪詛（じゅそ）のそれであるかもしれないのだ。

私はこの日々、〝歴史の鐘〟を聞く。そしてその鐘がまさに私たちのためにも鳴りつづけていることを痛感する。

一九四五年八月十五日、全世界で一時に打ち鳴らされた鐘は平和の恢復を告げる明るい金属質のひびきであった。歓喜と乱舞の序鐘であり、解放を祝う合図であった。メルボルンでワシントンでモスクワで、パリでシンガポールでデリーで、北京でソウルでジャカルタで、それらは共鳴しあい、打ちつづけられた。そして群衆は路上にとびだし、肩を抱きあい、街にあふれ、歓声をあげて乱舞した。

だが、打って変ってこの国では、重い沈黙と放心と嗚咽とが、一瞬のうちに列島を横切ったのである。まことに深甚な歴史的経験であった。

あれから三十年、そして昭和に改元されてからもこの天皇と共に五十年、日本国民は転びながら泣きながらよく耐えて生きてきた。亡びずに生きのびて今ここに在る。この波乱の歴史のすべてを、渦中にあった人間に正しく捉えることができるだろうか。

現代史においては誰が観客で演出者で、誰が演技者（アクター）だという区別はつけにくい。演出者や観客にのみ超越的にものを見る特権があたえられ、その他は観察されるもの、歴史のピエロだということは許されない。

じっさいに同時代史においては、歴史家も行動する一個の民衆であり、歴史（ドラマの進行）への共同責任者であることを避けられない。いっぽう演技者とみなされてきた民衆も歴史の創造者であり、同時に自分史の叙述者でありうるのだ。こうした同時代史の二元性をふまえた上で、私は次のような書き方を試みる。

この本では私は表立って社会構造を描くことは避け、できるかぎり国民的経験を書こうとした。

「この本のどこかに読者がいる、あなたがいる。」そういわれるような歴史叙述がしたかった。そのためにはなにが国民的経験なのかということを再吟味しなくてはならない。そのとき、もしも国民が自分の歴史を、どのような形式であれ、たとえ断片でも、みずからの手で、自分史として書いてくれていたら、どんなにか助けられたであろうと私は痛感する。

昔も今もマスコミはあまり忠実に国民的経験を代表してはくれない。その経験の質の真の深みと多様さは、その人なりの動機を記した自分史でなくてはよく表象しえない。それらの貴重なドキュメントを多数あたえられて、はじめて歴史家は、ゆたかな時代の全体像を構成しえよう。そうでなかったら、依然として指導者中心の歴史か、社会構成体の図式をなぞることに終始する無味乾燥な歴史にとどまるであろう。私は歴史叙述者として、今こそこの激動の歴史を生きぬいた民衆一人一人に、自分のかけがえのない経験を、それぞれの足跡を書いてほしいと願う。同時に私自身も、これまで「主観」を排除するという名目で、背景におしこめてきた自分史を書くことをみずからに課する。この本では「十五年戦争を生きる」の章にそれを試みたが、当然その続篇は「戦後史を生きる」の形で書き継がれなくてはならない。

伝記作者とは縁のない民衆にとっては、自分史はこれまでほとんど独白や述懐や口承やヒーローへの自己投影の形式で示されてきた。それを読みとることは難事だが、すぐれた歴史家や民俗学者はあえてそれを試み成功してきた。しかし、今では「ある常民の足跡」の章でもわかるように、民衆一人一人が文字を通して自分史を表現することをはじめている。独白や口承を文字化することによって、人は自分を相対化し、自分以外の人生を生きる他者や世界を発見し、人たることの深遠な意味に到達する。同時にそれは自分の経験を理論化し、精神的な共有財産にも変えさせる。私が全体史と個人史のはざまで、さまざまな自分史を試みたいと願ったのはそのためである。

もう一つ「昭和史の天皇像」を書いていて気がついたのだが、自分史の最高形態は天皇裕仁にその波乱の歴史を述べてもらうことにあるだろう。日本のような国においては、天皇以外には絶対に知りえない全国民の運命に関わる綜合情報があったはずだからである。

かれの多くの側近たちはもうほとんどが死者の数に入ってしまった。日本現代史の多くの謎を永久に闇の中にとどめてしまわないためにも、天皇によってのみ記憶されている現代史の重要な史実を、私たちに伝えてくれるよう切望する。かれが一日も早く国務から離れ、口述筆記者に自分の関知しているすべての事蹟や感想を率直に話してくれることを切望する。

二

この本はもともと『昭和五十年史』の書名で、五年前から準備し、全八章、上下二巻のプランで書きはじめたものであった。それがある事情により、中絶の止むなきにいたったため、書名を変更し、戦前の叙述に力点をおいた一巻本として刊行することになった。自分史といいながら、「戦後史を生きる」部分がここに入っていないのは、その事情による。私は戦中派の一人として敗戦に深い精神的な打撃をうけ、文字通り廃墟の東京に復員してからは、あてどない彷徨の日々をすごした。その焼跡闇市の荒廃のなかからどのようにして国民が立上っていったかを、歴史学科の学生としていささか皮肉な目で冷静に観察してきた。敗戦後、しばらくして湧き起った民主主義、共産主義の風潮にたいしても、私はこんどは疑い深く容易には同調しなかった。

戦後改革のうち最も重要な第二次農地改革がはじまり、また六・三・三制の新学制が発足したとき、教員の不足が叫ばれるや、私は〝人民の中へ〟の運動に投じ、一九四八年

(昭和二十三年)、大学卒業と同時に足尾銅山の隣りの山村に教員を志願して入村した。一つはこの目で日本社会の基部がどのように変ってゆくか見たかったし、また自分の力で歴史の根ッこにどれだけ働きかけられるかためしてみたかったのである。ところが不運にもその年の暮、同行の級友野本貢を死なせてしまい、この山村での活動も一年で中断した。

一九四九年五月、私は上京したが、このころはGHQによる大衆運動への弾圧、戦犯の釈放、レッド・パージ、下山、三鷹、松川事件などの謀略がつぎつぎとひき起され、戦後民主改革は大きく逆転させられようとしていた。私はこうした占領軍による政策に抵抗して、当初は居住地区の市民運動からやがて反税闘争へ、さらに一九五〇年、朝鮮戦争が勃発するや、非合法の反戦運動の渦中へと深入りしていった。同時に夜は新劇の劇団に所属しての演劇活動や研究、昼は多面的な政治運動と、若い生命力を惜しげもなく燃焼しつくしていたのである。

それから幾度も傷つきながら生きた一九六〇年安保にいたる波乱の道程は、私の個人史を歴史の本流ともっとも深く主体的に関わらせた時期で、その体験と見聞を素材にして私は一個の戦後史を叙述しうると思うにいたった。歴史家としての観察の目で書きとめた多くの日記やメモや集積してきた資料は、私の未完の一章に生かされなくてはならない。私はそのころから自分が青春を賭けた同時代史を書かなければ、なんのために歴史研究者となったのか、その意味がないと考えるようになった。当時の私の愛読書の一つがマルクスの『ルイ・ボナパルトのブリュメール十八日』であったことも想起される。

だが、それから十余年間経過し――一九六八、六九年の世界的な若者の反乱を目撃し、七〇年代の住民運動に参加して、私にもようやく一九五〇年代や六〇年ころの自分の行動の意味や位置がいくらか見えるようになってきた。自分が歴史の本質をとらえたものと信じていたそれが、多くの運動諸派の思いこみの一つにすぎなかったことが明らかになり、その過誤が見通された。

そのときから自分以外の、より歴史の本流近くにいた人びとの軌跡に強い関心を抱くと共に、本流をもその基部で動かしていた底流の人びとの生き方に深く心を奪われるようになった。

私が『昭和五十年史』の下巻に、「日本資本主義の深層から」や「ある農業者たちの軌跡」の章を加えたのはそのためであった。そして、それらの無名の人びとの自分史を積み重ね、組み合わせ、構成するなかで、歴史の本流の深みとその幅と、関連した構造とを巨視的に捉え直してみたいと考えた。

「経済大国への栄光と悲惨」という最終の章は、日本の戦後三十年史、いや明治維新以来百年の近代化全史の総点検の意味をこめて、その頂点と深淵とから、その成功者と棄民とから、さらにグローバルな視点から同時代史を描き切ろうとした私のひとつの野望であった。だが、その野心は残念ながら今すぐには実現しそうにない。しばらくは、また沈潜の痛みを耐えるしかないであろう。

最後にこの本にその貴重な研究や作品や記録や証言の一部を引用させていただいた大勢の方々に、紙上を借りて厚くお礼を申し上げたい。皆さんの学恩なしに、いかなる昭和史も叙述することはできない。一々お名前を記すべきであるが、大勢にわたるので、本文での註記、あるいは参考文献のところに記すことによって代えさせていただいた。お許しを乞う。なお、書名へのアイディアや浄書などで協力してくれた飯島敏雄氏に感謝する。

老いてなお健やかな父と母に本書を捧げる。

一九七五年七月十一日

色川大吉

再刊にあたって

この本はもともと『昭和五十年史』の書名で、全八章上・下二巻のつもりであった。「それがある事情により、中絶の止むなきにいたったため、書名を変更し、戦前の叙述に力点をおいた一巻本として刊行することになった」と「あとがき」に断わっている。この「ある事情により、中絶の止むなきにいたった」とは何か。それから記したい。

話は一九六一年（昭和三十六）二月にさかのぼる。大日本愛国党の少年が中央公論掲載の『風流夢譚』での深沢七郎の「不敬」な表現に憤慨し、嶋中鵬二社長邸を襲い、夫人に重傷を負わせ、家政婦を殺害するという事件を起した。それにおびえた会社が同年十二月、『思想の科学』「天皇制」特集号を発売中止にした。そういう言論に関わる事件があったのである。

その後、中央公論社は過度な反応を自制して一人一巻執筆の『日本の歴史』全二十六巻のシリーズを完成させ（一九六七年）、空前の成功を収め、社業を建て直した。だが、こと天皇および天皇制へのアレルギーは解消していなかったようである。わたしの『昭和五十年史』での天皇批判が問題視され、とくに敗戦後の天皇責任をきびしく問うた部分の修正・削除を求められた。もちろん、わたしは拒否した。そして交渉のすえ戦後篇は断念し、戦前篇を中心にした『ある昭和史――自分史の試み』にしたのである。

そのとき、なぜ、わたしがこの企画そのものを放棄しなかったのか。今から思えば、すでに予告していた読者への責任と、わたしの『近代国家の出発』(『日本の歴史』第二一巻、一九六七年)の完成を助けてくれた嶋中社長への友情ゆえであろう。かれは右翼テロの被害者だったばかりでなく、個人的にわたしを支えてくれた人だった。

このようにして生れたこの本は、尊敬する近世史家奈良本辰也の推薦によって、その年の毎日出版文化賞を受け、たくさんの読者に迎えられた。また、「自分史」という提唱は新鮮な課題として世間に受けとめられた。だが、鋭い批判もあったのである。畏友橋川文三が直言してくれた。「きみの自分史の記述には同時代史との隙間(すきま)がありすぎる。ぼくならそんな書き方はしない」と。

このひとことはその後、長期にわたって深刻な影響をあたえた。わたしのような立場のものの自分史は、同時代の歴史との結節点におのれを見定めて、思考や情感を凝縮し、隙間なく掘り下げて書かねばならないのだ。そう決意したのだが、それを果たすことは至難のわざだった。

わたしが戦後の自分史を世に送りだせたのは、それから三十年も経った二〇〇五年になってである。わたしはその年『廃墟に立つ』と『カチューシャの青春』(共に小学館)を立てつづけに刊行した。だが、その主人公は「わたし」ではなく、「谷一郎」という仮名だった。そうした虚構を使わずには、敗戦後のあまりにも痛々しい青春史を描くことができなかったのである。さらにこの二巻は『ある昭和史』の序の理想からも大きくはずれていた。

どこがはずれたのか。『ある昭和史』の「はじめに」では、「この時代の波瀾の歴史を民衆の経験の質感の連鎖として捉えてみたい」と述べていたのだ。そして「あとがき」で、民衆の「経験の質の真の深みと多様さは、その人なりの動機を記した自分史でなくてはよく表象しえない。それらの貴重なドキュメントを多数あたえられて、はじめて歴史家は、ゆたかな時代の全体像を構成しえよう。そうでなかったら、依然として指導者中心の歴史か、社会構成体の図式をなぞることに終始する無味乾燥な歴史にとどまるであろう」と。

この基本路線からわたしははずれていたのだ。つまり、わたしの自分史にのみとらわれるのではなく、同時代の多くの他者の、民衆の自分史、「それらの貴重なドキュメント」を生かして「ゆたかな時代の全体像」を描くことに尽力すべきであったのだ。

ところが、『廃墟に立つ』にも『カチューシャの青春』にもその点が弱い。描かれたのは自分と、もっとも身近な友人の自分史だけで「わたし」を相対化する他者を欠いていた。自分史と同時代史の「隙間」を埋めるということに関心が向いすぎて、かんじんのなんのための自分史かという初志を見失ってしまっていたのである。

それは次作の『若者が主役だったころ――わが六〇年代』（岩波書店・二〇〇八）にもひきつがれた。この時期になると、多くのすぐれた庶民の、多彩な記録、自分史も刊行されていたにかかわらず、それらを参照、精読して同時代史の叙述に生かしたといえない。その中途半端さは、「昭和自分史の最終篇」と位置づけた『昭和へのレクイエム』（岩波書店・二〇一〇）にも持ちこされている。

ただ、この巻では一九七〇年代、八〇年代を年代記風に書くことは止めて、自分がもっとも主体的にかかわった「水俣調査団」「歴博の創設」「民権百年運動」「日本はこれでいいのか市民連合」「天皇と共に二十年」という課題別に構成したため、いくぶん違ったものになった。六〇〇〇人余の関係者を登場させたため、全体史に近い幅を持たせることもできた。だが、この本ですら、「わたしの自分史」中心になっていることは否めない。

このようにわたしの「自分史」は三十余年なお試行錯誤、暗中模索の中にある。一九八九年（昭和時代の終り）まで書いた『昭和へのレクイエム』を昭和自分史の「最終篇」ということはできても、「完結篇」とはいえなかったのもそれゆえである。

さて、再刊にあたって初版の『ある昭和史――自分史の試み』を読み直し、もっともすぐれているのは「はじめに」と「あとがき」で高い志と理想を述べたところにあると思う。また、自分史を離れて、最後の章（「昭和史の天皇像」）で、在来の史学の方法を用い、基本史料を博捜して戦中の天皇像を効果的に描き得たことも成果であったと思う。この章での呵責ない天皇裕仁批判の言辞は、そうした学問的な手続きの上に立ったものであった故に容認されたのであろう。

「はじめに」につづく「庶民生活の五十年」は庶民史、民衆史としては印象描写が多く、部分的で、生活史としてはきわめて不十分なものであった。また、戦前自分史の試みとしての「十五年戦争を生きる」は、この本の中心的な章であるにもかかわらず、かんじんの庶民の記録の使用が少なく、異質な史料のつぎはぎがあったりして刊行当時から批判されたものであった。

「学徒出陣」から敗戦にいたる軍隊内や基地での叙述など、同じ境遇に追いこまれた若者たちの多数の記録、回想記や遺稿などがあったにもかかわらず、それを利用できていない。わたし自身の戦中日記すら十分、使えていない。余力があったら今、全面的に書き直したいくらいである。それはともあれ、この本が中国語や韓国語に訳され、また一部英訳され、ひろく海外でも読まれたことに誇りとともに羞恥を感じる。

これまで述べてきたように、わたしの「昭和史」は未熟、未完成に終ったが、つづく一九九〇年代、二〇〇〇年代、「平成の二十年史」については、歴史家として本格的な歴史分析と叙述を試みたいと思っている。そのとき、一九七五年に出版されたこの『ある昭和史――自分史の試み』の初心が、わたしのみちびきの光となってくれるであろう。

二〇一〇年十月二十日

色川大吉

昭和の終焉――くつがえった日本観

日本の歴史上、この時代ほどに激しく動いた時代はなかった。昭和にくらべれば戦国時代や明治維新などコップの中の嵐だろう。昭和はそこに生きた国民のほとんどを戦争と生活革命の渦中に捲きこみ、その運命を変えたからである。

私は「昭和」に変る一年前に生まれた。従って私にとって昭和の歴史は私の人生のすべてであり、自分史を通して、この時代を内側から検証できる立場にある。私が生まれた時、日本帝国はアジア最強の軍事大国であり、私が小学校に入学した時、日本の満州占領は終わっており、中学に入った時、中国との全面戦争が始まった。私の住む関東の小さな田舎町の駅頭でも、出征兵士を見送る旗の波や万歳の声が絶えることなく、それは私が同じ駅から見送られる時までつづいていた。

私が念願の高等学校に合格した昭和十六年の十二月八日（駅頭では遺骨の出迎えの方が多くなった頃）、突然、「朕ノ陸海軍将兵ハ全力ヲ振ッテ米英トノ交戦ニ従事セヨ」との大元帥陛下の命令で、国民は大戦争に突入した。

この瞬間から私の運命も確実に狂い、正常な勉強はおろか、青春の享楽も絶望となった。

修業年限は短縮される。大学進学の喜びもつかのま、徴兵猶予を停止され、私も「学徒出陣」の名目で軍隊入りを強いられた。そして大空襲、艦砲射撃、原爆を浴び、再び天皇の命令によって私たちは銃を棄てた。

　私は兵営を出、超満員の列車で、一面の焼け野原と化した廃墟の東京に帰ったが、多くの学友は二度と学園に戻ることはなかったのである。

　この時まで深く天皇の高い道徳性を信じていた私は、天皇が率直に内外の国民に「悪かった、すまなかった」と詫びてくれることを願っていた。しかし、昭和二十一年一月の詔書では「朕ト爾等国民トノ間ノ紐帯ハ終始相互ノ信頼ト敬愛トニ依リテ結バレ、単ナル神話ト伝説トニ依リテ生ゼルモノニ非ズ」と述べられ、「現御神」を「架空なる観念」と否定し、戦前の神国史観による「国体明徴」教育の事実を無視した他人事のような説明に終始された。この時の失望の深さは、私の日本観を根本から変えるものとなった。

　私たちにとって、戦前の天皇は疑うことを許されない「現人神」であり、つねに軍服を着た帝であり、颯爽と白馬にまたがっていた大元帥であった。天皇に人間としての親愛の情を寄せるなど不可能なことであり、学校で礼拝される一枚の写真ですら「御真影」といって神格をあたえられていた。この写真を火災から救い出すために何人もの校長や教員が焼死し、美談とされた。こうした天皇と国民との関係を「架空の観念」とか、神話に依らない人間同志の「終始相互ノ信頼ト敬愛トニ依リテ結バレ」たものとみなすことは事実に反する。

また、終戦の「聖断」を当時の歴史情況から切り離して文学的に解釈し、天皇は国民の命を救ってくれた恩人だと力説して、ポツダム宣言受諾を遅延させ、原爆投下やソ連侵攻を招いた責任の方を不問にすることは歴史の真実に反する。

私はなぜ日本人があれほどまでに皇国思想や天皇に捉われたかを解明したいと思って、歴史学徒の道を進んだ。敗戦後、過去の日本の過ちが明らかにされるにつれ、私は反発していた占領軍による民主改革を受けいれてゆく気持ちに変わった。

占領時代は私の二十代の大半、七年間も続くが、この時の諸改革こそが今日の日本の繁栄の基礎になったものと思う。私は大学を卒業した昭和二十三年に、一農山村の教師を志願し、実際に農地改革を生々しく体験して、日本民主化の根拠をそこに見出した。

その少し前、天皇は地方巡幸の旅の中にあった。それは国民への謝罪の旅ではなかったのだが、心優しい民衆は背広に着がえた天皇を身近に見て、到る所「陛下万歳」の歓呼で彼を迎えた。その時ほど、天皇が国民に守られていたことはなかったろう。

その圧倒的な国民の支持を見ては、天皇を「東京裁判」の法廷に喚問せよと主張していた者たちも断念せざるを得なかった。天皇はこうして二度目の危機をも乗り切った。この時も沖縄を犠牲として――。

私はその頃から一つの生き方を決める。決して二度と時代の大勢に流されまい、と。そのためには、つねに醒めた目を持ち、いかなる権力や権威にも近づかず、自己を少数派の側に置き続けようと。これはアメリカがベトナム戦争に介入した時も、日本政府が過激な経済成長政策を強行し、農山漁村や炭坑や公害被災地の棄民を切り捨てて突進した時にも、私が取らねばならぬ態度であった。

昭和三十五年、日本国民の空前の安保反対デモの波を乗り切った池田内閣の時代に、日本経済は躍進をはじめ、東京オリンピックの一頂点にまで上りつめた。天皇がその開会式に登場し、久々に晴れやかな姿を見せたが、私はそれを「遠い風景」として眺めていた。同じ昭和三十九年の春、私は主著を出し、近代化礼讃の風潮に学問によって抵抗しようと試みた。

昭和四十年代に入って高度経済成長は第二段階に進み、四十三年に、ついにGNP第二位の経済大国となった。世は昭和元禄の繁栄を謳歌していたが、この時、学園紛争は最大規模となり、また日本列島には公害問題が噴出していた。しかし日本人はこの時期、生活革命の真っ只中にあり、根底からライフ・スタイルを変えられて、自己の座標を見失い、保守化の方向に傾こうとしていた。

エコノミック・アニマル、日本株式会社とまでいわれた日本国家は、国内の危機を切り抜け、さらに石油ショックの不況をも克服して、昭和五十年代、自信を強め、戦後政治の総決算にと向かった。天皇の存在が皇室外交や元首論と共に大きく再浮上したのはこの中曽根の時代である。私はこの傾向に歴史の逆流を感じ、市民運動などを通して批判してきたが、難問積み残しのまま、昭和の終焉を迎えたのである。

（『わだつみの友へ』岩波同時代ライブラリー所収）

解説 「民衆」と伴走する歴史家の営み

成田龍一

歴史を生きるとは、どのようなことなのであろうか。歴史をつくりだすとは、どのような営みなのだろうか。

こうした問いを持ちつづけ、歴史学者となった人物がいる。色川大吉（一九二五—二〇二一）である。歴史家の多くが名前を前面に出さないなか、色川の歴史学は例外的に「色川史学」とよばれ、その著作は多くの読者を魅了してきた。「色川史学」は、日々の営みそのものが歴史を生きるということであり、一人ひとりの「民衆」が歴史を作ることをいう。そのため、「民衆」は歴史のなかでの受け身的存在ではなく、主体として歴史をつくりだす存在とし、歴史学において、民衆史研究、民衆思想史と呼ばれる領域を切り拓いた。「民衆」は、社会運動によって、歴史に直接参加することも明らかにしている。

とともに、歴史家としての色川大吉は、歴史を書き留めるなか、歴史の主体である「民衆」がみずからの手によって、みずからの歴史を記すということを熱心に勧めた。そして自ら率先して実践し、本書『ある昭和史』を著した。したがって『ある昭和史』には、色川が生きてきた軌跡と、そのことをどのように記すかという歴史の方法とが合わせて記されている。

1.

一九二五年生まれの色川大吉が生きたのは、二十世紀から二十一世紀にかけての時期である。五十歳となった色川が、おりから一九七五年の「昭和五十年」に際し、『ある昭和史』と銘打った著作を刊行した。書名について色川は、

この半世紀の歴史をなぜ昭和五十年史というのか。なぜ天皇の年号という、普遍性をもたない言葉を使用するのか。私にはこの天皇の半世紀は特別な意味があるように思われる。（二八二ページ）

と述べている。あえて「昭和」という元号によって自分が生きてきた歴史を捉え、その「昭和」と格闘してきた自身の半生を綴るとした。「昭和」は、「戦争」と「高度経済成長」を大きなヤマとしているが、主として、その前半の歴史が『ある昭和史』として本書で描きだされる。

まずは色川自身の軌跡である。中国との戦闘とともに、アメリカ・イギリスとも戦端を開く「戦争」のさなかに青春時代をおくった色川は、ついには「学徒出陣」のもと、学業の途中で戦争に駆り出されてしまう。暴力が日常化している軍隊生活を経験するに至るが、その半生が「十五年戦争を生きる」として、「昭和」の歴史のなかで記される。

これまでこのような半生の記は、回想記あるいは自伝とされてきた。しかし、色川はあらたに「自分史」と名付け、本書の副題も「自分史の試み」としている。功成り名を遂げた人物が、余生の意識によって半生を満足げに振り返る自伝ではなく、ひとりの「民衆」としての自らの生き方を記すとの意図のもとで「自分史」と命名し本書を綴った。

「人はだれしも歴史をもっている」「当人にとってはかけがえのない〝生きた証し〟であり、無限の想い出を秘めた喜怒哀歓の足跡」(四〇ページ)

といい、それこそが「自分史」であるという。アイデンティティとしての歴史であり、歴史のなかでの自己＝アイデンティティを「自分史」として書き留めることを提案し、みずからそれを実践したのである。このあと色川は、「自分史」の執筆をさかんに呼びかけていく。

あらためてその目で「十五年戦争を生きる」を読むとき、千葉県の水郷に生れたひとりの少年が、活動写真に接しながら自己形成していくとともに、次第に「政治意識」を有していくさまが記されている。一介の少年のみた光景が、同時代の「民衆」の嗜好・関心とあわせて描かれる。陸軍幼年学校を受験し、英雄伝を読む一方、幼いきょうだいが「心中」したとの新聞記事に心を痛める自身を見出し、「大きなものを好む感情」と「小さなものの真情に打たれる心」の同居を不思議がってもいる。

戦争が厳しくなるなかでの読書を記すかたわら、戦況が徐々に厳しくなるなかでの色川の行動や心情を日記を用いて追体験し、友人たちとの議論やその意見の相違も記していく。わけても軍隊での経験の記述は生々しく、色川の憤懣(ふんまん)が描き出された。

『ある昭和史』が刊行され、さらに半世紀がたった二十一世紀の現在では、多くの人びとによってSNSでの発信がなされ、Xでのつぶやきがみられる。若者たちのみならず、年長のものまでが自らの身辺の出来事を報告し、そこでの想いを他者に伝えている。「民衆」の自己表現が広くなされる状況となっている。だが、この現在の営みはいかにも射程が短く、〈いま、ここ〉に時間も空間も限定されている。色川がいう「自分史」の射程は、それに比し広く長い。それに止まらず、自己の経験を大きな歴史になかに置いて描くところに特徴を有している。

「自分史」は、自己の来歴のみを記すのでもなければ、記憶だけを頼りに記すのでもない。「十五年戦争を生きる」の末尾には、そのことを示すように「さまざまな八月十五日体験」が記されている。自己の体験をアイデンティティとして大切にするとともに、それを絶対化するのでもないとしている。「他者」の経験を見据えることによって、自己の経験をより深く見据えていくのである。

すなわち、色川もまた多くの人びとの敗戦体験に目を配り、原爆や空襲の罹災者、沖縄の人びとや学童疎開を経験した「少国民」、「民間右翼の志士たち」、朝鮮人・中国人や東南アジアの「人民」をも含む数多くの人びとの体験を参照する。あるいは、久野収や正木ひろしといった知識人たちの議論を補助線とし、「十五年戦争を生きる」は提供されている。

2.

この姿勢は、『ある昭和史』の全体の構成にも示されている。色川の「自分史」（＝「十五年戦争を生きる」）は、「常民」の生活史と「支配者」の政治史によって相対化されている。まずは「庶民生活の五十年」として「庶民生活の変遷」の大きな流れを記し、色川の「自分史」を記したあと、一九〇二年に、東京・多摩の旧家に生まれた橋本義夫の軌跡を「ある常民の足跡」として描く構成となっている。

「ある常民の記録」は、「（註・色川とは）世代を異にした一地方の常民の足跡」であり、かつ橋本の地域での活動の紹介である。戦前の農民運動や戦時下の抵抗、そして敗戦後の多摩自由大学（文化講座）の開催や建碑運動の様相が紹介される。その土地にあって土地を愛し、その良しあしを知り「地域を越える意識と開放性」をもつ「新しい常民」橋本の評伝である。橋本の活動のうち、とくに「ふだんぎ」運動と名付けられた、「民衆」の自己表現運動は、色川の「自分史」と類似しており、「主体的人間」の「表現運動」として詳しく紹介される。

敗戦後の橋本の営みを、色川は「〝民衆の天才〟の発掘と応用」と意味づけ、歴史の大きな流れのなかに置くが、橋本は「民衆の〝小リーダーたち〟こそが「歴史の真の創造者なのだ」という色川の信念を、文字通り体現する人物であった。「昭和史」を貫いてきた「新しい型の常民のリーダー」の姿であり、そこで展開される橋本の運動を、まだその渦中にあった高度経済成長＝開発政策に反対する文脈で、色川は論じていく。橋本にとっての「ある昭和史」であり、色川自身の生き方を相対化する「もうひとつの昭和史」の提示となっている。

なお、色川自身の「戦後」を対象とした「自分史」は、二〇〇〇年代になってから四冊にわたって刊行される。二〇〇五年から一〇年にかけて刊行された、『廃墟に立つ――昭和自分史』『カチューシャの青春――昭和自分史』『若者が主役だったころ――わが六〇年代』『昭和へのレクイエム――自分史最終篇』であることは、付録として加えられた「再刊にあたって」で記されるとおりである。

3.

いまひとつ本書には、昭和天皇の政治的行動を「昭和史の天皇像」としてたどる章がある。いってみれば、頂点からの「ある昭和史」であり、「昭和史」をさらに重層的に記す。近年でこそ『昭和天皇実録』(和製本全六一冊、二〇一四年)が宮内庁書陵部により編纂され、かつての側近たちにより『昭和天皇独白録』(寺崎英成、一九九一年)や『昭和天皇拝謁記』(田島道治、全七巻、二〇二一～二三年)などの記録も公刊されるようになっている。しかし、当時は昭和天皇にかかわる資料は乏しい。だが「この(註・昭和天皇)の「存在」を抜きにして日本の現代史を語ることはできない」との認識から、色川は刊行されたすべての資料を読み抜き、ディヴィッド・バーガミニ『天皇の陰謀』(前篇・後篇)などの研究を補助線として、アジア・太平洋戦争に至る過程とそこにおける天皇の関与を描く。

昭和天皇を軸に、軍閥の対抗を描き、また「満州事変」から日中戦争を経てアジア・太平洋戦争へと至る政治・外交の過程、さらに戦局の推移するなかでの指導者たちの対応を記す。歴史家として、歴史学の手法によって「昭和・戦前」の歴史像を提供する営みが、『ある昭和史』につけ加えられたこととなる。「昭和史」の前半の大きな政治・外交・軍事の流れが提示されたといってよい。

この「昭和史の天皇像」でも、「色川史学」の特徴は発揮されている。色川は「民衆」の心情に沿い、その想いをふみにじる指導者に対する憤りを記す一方、同様に「民衆」の心情をくみ取らない・くみ取れない歴史学に対しても批判の目を向けるのである。

その一例として、八・一五前後の「日本国民」は、自分が確信するもののために「献身し生きた」ことをいい、

> その国民の情熱を、その行為が客観的に誤っていたという理由だけで「無」とするような歴史理解は正しくない。その負(マイナス)のエネルギーを正面から評価できない歴史というものは民衆には空しいと思う。(三八〇ページ)

とする。一九四五年の支配者の態度とともに、それを描く歴史学にも批判の目を向ける。出来事とその記述の双方を、「民衆」の立場から批判する。高みに立った歴史への対処とともに、「民衆」から離れた歴史の理解と叙述を斥ける。

だがしかし、このことは「民衆」の心情に無批判に従うということではない。「民衆」の「心情的、主体的認識」の次元にのみ止まることへの戒めも、厳しくおこなう。歴史家・色川は、どれほど自発的で主体的な行為であっても、その行為がもたらした影響や意

味が「個人の主観的善意」に添うとはかぎらないとする。

色川は、歴史に向き合うことの意味を説いて、

個人的なものと全体的なもの、主観的なものと客観的なもの、内在的なものと超越的なものとの矛盾や齟齬や二律背反や関連を認識し、自己を相対化してとらえる眼を獲得することこそ歴史を学ぶ意味なのではないか。(一七四ページ)

と、歴史と「民衆」の関係を、かかる公理として提示する。歴史を考えるとは、さまざまな「評価」や「情念」「視点」を組み合わせ、ある方向に向かう「非情な趨勢」を見定めること」として提起した。色川は、自らの生きざまとともに、それを書き留める歴史学の方法、歴史学の目的についてもあわせ語り、その実践として『ある昭和史』を執筆したということとなる。

4.

『ある昭和史』は、経験してきた人びとがまだ多く存在する「昭和」を、「歴史」として叙述するとともに、「ある昭和史」という言い方によって、「昭和史」が複数存在することを示した。自らの経験を核にし、「民衆」の経験と「支配者」の政治を綴り合わせ構成さ

れる『ある昭和史』は、かくして歴史叙述として、大きな冒険であるとともに、方法的な問題提起がなされている書物であった。歴史の構造と、歴史を生きる主体との関係。自己の経験と他者の経験の共通性と差異性。主体的な営為とその持つ歴史的な意味の落差のといった論点が、『ある昭和史』に織り込まれている。

こうした『ある昭和史』をめぐって、色川が説くのは、第一に「現代史」(同時代史)のもつ「二元性」という特徴である。

現代史においては誰が観客で演出家で、誰が演技者(アクター)だという区別はつけにくい。

(四〇四ページ)

出来事を書き留める役割を担う歴史家も、同時代史においては「行動する一個の民衆」であり、「歴史(ドラマの進行)への共同責任者」とする。「自分史」の提唱者としての色川は、当然にも「歴史の創造者」であるとともに「叙述者」であると自らを位置づける。

第二は「国民的経験」への着目である。『ある昭和史』においては「社会構造」を描くことは避け、「国民的経験」に集中したという。歴史の叙述は、「指導者中心の歴史」であってはならず、「社会構成体の図式」をなぞる「無味乾燥な歴史」であってもならないとする。「民衆」のかけがえのない経験、その「経験の質の真の深みと多様さ」を見据えてこそ、「ゆたかな時代の全体像」を構成することができるとした。

そのためにこそ、多くの「民衆」によって綴られた「自分史」が必要であり、歴史家としての色川も、本書においては「背景におしこめてきた自分史」を実践したとする。歴史家が「民衆」に目を向けず、また自身についても言及してこなかったことを言挙げしており、これまでの歴史学――歴史叙述に対する痛烈な批判が本書の背後にある。

そのうえで、第三にそのことを方法化して、「全体史と個人史のはざまで、さまざまな自分史を試みたい」とした。色川が、自費出版に着目し「日本自費出版文化賞」の制定に尽力し、委員長を長く務めたことは色川の熱意を示している。「日本自費出版文化賞」は「地域文化部門」「研究評論部門」「小説部門」などの部門別に分かれているが、「個人誌部門」を持つ点に特徴を有している。ちなみに、第二十七回自費出版文化賞（二〇二四年）からは「色川大吉賞」が設けられることとなっている。


むろん、「自分史」にはいくつもの難所がある。そのひとつとして、「自分史」に間違いや思い込みがついてまわることを挙げ得る。あえて語らないこと、語りたくないこと、語れないことがあろう。逆に、願望を、自ら経験したことのように語ったり、経験を意図的に曲げて語ることもあろう。「自分史」のなかには「嘘と夢」が描かれ、「嘘と夢」は「自分史」に必然的についてまわる。

歴史を生きることと、歴史を書き留める営みとを合わせ提起した色川によって、この問題は歴史家による史料批判の次元を超えた問題となった。「経験した」事実と、「経験しなかった」出来事とははたして本当に峻別することができるのであろうか。またそのときには歴史家はどのように関与することになるのだろうか——。近年の歴史学において、「自伝」「自分史」をあらためて「エゴヒストリー」とよび再定義する背景には、「自分史」の意義が深まるなかでのこうした論点の深まりがある。

このとき、『ある昭和史』の副題を「自分史の試み」から「エゴヒストリーの試み」へと変更することが可能であろうか。私は、それは難しいと考える。それほどまでにこの「自分史」は「昭和」という歴史性と結びついた「歴史の語り方」となっており、「昭和」という時代と格闘した人物——歴史家として色川が『ある昭和史』を記すなかで練り上げた概念となっている。私たちの時代に、色川大吉という歴史家がいたことは、かけがえのないことであった。

（なりた・りゅういち　日本女子大学名誉教授）

『ある昭和史——自分史の試み』
単行本　中央公論社、一九七五年八月刊
文　庫　中公文庫、一九七八年八月刊
　　　　中公文庫（改版）、二〇一〇年十二月刊

編集付記

一、本書は中公文庫版『ある昭和史』（改版、二〇一〇年十二月刊）を底本とし、「昭和の終焉」（『わだつみの友へ』一九九三年十一月、岩波同時代ライブラリー所収）を増補したものである。
一、明らかに誤植と思われる語句は訂正し、ルビを適宜施した。
一、本文中、今日の人権意識に照らして不適切な表現が見られるが、著者が故人であること、執筆当時の時代背景や作品の歴史的意義を考慮し、原文のままとした。

中公文庫

ある昭和史(しょうわし)
——自分史(じぶんし)の試(こころ)み

1978年8月10日　初版発行
2024年9月25日　改版発行

著 者　色川大吉(いろかわだいきち)

発行者　安部順一

発行所　中央公論新社
〒100-8152　東京都千代田区大手町1-7-1
電話　販売 03-5299-1730　編集 03-5299-1890
URL https://www.chuko.co.jp/

DTP　平面惑星
印 刷　三晃印刷
製 本　小泉製本

Published by CHUOKORON-SHINSHA, INC.
Printed in Japan　ISBN978-4-12-207556-6 C1121

中公文庫既刊より

S-2-21
日本の歴史21 近代国家の出発
色川大吉
明治とともに一大躍進がはじまる。この偉大な建設の時代を全力で生きた先人たちの苦悩と行動を、中央・地方を問わず民衆の最基底部から見つめる。〈解説〉江井秀雄
204692-4

い-108-6
昭和16年夏の敗戦 新版
猪瀬直樹
日米開戦前、総力戦研究所の精鋭たちが出した結論は「日本必敗」。それでも開戦に至った過程を描き、日本的組織の構造的欠陥を衝く。〈巻末対談〉石破　茂
206892-6

い-108-7
昭和23年冬の暗号
猪瀬直樹
東條英機はなぜ未来の「天皇誕生日」に処刑されたのか。敗戦国日本の真実に迫る『昭和16年夏の敗戦』完結篇。新たに書き下ろし論考を収録。〈解説〉梯久美子
207074-5

の-3-13
戦争童話集
野坂昭如
戦後を放浪しつづける著者が、戦争の悲惨な極限に生まれえた非現実の愛とその終わりを「八月十五日」に集約して描く、万人のための、鎮魂の童話集。
204165-3

の-3-15
新編「終戦日記」を読む
野坂昭如
空襲、原爆、玉音放送……あの夏の日、日本人は何を思ったか。文人・政治家の日記を渉猟し、自らの体験を綴る。戦争随筆十三篇を増補。〈解説〉村上玄一
206910-7

う-9-7
東京焼盡（しょうじん）
内田百閒
空襲に明け暮れる太平洋戦争末期の日々を、文学の目と現実の目をないまぜつつ綴る日録。詩精神あふれる稀有の東京空襲体験記。
204340-4

う-9-12
百鬼園戦後日記Ⅰ
内田百閒
『東京焼盡』の翌日、昭和二十年八月二十二日から二十一年十二月三十一日までを収録。掘立て小屋の暮しを飄然と綴る。〈巻末エッセイ〉谷中安規（全三巻）
206677-9

各書目の下段の数字はISBNコードです。978-4-12が省略してあります。

う-9-13
百鬼園戦後日記Ⅱ
内田百閒
念願の新居完成。焼き出されて以来、三年にわたる小屋暮しは終わる。昭和二十二年一月一日から二十三年五月三十一日までを収録。〈巻末エッセイ〉高原四郎
206691-5

う-9-14
百鬼園戦後日記Ⅲ
内田百閒
自宅へ客を招き九晩かけて還暦を祝う。昭和二十三年六月一日から二十四年十二月三十一日まで。索引付。〈巻末エッセイ〉平山三郎・中村武志〈解説〉佐伯泰英
206704-2

あ-1-1
アーロン収容所
会田雄次
ビルマ英軍収容所に強制労働の日々を送った歴史家の鋭利な観察と筆。西欧観を一変させ、今日の日本人論ブームを誘発させた名著。〈解説〉村上兵衛
200046-9

た-7-2
敗戦日記
高見順
〝最後の文士〟として昭和という時代を見つめ続けた著者の戦時中の記録。日記文学の最高峰であり昭和史の一級資料。昭和二十年の元日から大晦日までを収録。
204560-6

い-103-1
ぼくもいくさに征くのだけれど 竹内浩三の詩と死
稲泉連
映画監督を夢見つつ23歳で戦死した若者が残した詩は、戦後に蘇り、人々の胸を打った。25歳の著者が、戦場で死ぬことの意味を見つめた大宅壮一ノンフィクション賞受賞作。
204886-7

お-2-13
レイテ戦記（一）
大岡昇平
太平洋戦争の天王山・レイテ島での死闘を再現した戦記文学の金字塔。巻末に講演「『レイテ戦記』の意図」を付す。毎日芸術賞受賞。〈解説〉大江健三郎
206576-5

お-2-14
レイテ戦記（二）
大岡昇平
リモン峠で戦った第一師団の歩兵は、日本の歴史自身と戦っていたのである——インタビュー「『レイテ戦記』を語る」を収録。〈解説〉加賀乙彦
206580-2

お-2-15
レイテ戦記（三）
大岡昇平
マッカーサー大将がレイテ戦終結を宣言後も、徹底抗戦を続ける日本軍。大西巨人との対談「戦争・文学・人間」を巻末に新収録。〈解説〉菅野昭正
206595-6

各書目の下段の数字はISBNコードです。978－4－12が省略してあります。

お-2-16
レイテ戦記（四）
大岡昇平
太平洋戦争最悪の戦場を鎮魂の祈りを込め描く著者渾身の巨篇。巻末に「連載後記」、エッセイ「『レイテ戦記』を直す」を新たに付す。〈解説〉加藤陽子
206610-6

え-3-2
戦後と私・神話の克服
江藤淳
癒えることのない敗戦による喪失感を綴った表題作ほか「小林秀雄と私」など一連の「私」随想と代表的な文学論を収めるオリジナル作品集。〈解説〉平山周吉
206732-5

さ-27-3
妻たちの二・二六事件 新装版
澤地久枝
〝至誠〟に殉じた二・二六事件の若き将校たち。彼らへの愛を秘めて激動の昭和を生きた妻たちの三十五年をたどる、感動のドキュメント。〈解説〉中田整一
206499-7

さ-4-2
回顧七十年
斎藤隆夫
陸軍を中心とする革新派が台頭する昭和十年代、「粛軍演説」等で「現状維持」を訴え、除名されても信念を曲げなかった議会政治家の自伝。〈解説〉伊藤隆
206013-5

し-45-2
昭和の動乱（上）
重光葵
重光葵元外相が巣鴨獄中で書いた、貴重な昭和の外交記録である。上巻は満州事変から宇垣内閣が流産するまでの経緯を世界的視野に立って描く。
203918-6

し-45-3
昭和の動乱（下）
重光葵
重光葵元外相は巣鴨に於いて新たに取材をし、この記録を書いた。下巻は終戦工作からポツダム宣言受諾、降伏文書調印に至るまでを描く。〈解説〉牛村圭
203919-3

い-123-1
獄中手記
磯部浅一
「陛下何という御失政でありますか」。貧富の格差に憤り国家改造を目指して蹶起した二・二六事件の主謀者が綴った叫び。未刊行史料収録。〈解説〉筒井清忠
206230-6

い-130-1
幽囚回顧録
今村均
部下と命運を共にしたいと南方の刑務所に戻った「聖将」が、理不尽な裁判に抵抗しながら、太平洋戦争を顧みる。巻末に伊藤正徳によるエッセイを収録。
206690-8